KB247393

교 과 서 에   나 오 지   않 는

에피소드
한국사

한국사

고중세편

표학렬 지음

앨피

우리는 어디에서 왔을까?

고대사를 연구하다 보면 수많은 의문과 만나게 된다.

"최초의 인류 오스트랄로피테쿠스는 흑인일까 백인일까? 인종은 언제부터 생겨났을까?"
"한반도 구석기인과 유럽의 구석기인은 얼마나 다를까?"
"우리가 스키타이 청동기 문화를 받아들였다면, 우리와 그 중앙아시아 유목민족은 언제 갈린 것일까?"
"삼국시대 고구려인과 신라인은 통역 없이 대화가 됐을까?"
"우리나라 이씨와 중국의 이씨는 아무런 상관이 없을까?"

이 모든 질문에는 공통점이 있다. 우리의 정체성, 곧 '한민족은 누구인가? 한민족은 어디에서 왔고, 어떻게 만들어졌으며, 어디까지가 한민족인가?'라는 물음을 담고 있는 것이다.

어떤 한국인은 북방 유목민족의 문화적 습성을 지니고 있으면 모두 한민족이라며, 고인돌이 발견되는 동유럽 헝가리까지 우리 세력권이라고 주장한다. 반면에 북방에서 내려온 유목민족의 최종 도착지가 일본이므로, 일본과 천황이 동북아시아의 중심이라고 주장하는 일본인도 있다. 이 다양한 주장들 사이에서 어떤 결론을 내려야 할까?

일제하 민족주의 사학자들은 민족의 핵심은 그 정신세계에 있다고 보고, 이를 '민족혼'이라 불렀다. 단재 신채호 선생은 민족혼의 원류를 찾아 고대사 연구에 몰두하여, 마침내 '수두蘇塗사상—선인仙人(또는 先人)정신—화랑'으로 이어지는 우리만의 정신세계의 흐름을 찾아냈다. 선생은 이를 '낭가郎家사상'이라 이름 붙이고, 낭가사상에 입각하여 민족이 민족을 억압하지 않고 인간이 인간을 억압하지 않는 대동 세상을 만들기 위해 노력했다. 오늘날 신채호 선생의 무정부주의 사상을 둘러싸고 논란이 많은 것은 선생의 무정부주의 사상에 낭가사상의 흐름이 존재하기 때문이다. 민족주의와 좌파 사상의 기묘한 동거라는…….

◆ ◆ ◆

한국인치고 고대사, 그중에서도 고구려사에 자부심을 느낀 적이 없다면 그것은 거짓말일 것이다. 그만큼 많은 한국인이 고대사에서 위안을 받고 자부심을 느낀다. 그래서 교과서의 고대사 서술에 대해 이런저런 말들이 많다.

고대사를 연구하는 목적은 여러 가지가 있겠지만, 결국 '우리가 누구인지'에 대한 답을 얻는 것이 가장 중요하지 않을까? 우리는 하루아

침에 하늘에서 뚝 떨어지지 않았으며, 곰과 신의 결합으로 생겨난 특수한 핏줄의 후손도 아니다. 우리는 다양한 세력과 다양한 문화가 만나고 섞여서 만들어졌다.

우리에게는 초원을 달리던 유목민족의 샤먼 신앙도 있고, 겨울이면 뜨뜻한 방구들에 등을 지지는 고구려의 온돌문화도 있고, 남들은 음력 10월 추수가 끝나면 지내는 추수감사제를 유달리 음력 8월에 지내는 신라문화도 있으며, 국물 떠먹는 숟가락으로 꼭 밥까지 퍼먹어야 직성이 풀리는 우리만의 농경문화도 있다.

뿐만 아니라 인도의 불교문화, 일본의 대중문화, 중국의 유교문화도 오늘날 우리 안에 존재한다. 이 모든 것이 각자 따로따로가 아니라 하나로 융합되어 우리만의 언어와 정신 및 능력을 만들어 내고, 한민족의 정체성이 된 것이다. 이는 다른 민족도 마찬가지다. 대륙의 기마민족과 섬의 토착민족이 섞이고 여기에 동중국해의 해양문화가 합쳐진 일본이 그렇고, 서부 유목문화와 토착 농경문화 그리고 동부 유목문화가 혼합된 중국이 그러하다.

이제 우리의 뿌리를 찾아가 보자. 그 과정에서 우리가 어떻게 시작되고 얼마나 달라졌는지를 확인할 수 있다면, 더 나아가 우리가 앞으로 어떻게 달라져야 하는지를 생각하게 된다면 우리가 고중세사를 공부하는 의미를 찾을 수 있을 것이다.

2014년 2월

표학렬

차례

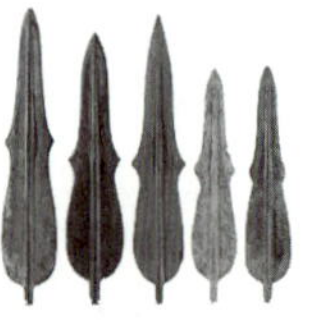

01
한반도 최초의 구석기 유골 '홍수아이'
구석기시대

지금으로부터 4만 년 전, 충청북도 청원군 문의면 노현리 일대에 사람들이 살았다. 이들 중 일부는 근처 두루봉동굴에 거처를 마련하고 함께 생활했다. 두루봉동굴은 사람이 살기에 아주 좋은 조건을 갖추고 있었다. 가까운 곳에 개천이 있고, 걸어서 30분 거리에 금강이 흘러 짐승도 많이 왕래했다. 사냥하기 좋고, 열매를 채집하기 좋고, 식수 구하기도 좋으니 이만큼 살기 좋은 곳은 없었으리라. 특히 동굴은 하늘이 내린 집이었다. 제대로 된 집을 지을 능력이 없었던 당시 사람들에게 적당한 크기의 동굴은 비와 바람, 맹수의 습격을 막아 주는 자연의 선물이었다.

동굴인들의 첨단 도구 '주먹도끼'

동굴인사들은 때때로 사냥을 나갔다. 짐승은 동굴인들에게 많은 것을 주었다. 단백질을 보충할 고기를 주었고, 추운 겨울을 날 수 있는 가죽을 주었고, 도구를 만들 뼈를 주었다. 무엇보다 중요한 것은 짐승의 피였다. 소금을 구할 수 없는 동굴 사람들에게 동물의 피는 중요한 소금 공급원이었다. 소금을 너무 많이 먹으면 성인병에 걸리지만, 반대로 아예 먹지 않으면 신진대사가 멈춰 죽고 만다.

물론 사냥은 쉬운 일이 아니었다. 4만 년 전의 짐승들은 지금보다 전체적으로 덩치가 더 컸다. 당시 한반도에는 코끼리와 코뿔소도 어슬렁거렸고, 사슴도 지금보다 키가 더 컸다고 한다. 키가 150센티미터도 안 되는 인간은 사슴보다도 작은 동물이었으니, 아마 사냥할 확률보다 사냥당할 확률이 더 컸을 것이다.

크고 작은 희생을 치르며 어렵게 사냥을 마치고 나면 사람들은 합심해서 동물을 해체했다. 그들이 가장 즐겨 사용한 도구는 '주먹도끼'였다. 주먹도끼는 구석기시대에 가장 발달된 도구 중 하나로, 유럽에서 아시아에 이르기까지 널리 사용되었다. 주먹도끼는 그 모양을 입체적으로 상상하고 설계한 뒤 정밀하게 돌을 쪼아서 만들어야 하는, 지능이 높아야 제작할 수 있는 첨단 도구였다. 당시 능숙하게 주먹도끼를 만들 줄 아는 사람은 오늘날 서울대 합격생 정도의 대접을 받지 않았을까?

충치로 목숨을 잃다

고기를 해체했으니 이제 먹을 차례다. 동굴인들은 고기를 불에 구워 먹었다. 고기를 불에 구우면 맛이 좋을 뿐만 아니라 부패를 막아 줘 각종 질병을 예방하는 효과가 있다. 동굴인들은 고기를 불에 그슬리고 말려서 썩지 않도록 가공한 뒤 서늘한 곳에 저장하여 두고두고 먹었을 것이다. 그런데 구운 고기를 먹다 보니 문제가 생겼다. 이가 약해지면서 이 사이에 음식물이 자꾸 낀 것이다. 이쑤시개처럼 정교한

주먹도끼 논쟁　20세기 초까지만 해도 주먹도끼는 주로 유럽에서만 출토되었다. 주먹도끼는 구석기시대의 다른 도구보다 그 용도나 제작 기법이 발달된 것이어서 유럽인들은 이를 유럽 백인종의 우수함을 입증하는 증거로 믿었다. 지금은 상상하기 어렵지만, 당시에는 유럽 백인종의 우월성을 입증할 목적으로 인류 진화론을 연구하는 경우가 많았다. 최초의 인류가 유럽에서 나왔다거나 인류 진화의 최종 형태, 즉 현생인류의 발생지가 유럽이라는 주장들이 이때 제기되었다. 주먹도끼도 그런 주장을 뒷받침하는 데 쓰였다. 하지만 해방 이후 발굴된 한반도의 구석기 유적에서 주먹도끼가 나오면서 이런 주장이 허구임이 밝혀졌다. 연천 전곡리나 공주 석장리에서 쏟아져 나온 주먹도끼와 그 외 다양한 구석기 유물들은 인종주의적 인류 진화론을 부정하는 데 큰 역할을 하였다. 우리나라는 선사 유적과 유물이 많이 발굴되는 편에 속한다. 아마도 대륙과 해양을 연결하는 반도였고, 빙하기에는 지금의 동해와 황해 일부가 육지였기 때문에 인류와 동물의 이동로 역할을 한 것이 아닐까 싶다.

도구를 만들 줄 모르던 동굴인들에게 이에 낀 음식물은 커다란 골칫거리였다. 충치가 생겼기 때문이다.

　가장 좋은 충치 치료법은 이빨을 뽑는 것인데, 이빨 뽑는 집게는 그로부터 최소한 3만 5천 년 뒤인 청동기시대 혹은 그 이후에야 만들어졌다. 결국 구석기인들은 충치가 생기면 이빨이 썩어 들어가 머리에까지 그 균이 퍼져 목숨을 잃고 말았다. 그래서 어떤 학자는 구석기시대 인류에게 가장 치명적인 질병으로 충치를 꼽기도 한다. 오늘날 암처럼 발병 가능성은 높고 치료법은 없었기 때문이다.

　충치 외에도 동굴인들의 생명을 위협하는 질병은 많았다. 사망률이 높으니 그만큼 아이를 많이 낳아야 했다. 그것도 튼튼한 아이를. 구석기시대 여자들은 오늘날의 여자들보다 초경을 몇 년 더 빨리 맞고, 초경을 치르면 바로 결혼하여 아이를 낳았을 것으로 추정된다. 튼튼한 아이를 낳으려면 신랑도 건강해야 한다. 당연히 강한 남자가 경쟁자들을 물리치고 여자를 차지했을 것이다. 이런 사정상 동굴인들에게는 '가족'이라는 형태가 없었을 것이라고 보는 학자들이 많다. 아이가 태어나면 엄마와 부족 전체가 함께 아이를 키웠다. 어린 나이에 출산을 하는 데다 위생 개념도 없었으니, 태아 및 유아 사망률은 매우 높았을 것이다. 주변 사람들의 사랑과 극진한 보호가 더 절실할 수밖에 없었으리라.

두루봉동굴에서 숨을 거둔 아이

지금으로부터 4만 년 전, 두루봉동굴에 살던 예닐곱 살 아이가 죽었

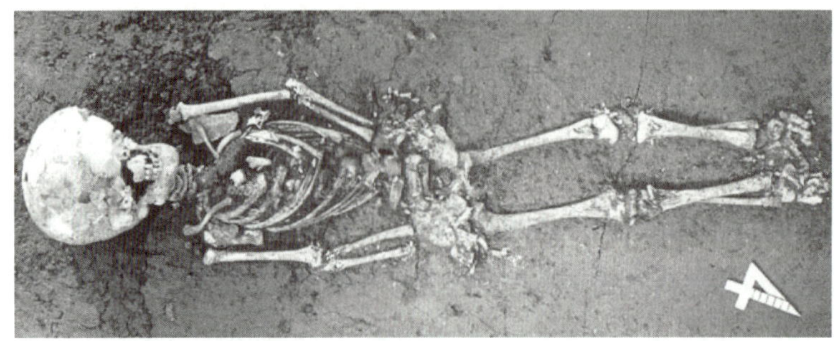

1983년 1월 발굴 당시의 흥수아이 유골. 키 110~120센티미터에 나이는 4~6세로 추정된다. '흥수'는 당시 유골을 발견하고 이를 제보한 광산 관계자의 이름이다.

다. 당시로서는 거의 다 키운 아이가 숨을 거두었으니 동굴 사람들은 큰 슬픔에 빠졌다. 사람들은 아이의 장례를 정성스레 준비했다. 아이 키에 맞는 돌판을 밑에 깔고, 아이의 몸을 꽃으로 덮었다. 짙은 국화 향기가 아이의 마지막 가는 길을 전송했다.

그로부터 4만 년 후, 두루봉동굴을 발굴하던 사람들이 그 아이의 뼈를 찾아냈다. 사람들은 뼈를 발견한 사람의 이름을 따 이 아이를 '흥수아이'라 명명했다. 한반도 최초의 구석기인 유골이었다.

02
암사동 움집 유적에 잘못 들어갔다간…
신석기시대

교과서 속 한 줄 역사 신석기시대는 기원전 8천 년경부터 시작되었다. 사람들은 간석기와 토기를 사용하여 농사를 지었다. 정착 생활을 위해 움집을 짓고 살았으며, 혈연을 바탕으로 부족사회를 이루었다.

나는 사학과를 다니기는 했지만, 체력과 건강 문제 때문에 대학 시절 변변히 답사를 다니지 못했다. 그러니 현장에만 가면 꿀 먹은 벙어리가 될 수밖에……. 그래서 역사 교사가 되기로 결심하고 교육대학원을 다니면서 서울 시내 유적을 틈틈이 돌아보았다. 그때 처음 찾아간 곳이 서울 강동구에 있는 암사동 선사 유적이다.

　지금은 교육의 장이자 시민들의 휴식 공간으로 잘 꾸며져 있지만, 15년 전 어느 추운 겨울날 오후에 마주한 암사동 유적은 정말 썰렁했다. 특히 인디언 천막처럼 짚으로 지붕을 이어 만든 움집은 영 싱거

위 보였다. 그래도 움집 안은 좀 볼 것이 있지 않을까 싶어 슬쩍 들여다보았지만, 어두컴컴한 데다 시력도 좋지 않은 탓에 도통 아무것도 보이지 않았다. 그런데 좀 더 자세히 살펴볼 요량으로 움집 안에 발을 들여놓는 순간, 그만 몸이 쑥 빠져 버리고 말았다. 다행히 넘어지지는 않았지만 하마터면 허리가 꺾일 뻔했다. 그때 얼마나 놀랐던지.

연기로 가득한 반지하 집

신석기시대 움집은 '구덩식', 곧 보온을 위해 땅을 움푹 파서 만든 반지하식 집이다. 네댓 명이 들어갈 크기에 벽을 따로 만들지 않고 나뭇가지를 세워 그 위에 짚으로 지붕을 덮었다. 이렇게 하면 외풍도 차단하고 들짐승의 습격도 어느 정도 피할 수 있다. 그런데 헛똑똑이라고, 수업 시간에 들어 알고 있으면서 막상 현장에 가선 까맣게 잊어버리고 움집 안으로 과감히 돌진했으니!

신석기시대 인류는 본격적으로 농사를 지으며 한곳에 정착해 살기 시작했다. 농사를 짓기 위해 주로 강가나 평지에 살았으므로 그전처럼 동굴을 거주지로 사용할 수 없었다. 그러니 집을 지어야 했는데, 돌이나 진흙으로 벽을 세우려면 힘이 많이 들어서 처음에는 땅을 파는 쪽을 택했다.

신석기시대 움집 유적을 보면 유적 중앙에 불을 지핀 화덕 자리를 확인할 수 있다. 움집 한가운데 불을 피우면 집 안에 골고루 불기운이 퍼지니 꽤 효과적인 난방법이었다. 하지만 불이 집 가운데에 있으면 아무래도 위험하다. 사람은 가장자리에서만 생활해야 하고, 또 연기가 집 안 전체에 퍼진다. 그래서 움집 천장 가운데에 연기가 빠져나갈 구멍을 뚫고 그 위에 우산 모양의 짚을 씌워 비가 들이치는 걸 막았지만, 천장이 뚫려 있고 벽에 붙어서 살아야 하니 여러모로 불편한 집 구조였다. 화덕이 한쪽 벽으로 이동하고 굴뚝이 만들어지는 등 사람의 활동 공간이 보장되는 아늑한 집 모양새는 청동기시대가 되어서야 비로소 등장한다.

깨끗하게 불타 버린 집터

이런 신석기시대 움집에 공간 배열이라는 게 있을 리 없었다. 그저 한 공간에 모든 것이 뭉뚱그려져 있었다. 겨우내 먹을 식량을 담아 놓는 토기, 농기구, 각종 살림살이, 심지어 가축과 함께 생활하기도 했다. 요즘 암사동 유적에 가 보면 내부를 살펴볼 수 있게 만들어 놓은 움집

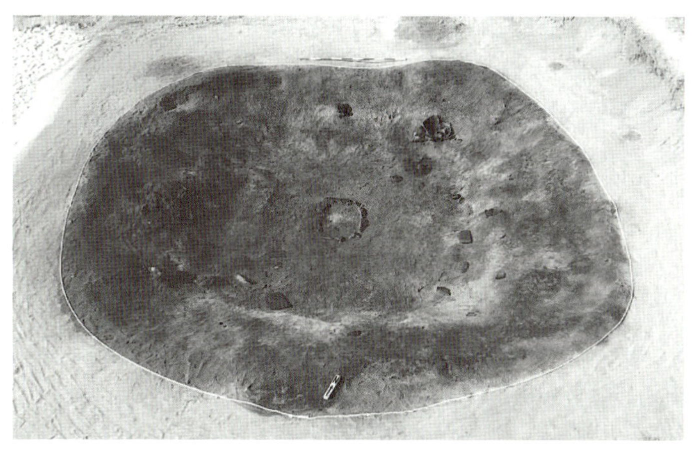

강원도 양양군 지경리 신석기시대 움집터. 바닥 중앙에 화덕 자리가 선명하다.

이 있는데, 그 안에 들어가서 보면 천장에 사냥한 꿩 등의 새부터 물고기 잡는 그물까지 다양하게 매달려 있고, 옆 바닥에는 각종 토기가 널려 있다. 거기에 돼지라도 한 마리 같이 살았다면…….

신석기시대 움집 유적 중 어떤 곳은 온통 시꺼멓다. 움집 안에서 발견된 토기와 곡식도 다 까맣게 그을리거나 탔다. 화재로 집이 소실된 것이다. 그런데 이상하게도 딱 집 자리만 시꺼멓다. 보통 집에 불이 나면 사람들이 불을 끄려고 물을 붓거나 지붕 일부를 헐어 버리기 때문에 주변도 엉망이 된다. 이렇게 집 자리만 깔끔하게 탄 경우는 대개 방화이다. 누가 왜 집에 불을 질렀을까? 아마도 다른 부족이 침략하여 약탈하면서 불을 질렀을 것이다.

집은 인간 삶의 기본 공간이다. 집을 보면 그 시대 사람들의 일상을 읽어 낼 수 있다. 신석기시대 움집 유적은 발전하는 인간, 그러면서 점차 서로 갈등하기 시작하는 인간의 삶을 고스란히 보여 준다.

그리스 신화는 인간의 역사를 '황금의 시대', '은의 시대', '철의 시대'로 나눈다. '황금의 시대'에는 모든 인간이 행복하고 평화로웠다. '은의 시대'에는 갈등하고 다투기는 해도 서로 화목하게 살았다. '철의 시대'가 되면 인간은 서로 증오하며 다투고 죽여 피가 강물처럼 흐르고, 신은 인간의 타락에 진노한다.

신석기시대는 아마 '은의 시대'였을 것이다. 사는 것은 칙칙해도 아직은 갈등의 골이 그리 깊지 않은 시대. 시커멓게 불타 버린 집터는 원하든 원치 않든 새로운 시대가 다가오고 있었음을 보여 준다.

03

신화에서 찾은 우리 민족의 뿌리
단군신화

교과서 속 한 줄 역사 신화는 그 시대 사람들의 관심이 반영된 것으로, 역사적인 의미가 담겨 있다. 이것은 모든 신화에 공통되는 현상이다. 단군의 기록도 청동기시대의 문화를 배경으로 한 고조선의 성립이라는 역사적 사실을 반영하고 있다.

한민족은 하늘에서 뚝 떨어져 몇 만 년 동안 한반도에 머물러 산 민족이 아니다. 우리는 수많은 종족이 어우러져 마침내 탄생한 민족이다.

선사시대 많은 종족들이 이런저런 이유로 새로운 삶의 터전을 찾아 이동했다. 그들의 이동 거리는 상상을 초월한다. 그들은 대부분 걸어서 몇 십 년 혹은 몇 백 년 동안 수천, 수만 킬로미터를 이동했다. 역사학자들은 아시아인이 아득한 과거에 얼음으로 덮인 베링 해협을 건너 아메리카로 가고, 아프리카인들이 중동 지방을 거쳐 유럽으로 이동했을 거라고 추측한다.

요하 문명의 지배자 '탕구리'

한반도는 아시아 동부의 바다와 육지를 잇는 교통의 요지다. 그래서 예로부터 많은 이들이 한반도를 거쳐 대륙으로 가고 대륙에서 바다로 나아갔다. 현재까지 고고학적으로 발굴된 흔적으로 볼 때 중앙아시아나 동부 유럽의 흉노(훈족), 남시베리아의 스키타이족, 인도나 동남아시아의 해양 민족이 한반도를 거쳐 이동했을 것으로 추정된다. 그중 남시베리아와 중앙아시아 지역의 초원에 살던 유목민 스키타이족이 중국 동북부의 요하 및 한반도 북부 지방에 정착했다. 이들은 토착민과 융합하며 비파형 동검과 고인돌로 대표되는 독특한 문화를 완성했다. 이를 '요하 문명'이라고 부른다.

요하 문명은 제정일치 사회로 제사장이 정치적 지배자를 겸했는데, 그 지배자를 스키타이어로 '탕구리Tangury(Tängury)'라 했으며, 한자로는 '단군檀君'이라고 썼다. '단군'이라 불린 제정일치 지배자가 평양한 곳에만 있었는지, 여러 지역에 있었는지는 알 수 없다. 어쨌든 그의 지배를 받던 요하 문명인들은 동으로는 한반도로, 서로는 중원으로 퍼져 나갔다. 그들은 스스로를 하늘에서 내려온 '천신족天神族'이라 칭하고, 만주에서 사나운 호랑이와 곰을 사냥하며 지역 토착민과 결합하여 문명을 이루고 나라를 만들었다고 전한다.

그들은 아마도 이 과정을 단군의 노래

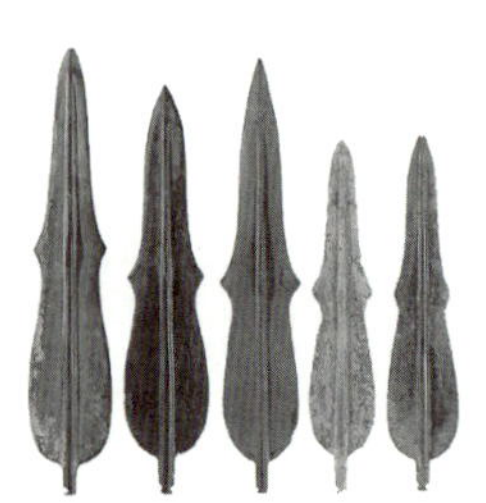

청동기시대의 대표적 유물인 비파형 동검은 그 생김새가 동양의 현악기인 '비파'를 닮았다 하여 붙은 이름이다.

에 담아 후세에 알렸을 것이다. 단군은 스키타이 전통에 따라 신성한 거울과 칼, 방울을 흔들고 휘두르며 역사를 노래했다. 하늘의 목소리를 듣는다며 신령스런 나무 주위를 돌거나 나무 위에 올라가기도 했을 것이다. 그러면 사람들은 모두 모여 신령한 나무와 단군을 향해 절을 올렸다.

단군왕검, 산신령, 천황의 뿌리

서쪽으로 간 요하 문명인들은 지금의 중국 서북부 지방에서 내려온 사람들과 만났을 것이다. 서쪽 사람들과 요하 문명인, 그리고 토착민이 융합하여 새로운 문명을 만들어 냈다. 그들은 '삼황오제三皇五帝'라는 위대한 지도자가 그들의 문명을 이룩했다고 전했다. 단군을 따르는 세력은 이들에게 흡수되거나 동쪽으로 쫓겨났다. 그들은 자기들만의 문화를 한동안 지켜 후한後漢 대(서기 23~220) 산동 지방에 단군 신화가 담긴 벽화를 남기기도 했으나, 종국에는 사라지고 말았다.

하늘에서 내려온 천신족이 문명을 이룩하고 나라를 건설한다는 신화는 여러 형태로 변형되어 한반도와 일본 열도로 퍼져 나갔다. 한반도 북부 지방의 단군은 시간이 흐르면서 정치적 지배자로서의 이미지가 굳어지면서 호칭 뒤에 '님 금Nimgum'('임금'의 어원)이 붙어 한자로 '단군왕검檀君

인천광역시 강화군 하점면 부근리 고인돌.

王儉’으로 불렸다. 반면에 한반도 남부의 단군은 제사장이나 샤먼(무당)의 이미지가 굳어져, 무당 집의 벽을 장식하는 요란한 산신령 같은 존재가 되었다. 일본 열도에서는 일본 토착민의 문명과 결합하면서 ‘아

신화의 진실 그리스 지역에 떠돌던 수많은 신화들이 오늘날 우리가 아는 그리스 신화로 정착하는 데는 토마스 벌핀치Thomas Bulfinch의 공이 컸다. 벌핀치는 1855년 제우스와 12신을 중심으로 그리스·로마 신화를 정리하여 책으로 출판했는데, 이는 당시 유럽에서 유행하던 그리스 고전 연구 열기와 연관된 문화적 현상이었다. 그러다 보니 실제 그리스·로마 신화를 전부 담아내는 데에는 한계가 있었다. 오늘날 정작 고대의 기록으로 추정되는 오비디우스의 《변신 이야기》나 헤시오도스의 《신들의 계보》, 호메로스의 《일리아스》와 《오디세이아》를 읽을 때 낯선 느낌을 받는 이유다.

단군신화 역시 마찬가지다. 우리에게 전해 내려오는 가장 오래된 단군신화는 고려 후기 일연이 《삼국유사》에 기록한 단군신화다. 아마도 평양 지방을 중심으로 전승되어 온 고조선 건국과 관련된 신화였을 것이다. 그 외에도 오늘날 한반도에 구전되어 오는 단군신화만 수십 개에서 수백 개에 이른다. 대부분 청동기시대를 반영하는 신화일 텐데, 지역이나 시대적 배경에 따라 그 내용이 약간씩 다르다.

신화를 기록하고 해석하는 것은 쉬운 일이 아니다. 선사시대 인류의 표현 방식인 신화는 입에서 입으로 전해져 왔기 때문에, 후세에 기록되는 과정에서 왜곡되었을 가능성이 크다. 그만큼 정밀한 해석과 고고학적 검증이 필요하다. 그렇다고 해서 신화가 말하고 있는 선사시대의 진실이 존재하지 않는다고 주장해서는 안 된다. 파르테논 신전이 존재하는 한 그리스·로마 신화를 부정할 수 없듯이, 고인돌과 비파형 동검이 존재하는 한 단군의 존재를 부정할 수는 없다.

마테라스 오미카미天照大神’라는 태양신과 그 자손이 천황이 된다는 전
설로 변형되었다.

고조선의 마지막 수도 평양에도 수많은 단군신화 중 하나가 전해
내려왔다. 사람들은 그것을 ‘건국신화’라 불렀다. 이 신화에 따르면,
하늘님 환인의 둘째 아들 환웅이 신령스런 나무가 있는 곳으로 내려
와 세상을 다스리다가 곰을 인간으로 변화시켜 그와 결혼하여 아들
을 낳았으며, 그 아들이 단군왕검이 되어 조선을 건국하고 1,900여 년
간 다스렸다고 한다.

그 조선이 기원전 4~5세기경 중국과 대결하면서 기록을 남기기
시작했다. 이로써 신화시대가 끝나고 역사시대가 시작되었다.

04
단군릉이 발굴됐다!
북한의 단군릉

1993년 10월 2일, 단군릉을 발굴했다는 북한의 발표에 한국 역사학계는 큰 충격에 휩싸였다. 북한은 그곳에서 유골이 발굴되었는데 연대 측정 결과 5천여 년 전, 즉 기원전 30세기경 유골이라며 이는 단군의 것일 수밖에 없다고 했다. 이 주장에 따르면, 고조선의 건국 시기는 자연히 기원전 30세기가 된다.

남측 역사학계는 단군릉 발굴 소식에 믿기 어렵다는 부정적인 반응을 보였다. 돌로 방을 만들고 그 위에 흙을 쌓아 올리는 고구려의 돌방무덤 양식을 고조선시대의 무덤이라 보기 어렵고, 유골 연대 측정에 적절하지 않은 전자상자성공명법을 사용했다는 것이 반박의 근거였다.

정치 상황에 묻힌 고대 유골 발굴

무엇보다 남측은 단군릉 발굴에 깔린 북한의 정치적 의도를 의심했다. 당시 사회주의권 붕괴와 경제난으로 궁지에 몰려 있던 북한은, 이를 돌파하고자 '우리민족 제일주의'를 내세우며 평양 중심의 역사관을 만드는 데 주력했다. 즉, 민족의 정통성이 평양에 있으므로 평양에 수도를 둔 북한이 남한보다 우월하다는 사상을 선전하는 데 단군릉을 이용했을 가능성이 높다고 본 것이다.

1996년 내가 교육대학원을 다닐 당시 남북 관계는 최악으로 치닫고 있었다. 그때 교수님은 고대 유골이 발굴된 것은 대단히 중요한 일이며, 객관적으로 연구해 볼 가치가 매우 큰데도 정치적 상황 때문에

평양 강동군 문흥리 대박산에 조성된 단군릉. 1993년 북한은 왕과 왕후의 것으로 보이는 5천 년 전의 유골 및 유물을 발굴했다고 발표하고, 이듬해 10월 22미터 높이의 9층 계단식 단군릉을 개건했다.

묻혀 버려 대단히 아쉽다고 하셨다. 아무튼 이런저런 이유로 단군릉 발굴은 남북 역사학계의 견해 차이를 확인하고 갈등을 심화시키는 결과만 낳고 말았다.

고조선이 건국된 청동기시대는 역사시대의 시작이라는 점에서 의미가 있다. '역사시대'란 문자 기록을 통해 들여다볼 수 있는 시대를 말한다. 우리는 '고조선'이라는 청동기시대 국가를 중국 측 기록과 《삼국유사三國遺事》 등의 우리 기록을 통해서 알 수 있다. 그런데 기록들은 시간이 흐르면서 많이 변질되거나 훼손될 수 있으므로, 오랜 옛날일수록 기록만으로는 그 전모를 알기 어렵다. 그래서 당시 사람들이 사용했던, 또는 그들이 남긴 유적이 매우 중요하다. 청동기시대는 유적과 기록 모두 소중하다.

고조선의 핵심 유적은 북한에

그렇다면 우리나라의 청동기시대 유물과 유적으로는 어떤 것이 있을까? 현재 발굴된 유적 중에서는 고인돌, 유물 중에서는 비파형 동검이 가장 중요하다. 고인돌은 우리나라 청동기시대의 대표적인 거석 문화 유적이다. '거석巨石문화'란 지배자의 권위를 과시하려고 거대한 석조물을 세우는 문화로서, 이집트의 피라미드와 영국의 스톤헨지가 대표적이다.

당시 지배자는 종교 지도자도 겸했으므로, 고인돌은 지배자의 권력과 종교를 상징한다. 따라서 고인돌을 연구하면 그 시대 정치와 사상 및 문화 등을 이해할 수 있을 뿐 아니라, 고인돌의 규모나 분포 등을 통해 고조선의 중심지를 유추할 수도 있다.

비파형 동검의 분포는 고조선의 지배 지역을 의미한다. 비파형 동검은 단순한 칼이 아니라, 고조선의 지배를 받는 부족의 족장들에게 나누어 준 칼로 추정된다. 이런 물건을 위세품威勢品이라고 한다. 그러므로 비파형 동검을 통해 고조선의 지배를 받았던 지역을 파악할 수 있다. 고인돌과 비파형 동검의 분포를 살펴보았을 때, 고조선은 대략 중국 동북 지방에서 한반도 북부에 이르는 지역을 지배했다는 결론에 다다르게 된다.

하지만 유물과 유적만으로는 고조선이 언제부터 이 지역을 지배하기 시작했는지를 구체적으로 알기는 어렵다. 고인돌과 비파형 동검이 중국 동북 지방과 한반도 북부 전역에 나타난 시기는, 분명 고조선이 건국하고 상당한 시간이 흐른 뒤일 것이다. 그렇다면 이제 막 탄생하여 아장아장 걷기 시작한 고조선의 초기 모습은 어떻게 알아낼 수 있을까?

그런 의미에서 단군릉 발굴은 대단히 중요한 사건이다. 그것이 정치적으로 이용당하면서 그 의미가 퇴색된 것은 매우 안타까운 일이다. 단군릉이야말로 남북한 역사학계가 제일 먼저 공동 연구에 나서야 할 부분이 아닐까?

요즘 북한 경제 사정이 어려워 문화재 훼손도 심하고 학계의 연구도 지지부진하다고 한다. 심지어 북한 역사학자들이 농사짓는 데 동원되느라 책 읽을 시간이 부족하다고 한숨을 쉬더라는 이야기도 들린다. 고조선의 핵심 유적은 북한에 있다. 공동 연구가 시급한 까닭이다.

05

국경 개념의 성립
철기의 전래

교과서 속 한 줄 역사 고조선은 요하 유역을 중심으로 주변 지역을 정복하여 한반도 북부까지 발전했다. 기원전 3세기경 고조선은 통치체제를 정비하였으며, 혼란스러운 진·한 교체기에 중국에서 넘어온 많은 유이민을 서쪽 변경에서 살게 했다.

중국 기록을 보면 기원전 3세기경, 중국 연燕나라 장수 진개秦開가 고조선을 공격하여 2천여 리의 땅을 빼앗고 국경에 요새를 건설했다는 내용이 나온다. 또한 위만衛滿이란 자가 고조선으로 넘어와 요새 바깥〔塞外〕의 공지空地에 자리를 잡고 세력을 키우기 시작했다는 기록도 있다.(위만조선) 이 기록들에 등장하는 '요새 바깥'과 '공지'는 무엇을 의미할까?

'점의 지배'에서 '면의 지배'로

오늘날 우리가 사용하는 '국경國境'이라는 말은 근대국가 성립 이후에 만들어진 개념이다. 그전까지는 국경이라는 게 명확하지 않았다. 예를 들어, 18세기 조선 정조 대에 씌어진 《열하일기熱河日記》를 보면, 박지원은 압록강을 넘어 만주 땅에 들어서서도 별다른 말이 없다가 '책문柵門'이라는 곳에 도착해서야 비로소 중국에 들어간다고 썼다. 즉, 박지원은 중국 입국 절차를 밟는 곳부터를 중국 땅으로 이해한 것이다. 18세기에도 이러했으니 삼국시대, 더 거슬러 올라가 고조선 때에는 어땠겠는가.

국가가 발생한 청동기시대의 지배 영역은 '점'의 개념이었다. 그러다가 철기시대가 되면서 점점 '면'으로 발전한다. 과거의 영역 개념을 이해하려면 이 '점'과 '면' 개념을 염두에 두어야 한다.

청동기시대 고조선은 만주와 한반도 북부에 퍼져 있는 여러 족장들을 지배했다. 하지만 그 족장들의 영역이 아닌 곳은 고조선의 영토가 아니었으며, 또한 고조선이 그 지역의 모든 족장들을 지배한 것도 아니었다. 예를 들어, 평양과 개성과 서울의 족장을 지배한다고 치자. 이 경우 평양과 개성과 서울만 지배하는 것이지 평양·개성·서울이 포함된 한강 이북 지방 전체를 지배하는 건 아니라는 말이다. 이렇게 몇몇 지역만 지배하는 것이 '점의 지배'이다.

그러다가 철기시대가 되면 몇몇 지역뿐 아니라 그 일대를 전부 지배하는 방식으로 발전한다. 이것이 '면의 지배'이다. 물론 항상 면의 지배가 가능한 것은 아니었다. 지배가 강화됐다가 느슨해졌다가 그때그때 달랐지만, 아무튼 지역 전체를 아우르는 면의 통치가 시작되었다. 이를 '영역국가 체제'라고 한다.

고조선의 기록 하나만 찾아낸다면

중국은 춘추전국시대를 거치면서 철기시대가 본격적으로 발전하고 영역국가로 나아갔다. 그 영역의 끝은 어디까지였을까? 기록에 의하면 동쪽 끝에 요새가 있었고, 요새 너머에 사람이 살지 않는 공지가 있었다고 한다. 그리고 그 빈 땅 너머에 고조선이 있었다. 즉, 요새와 공지가 중국과 고조선의 경계였다. 하지만 기록만으로는 공지가 어느 정도 규모였는지 알 수 없다. 기록이 명확하지 않아 해석에 따라서는 요동과 요서 전체일 수도 있고, 요하 주변 일부일 수도 있다. 그리고 이에 따라 고조선의 영역은 좁게는 대동강 유역에서, 넓게는 요동과 한반도 북부 전체를 아우르는 광대한 영역일 수도 있다.

철기시대로 접어들어 본격적인 영토 싸움이 벌어졌을 때, 고조선이 어느 정도의 국력을 갖추고 얼마나 넓은 영역을 아울렀는지는 오늘날 큰 관심사 중 하나이다. 그러나 이에 대해 어떤 결론도 내릴 수 없다. 고조선이 이에 대한 기록을 남기지 않아 중국의 기록만으로 유추할 수밖에 없기 때문이다.

만약 우리가 그 시대의 기록을 찾아낸다면 어떨까? 예를 들어 요하 부근 어딘가를 발굴했다가 고조선 시대의 금석문을 찾아내고, 이를 번역하는 데 성공한다면? 바로 그런 것이 대박일 터다. 그러면 우리의 고조선 연구는 엄청난 발전을 이룰 것이다.

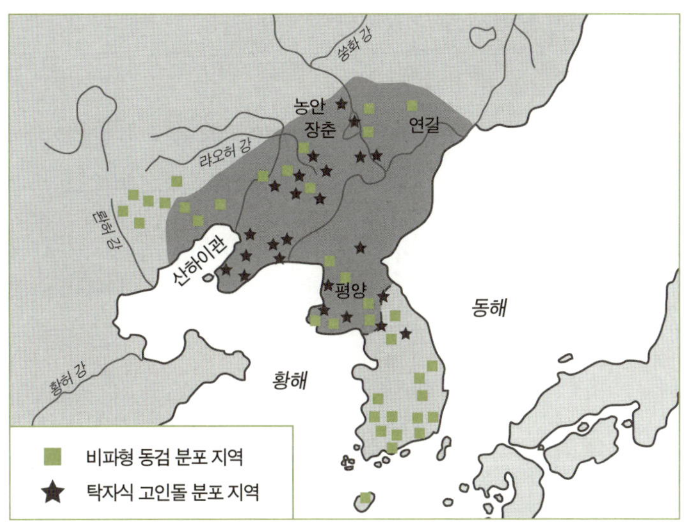

기원전 200년 무렵 고조선의 세력 범위.

많이도 필요 없다. 3~4천 년 전의 점토판 한 개, 목간木簡(글을 적은 나뭇조각) 하나면 된다. 가령 '무슨 무슨 촌에서 몇 사람이 와서 노역에 종사하였다'는 한 줄만 있으면 된다. 이는 당시 지방에 지배력(조세와 역役의 징발이 가능한)을 행사한 중앙집권적 정부가 존재했다는 아주 멋진 증거물이 될 것이다.(이런 유의 금석문 중 가장 오래된 것은 삼국시대 것이다.)

하지만 현재까지 그런 금석문이 발굴되었다는 소식은 없다. 이것이 고조선의 '영토' 개념을 확정짓기 어려운 까닭이다. 이런 상황에서는 고조선이 "어디 어디를 점령했다"는 기록도 별로 쓸모가 없다. 과거 전쟁은 대부분 약탈전쟁이어서 필요한 인력과 물자만 취한 뒤 철수했기 때문에, 점령했다는 기록이 곧 영토를 확보했다는 의미는 아니기 때문이다.

오늘날 영토와 국경선의 개념이 확립되는 데에는 산업화가 큰 영향을 미쳤다. 자원의 중요성이 커지면서, 엄밀하게 선을 그어서 각종 자원의 소유권을 명백히 해야만 했다. 산업화 이전에는 사람이 중요했기 때문에 거주지와 거주지의 경계만 확정하면 그만이었다. 따라서 거주지가 거의 없는 인구 희박 지역이 넓으면 그만큼 국가 간의 경계도 넓어질 수밖에 없다. 이를 오늘날의 국경선 개념으로 이해하면 영토 분쟁의 씨앗이 된다.

과거의 영토는 과거의 영토, 오늘날의 영토는 오늘날의 영토라는 기본 원칙에 입각해 역사를 보아야 한다. 고조선의 영역 논쟁도 마찬가지다. 과거의 영토는 그 나라의 정치체제나 지방 통치를 이해하는 자료로서만 의미가 있는 것이다.

06
지방정권인가, 고조선 전체인가?
위만조선

기원전 194년 중국의 망명객 위만이 반란을 일으켜 고조선 왕을 몰아내고 새로운 왕조를 세웠으니, 이를 '위만조선'이라고 한다.《사기史記》,《한서漢書》 등 중국 기록에 나오는 내용이다. 위만조선은 그 뒤 90여 년을 이어 가다가, 기원전 108년 중국 한漢나라의 침략을 받아 멸망했다. 이로써 고조선시대는 끝이 났다. 이후 위만조선 지역은 한나라가 설치한 군현('한군현' 또는 네 개의 군현을 설치했기 때문에 '한사군'이라고 한다.)의 지배를 받았다.

고조선 기록이 의도적으로 왜곡됐다?

중국 기록이 대부분 위만의 왕위 찬탈과 위만조선의 멸망에 쏠려 있
는 까닭에, 우리는 사실 이 시대에 대한 전체적인 이해가 부족하다.
단지 이 시기에 중국 문화가 많이 들어왔을 것이라고 짐작하는 정도
이다. 그런데 일제강점기에 일본이 한군현의 역사적 의미를 중요하
게 평가하면서 역사 논쟁이 불붙었다.

일본은 한군현이 평양과 요동에 걸쳐 오랜 시간 존속하면서 한민
족의 고대 문화 형성에 결정적인 영향을 끼쳤다고 주장했다. 이는 곧
우리의 고대 문화가 중국 문화의 변형이라는 얘기다. 이에 대해 우리
학자들은 중국과 우리의 고대 문화는 엄연히 다르다고 논박했다. 이 과정에서 위만조선의 성격과 한군현의 위치 등을 둘러싸고 다양한 수장이 전개되었다.

먼저 신채호 선생 등 일제하 민족주의 사학자들은 한군현이 요동과 요서 지방에 설치되었다고 주장했다. 이 주장이 성립되려면 위만조선이 요동과 요서에 있어야 한다. 고고학적으로 이 시기

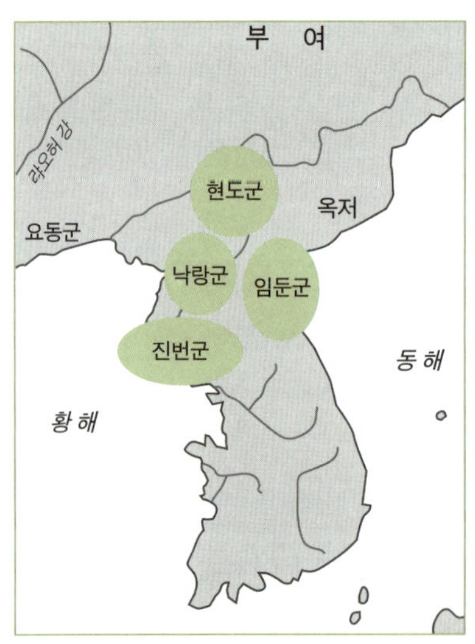

한군현 평양 위치설에 입각한 '한사군' 위치 추정도.
한사군은 기원전 108년 한 무제가 요동으로 진출하
며 위만조선을 굴복시키고 설치한 4개의 지방행정구
역이다.

고조선의 중심지는 한반도 평양 일대로 추정되는데, 위만조선은 왜 요동과 요서에 있었던 것일까? 결국 위만조선이 고조선 변방의 한 소국, 즉 지방정권이었다는 이야기다.

이런 주장도 있다. 위만조선이 한과의 전쟁에서 승리했다는 것이다. 한과 위만조선이 전쟁을 치른 뒤 한에서 처벌받은 사람은 있어도 상을 받은 사람은 없다는 게 그 주요 근거다. 이 주장에 따르면, 한군현 자체가 존재한 적이 없는 셈이다.

이러한 주장을 대략 종합해 보면, 한군현은 처음부터 존재하지 않았거나 있었더라도 고조선의 일부 지방에 잠깐 존재했고, 위만조선도 고조선의 중앙정부가 아니라 지방정권이었을 뿐 고조선은 따로 존재했다는 이야기가 된다.

오늘날 많은 역사학자들은 위만 지방정권설이나 한군현의 존재를 부정하는 주장을 인정하지 않는다. 위만조선이 지방정권이었다면 당시 고조선은 무얼 하고 있었단 말인가? 고조선 정도의 나라에 대해 중국이 전혀 기록을 남기지 않았다는 것도 논리적으로 설명이 안 된다. 또, 한반도에 설치된 한군현의 존재를 부정하기에는 평양 지역에서 출토되는 중국 유물이 너무 많다. 그래서 고조선 관련 기록이 의도적으로 왜곡됐다거나 의도적으로 삭제되었다는 주장은 정치적 주장일 뿐 역사적 주장은 될 수 없다는 것이다.

고대 문명의 완성기, 위만조선의 위상

위만조선은 우리 역사에서 매우 중요한 시기다. 이는 세계사를 살펴

보면 쉽게 알 수 있다. 이 시기 한나라는 한자와 유교·종이 등으로 대표되는 중국 고대 문명을 완성했고, 유럽의 로마제국은 유럽과 중동 지방을 지배하며 유럽 고대 문명을 완성했다. 한 마디로, 고대 문명의 완성기로서 문명이 강물처럼 주변으로까지 흐르던 시기였다.

이 시기 우리는 무엇을 하고 있었을까? 위만조선은 중국의 고대 문명을 수용하여 발달된 철기 문명을 바탕으로 정치와 경제, 군사를 발전시켜 나갔다. 장군將軍, 상相(문신의 우두머리) 등 세분화된 관직명이 있었던 것으로 보아 정치조직이 발달했음을 알 수 있다. 또, 한나라가

평양의 중국식 무덤 평양에 낙랑군이 설치되었다는 주장을 뒷받침하는 가장 유력한 근거는 중국식 벽돌무덤의 존재다. 무덤은 가장 확실한 민족문화의 유산이므로, 평양에서 중국식 벽돌무덤이 대규모로 나타나는 것은 피할 수 없는 증거가 된다.

이와 관련해 2001년 KBS 〈역사스페셜〉에서 북한 학계의 반박을 소개한 바 있다. 그들의 주장에 따르면, 평양에서 벽돌무덤의 초기 형태가 많이 발굴되었다고 한다. 이는 평양의 벽돌무덤 양식이 중국에서 들어온 것이 아니라 우리 고유 양식이 발전한 형태임을 입증하는 증거라는 것이다. 그러나 당시 평양의 유적 발굴은 김정일 정권을 미화하려는 의도에서 이루어진 탓에 부실한 점이 한두 가지가 아니어서 학술적으로 인정받지 못하고 있다. 이 또한 객관적인 연구가 필요한 부분이다.

평양의 대표적인 낙랑 유적으로 꼽히는 장진리 벽돌무덤.

위협을 느낄 정도로 동아시아 무역에서 상당한 이익을 취하는 국제적 무역국가였으며, 한나라 군대와 1년간 치열하게 싸울 정도로 군사적 강국이었다.

최소한 기록만 놓고 보면 위만조선은 흉노와 함께 동아시아에서 서열 2위를 다투는 강국이었다. 그러니 한나라는 호시탐탐 '넘버 원' 자리를 넘보며 자신을 위협하는 위만조선을 그대로 둘 수 없었을 것이다. 한나라는 결국 위만조선을 공격했고, 1년간의 전쟁 끝에 위만조선은 무너지고 말았다.

위만조선은 고조선을 계승하여 한반도의 독자적인 세력과 문명을 완성했다. 하지만 안타깝게도 위만조선과 그 후 한사군에 대한 연구는 새로운 유물과 유적이 발굴된 뒤로 미룰 수밖에 없다. 남북한 학술 교류가 활발하게 이루어지던 김대중 정부 시절, 북한은 평양에서 한사군 중 하나인 낙랑군 설치를 부정할 만한 유적이 발굴되었다고 주장했다. 중국이 동북공정東北工程을 주장하는 시대, 다시 한 번 남북한 공동 연구를 촉구해 본다.

07
만주를 호령한 제5국
부여

교과서 속 한 줄 역사 부여는 만주 송화강 유역의 평야 지대를 중심으로 성장하여 이미 1세기 초에 왕호를 사용하였다. 부여의 법은 매우 엄격하였는데, 고조선의 8조법을 계승한 4조목이 대표적이다.

최근 가야사 연구가 활발해지면서 고구려·백제·신라의 3국시대가 아니라 가야를 포함하여 '4국시대'라고 불러야 한다는 주장들이 나오고 있다. 가야는 서기 42년 김수로가 금관가야를 건국한 이래 여섯 나라가 연맹하여 번영을 누리다가, 562년 마지막으로 대가야가 멸망하면서 사라졌다. 그 역사도 매우 길고, 삼국시대 전 시기에 걸쳐 존재했으니 '4국시대'라는 주장이 틀린 말은 아니다.

그런데 '4국시대'라는 말이 나올 때마다 억울한 나라가 또 하나 있다. 바로 부여이다. 부여는 기원전 2세기경부터 494년 고구려에 흡수

될 때까지 500~600년 가까이 유지되었으며, 고구려에도 상당히 큰 영향을 끼쳤다. 가야보다 겨우 70년 먼저 망했는데 부여는 쏙 빼고 가야만 넣어 4국시대라고 한다면 억울하지 않겠는가?

고구려에 맞선 죄

부여가 이렇게 잊혀진 나라가 된 이유는 무엇일까? 일제강점기까지만 해도 부여는 고조선과 고구려를 잇는 국가로서, 고구려 중심으로 역사를 읽는 사람들에게는 매우 중요한 나라로 인식되었다. 일부에서는 한군현을 물리친 주체를 부여라고 주장하기도 한다.

다만, 부여는 고구려의 반대편에 섰던 나라라는 인식이 지배적이었다. 고구려가 치열하게 중국과 대결할 때 중국에 붙어 민족을 배신한 나라, 혹은 고구려를 위해 정복당해야 하는 나라라는 이미지가 강했다. 그래서 역사에서 차지하는 비중 자체가 크지 않았다.

부여는 과연 어떤 나라일까? 부여가 우리 역사에서 실제로 차지하는 비중은 어느 정도일까? 개인적으로는

고조선 멸망 후 한반도 유역에 성립한 고대국가들.

부여를 하나의 독립된 나라로 이해하고 연구해야 한다고 생각한다. 가야사를 신라사에서 독립시켰듯이, 부여사도 고구려사에서 분리시켜야 우리 고대사를 더욱 풍부하고 폭넓게 이해할 수 있을 것이다.

일단 부여의 건국 시기는 위만조선 시기와 겹친다. 명확하지는 않지만 중국 기록에 기원전 1세기경부터 등장하므로 그 이전부터 존재했던 나라임을 알 수 있다. 부여는 송화강 유역을 중심으로 5부족 중심의 연맹왕국을 건국하고 만주 일대를 지배했다. 전성기 때는 사방 2천 리를 다스릴 정도로 영토도 넓고 국력도 알찼다. 처음에는 중국 한나라 지배 세력과 충돌했지만, 어느 정도 서로 영역이 정해진 뒤에는 한나라와 친선 관계를 맺고 선진문물을 받아들이려고 노력했다.

낙랑국과 낙랑군 고조신 멸밍 이후 고구려가 민주와 힌반도를 디시 장악할 때까지, 구 고조선 지역에는 수많은 소국들이 존재했다. 이 중에는 동예·옥저처럼 중국에서 비중 있게 기록한 소국도 있고, 고구려 시조 고주몽에게 정복당한 비류국이나 행인국처럼 이름만 남은 나라도 있다. 그런데 이런 소국들이 종종 치열한 역사 논쟁의 불씨가 된다. 가장 대표적인 나라가 낙랑국이다. 낙랑국은 《삼국사기》에 나오는 호동왕자 이야기로 잘 알려져 있다. 32년, 고구려 대무신왕의 아들인 호동왕자가 옥저로 놀러 갔다가 우연히 낙랑 왕 최리를 만났다. 최리는 호동왕자를 낙랑공주와 결혼시켜 사위로 삼았다. 하지만 호동왕자는 낙랑공주를 꾀어 낙랑을 지키는 뿔피리와 북을 파괴시킨 후 고구려 군대를 이끌고 낙랑을 정복해 버렸다. 분노한 최리는 딸을 죽였고, 결국 호동과 낙랑의 사랑은 비극적으로 끝나고 말았다.

고구려와 백제의 뿌리

부여는 만주의 평야 지대에 자리를 잡으면서 주변 산악 지대를 차지한 고구려와 갈등을 겪었다. 처음에는 부여의 힘이 대단해서 고구려가 몇 차례나 심각한 위기를 맞을 정도였다. 하지만 22년 고구려 대무신왕大武神王이 부여 왕 대소帶素를 죽인 뒤 승리를 거듭하면서 오히려 부여가 궁지에 몰렸다.

이후 부여는 한동안 고구려와 엎치락뒤치락하며 만주의 지배자 자리를 놓고 경쟁했지만, 300년대 중국 유목민족 국가들의 공격을 받으면서 점차 쇠락의 길을 걷는다. 결국 서쪽에서 중국, 남쪽에서는 고구려의 공격을 받게 되어 더 이상 버티지 못하고 고구려에 흡수되었다.

부여는 위만조선이 멸망한 뒤 만주의 지배자로서 이후 고구려로

여기서 주의할 부분이 '낙랑 왕'이라는 기록이다. 많은 이들이 이 기록을 중국 낙랑군이 멸망한 기록으로 보지만, 낙랑군의 지배자는 '태수'이지 왕이 아니다. 따라서 낙랑군이 아닌 낙랑국이 존재했다고 보아야 한다. 이 때문에 낙랑군과 낙랑국이 동시에 존재했다는 주장(《삼국사기》에는 낙랑군이 313년 고구려 미천왕에게 정복당했다는 기록이 나온다.)과 함께, 평양 지역에는 낙랑국이 있고 요동에 낙랑군이 있었다는 주장, 낙랑군은 애초에 없었다는 주장들도 제기되었다.

소국들의 존재는 고고학적 발굴과 함께 《삼국사기》 등 부실한 고대 문헌 기록을 보충하고, 고조선의 멸망에서 삼국시대로 이어지는 역사를 이해하는 중요한 연결 고리다. 압량국 등 신라 초기 역사와 관련된 소국의 유적은 많이 발굴되었는데, 장차 백제와 고구려 역사와 관련해서도 이 같은 성과가 이어지기를 기대한다.

이어지는 우리 역사의 중계자 역할을 했을 뿐만 아니라, 삼국시대 문화 형성에도 큰 영향을 끼쳤다. 이는 백제의 부여 계승을 통해서도 확인할 수 있다.

백제는 왕의 성姓을 '부여씨'라 했고, 고구려 장수왕長壽王의 공격을 받아 수도를 남쪽으로 옮길 때 일시적으로 국호를 백제에서 '남부여'로 바꾸기도 했다. 또 동명왕東明王(주몽)의 제사를 자주 지냈는데, 동명왕은 고구려의 시조이기도 하지만 부여를 계승한 왕이기도 하다. 백제는 부여의 정통을 이은 국가가 고구려가 아닌 백제라고 주장함으로써 위기 상황을 돌파하려 했던 것이다. 이처럼 부여는 우리 역사에서 고구려와 백제의 뿌리를 이루는 비중 있는 존재였다.

관련 기록이 소략하고 문헌마다 내용이 엇갈려서 더 이상 자세한 이야기는 할 수 없다. 하지만 부여는 국사 교과서에 실린 것처럼 단순한 연맹왕국 중 하나가 아니라, 한 시대를 대표할 자격을 갖춘 어엿한 국가였다.

08

고구려와 백제를 건국한 여인
소서노

《삼국사기三國史記》권23 〈백제본기〉 '온조왕조'를 보면 고구려와 백제 건국과 관련해 흥미로운 내용이 등장한다. 동부여에서 졸본부여로 내려온 주몽이 졸본부여 왕의 둘째 딸과 혼인하여 비류와 온조 두 아들을 낳는다. 주몽과 결혼한 여인의 이름은 소서노. 하지만 본문에는 소서노의 이름은 언급되지 않고, 그 대신 주석에 소서노와 관련된 또 다른 이야기가 자세히 실려 있다.

이 이야기에 따르면, 소서노는 졸본 사람 연타발의 딸로 우태에게 시집가서 비류와 온조를 낳았다. 소서노는 우태가 일찍 죽는 바람에 과부가 되었는데, 주몽이 졸본에 이르러 도읍을 세우고 그녀를 왕비로 삼았다고 한다. 소서노의 남편 우태가 북부여 왕 해부루의 서손庶孫(서자의 아들)이었다고 하는 걸로 보아, 소서노의 아버지 연타발은 졸본의 지배자였던 것으로 보인다. 아마도 소서노는 남편이 죽은 뒤 졸본 지역을 다스리는 지배자로 추대되었을 것이다.

주몽과 손잡고 고구려를 세우다

졸본이 자리잡고 있던 압록강 일대는 당시 치열한 전쟁터였다. 고조선이 멸망한 뒤 수많은 소국들이 이 지역에 난립했다. 북쪽의 부여는 중국과의 전쟁으로 이 지역에까지 지배력을 뻗치지 못했고, 남쪽 낙랑의 지배력도 압록강까지 올라오지 못했다. 일종의 힘의 공백 지대에서 수많은 세력이 치열한 주도권 다툼을 벌이고 있었던 것이다.

주변 소국들과의 전쟁, 여성 통치자라는 불리한 조건 속에서 위기에 처한 소서노에게 구원의 손길을 내민 사람이 주몽이었다. 부여의 왕족으로서 세련된 통치술과 강력한 군사력을 갖고 망명해 온 주몽은 소서노에게 절대 필요한 존재였을 것이다. 졸본 지역에 아무런 기반도 없는 주몽에게도 소서노가 꼭 필요하기는 마찬가지였다.

마침내 기원전 37년경, 젊은 주몽과 아마도 연상이었을 소서노의 결혼이 성사되었다. 두 사람은 국호를 '고구려(가우리)'라 하고 졸본(현재 중국 요령성 환인의 오녀산성 일대)에 도읍을 정한 뒤 힘을 합쳐 나라의 기틀을 잡았다.

하지만 두 사람 사이의 온화한 분위기는 주몽이 부여에 두고 온 아

고구려의 첫 도읍지인 졸본성으로 추정되는 오녀산성. 중국 랴오닝 성의 오녀산 해발 820미터에 자리 잡고 있다. 200미터 높이에 이르는 절벽의 천연 지세를 그대로 이용하여 장벽을 만들고 동쪽과 남쪽의 산세가 완만한 곳에만 성벽을 쌓았다.

들 유리가 등장하면서 금이 가기 시작했다. 소서노는 전 남편 우태와의 사이에서 낳은 아들 비류가 후계자가 되기를 바랐고, 주몽은 주몽대로 전처 소생의 아들 유리를 후계자로 삼으려 했다. 이는 곧 유이민 세력과 토착 세력의 갈등이자, 고구려의 주인이 누구인지를 정하는 중대한 문제였다. 주몽의 아들인가, 아니면 소서노의 아들인가?

비극적인 여왕의 말년

이 싸움은 잘 알다시피 주몽의 승리로 돌아갔다. 군사권을 장악한 주몽을 소서노가 당해 낼 수 없었다. 소서노는 분노했다. 갈 데 없는 망명객을 받아들여 왕으로 만들어 준 그녀였다. 고구려는 둘의 공동 소유, 아니 토착 세력인 소서노의 것에 더 가까웠기에 패배를 인정할 수 없었다.

소서노는 두 아들을 데리고 고구려를 떠나 남하하기로 마음먹었다. 《삼국사기》는 이들이 한산에 올라 도읍지를 살피다가 비류는 미

추홀(인천)로 가고, 온조는 하남 위례성에 자리를 잡았다고 기록하였
다. 그리고 주석에 따르면, 둘이 함께 미추홀로 갔는데 비류는 그곳에
정착하기를 바라고 온조는 더 내륙으로 들어가길 원해 결국 둘은 헤
어지게 되었다고 한다. 온조는 자신을 따르는 무리를 이끌고 한참을
더 들어가 한강 유역의 오늘날 서울 강남 어디쯤에 정착했다. 한강 유
역(서울 석촌동)에 고구려 양식의 돌무지무덤이 나타나는 것은 이 때문
이다. 얼마 후 비류는 미추홀이 농사를 짓기 어려운 땅이어서 안거할
수 없는 곳임을 알고 자책하다 스스로 목숨을 끊었고, 그를 따르던 세
력이 온조에 합류하여 '백제'가 되었다.

그런데 야사에는 약간 다른 이야기가 나온다. 비류가 자살하려 한
것이 아니라 온조에게 투항했
는데 온조가 거절했고, 이에
분노한 소서노를 온조가 독살
했다는 것이다.

《삼국사기》에는 온조왕 13
년 소서노가 죽었다고만 기록
되어 있다. 우리는 그녀가 백
제에서 어떻게 살았는지 자세
히 알 수 없다. 하지만 남편과
의 권력투쟁에서 패하고 낯선
땅으로 밀려와 아들 간의 골육
상쟁을 지켜보다가 끝내 장남

고대 국가의 성립.

을 비극적으로 잃은 것만은 확실하다. 살해당했든 병으로 죽었든 여왕의 말년은 참으로 슬펐으리라.

하지만 소서노에게 그보다 더 슬픈 일은, 700년간 동아시아를 호령한 대제국 고구려와 백제가 그녀의 손에서 탄생했다는 사실을 후손들이 잊은 것이 아닐까? 영국의 엘리자베스 여왕은 기억하면서 소서노를 잊은 것은 너무 미안한 일이다.

 고구려나 신라와 달리, 백제는 오늘날까지 정확한 수도의 위치가 밝혀지지 않았다. 백제 역사 680년 중 전반부 500년간 백제의 도읍지였던 위례성의 위치가 아직도 미스터리로 남아 있는 것이다. 이처럼 불확실하게 남아 있는 우리의 고대사는 중국의 동북공정이나 일본의 역사 왜곡에 대응할 때 심각한 약점으로 작용하고 있다. 백제 위례성의 위치에 대해서는 여러 설이 있다. 심지어 중국 어딘가에 있을 거라고 주장하는 재야 사학자도 있다. 그러나 최근에는 서울 강남과 송파 일대라는 주장이 설득력을 얻고 있다. 그중 가장 유력한 후보지는 풍납토성이다. 현재 풍납토성의 극히 일부분만 발굴된 상태인데, 의미심장한 유물들이 쏟아져 나온 데다 성의 규모가 엄청나게 거대한 것으로 추정되기 때문이다. 안타까운 것은, 땅값이 워낙 비싼 지역이라 천문학적 발굴 비용과 주민 보상 문제를 감당하기 어려워 전면적인 발굴은 엄두도 내지 못하고 있다는 점이다. 백제는 왜 하필 강남에 수도를 정했는지……. 강남 지역 땅값이 떨어질 때까지 백제 수도에 대한 연구도 뒤로 미뤄질 수밖에 없을 것 같다.

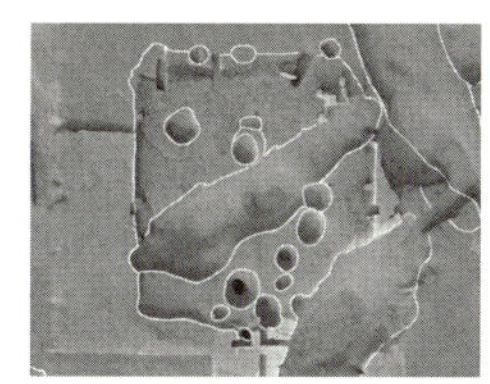

서울 송파구 풍납동에서 발굴된 거주지 유적.

09
석탈해와 김수로의 법술 대결
가야와 신라

탈해가 바다를 항해하여 가야에 왔는데, 키가 3척이고 머리 둘레가 1척이었다. 탈해는 흔연히 대궐로 들어가서 왕(김수로왕)에게 말했다.

"나는 왕의 자리를 빼앗으러 왔소."

왕이 말하였다.

"하늘이 나에게 명해 왕위에 오르게 하고 나라 안을 안정시키고 백성들이 편안하도록 하였으니, 천명을 어겨 그대에게 왕위를 줄 수는 없소."

그러자 탈해가 말했다.

"그렇다면 술법으로 겨루어 보겠는가?"

왕이 말했다.

"좋다!"

잠깐 사이에 탈해가 매로 변하자 왕은 독수리로 변했다. 탈해가 또 참새로 변하자 왕은 새매가 되었다. 이러는 사이에 조금도 시간이 걸리지 않았다. 탈해가 본래의 몸으로 돌아오자 왕도 다시 본래의 몸으로 돌아왔다. 탈해가 곧 엎드려서 항복했다.

김부식의 꼼수

《삼국유사》〈가락국기駕洛國記〉에 실린 신라 4대 왕 석탈해와 가야 시조 김수로왕의 법술 대결 이야기다. 이 이야기는 사실일까?《삼국사기》〈신라본기〉'탈해 이사금조'에도 탈해와 가야의 이야기가 나온다. 탈해가 궤짝에 실려 배를 타고 금관국에 이르렀으나, 금관국 사람들이 기이하게 여겨 거두지 않았다. 탈해는 다시 신라 아진포에 이르렀고, 한 할멈이 그를 거두어 길렀다. 탈해는 속임수를 써 호공瓠公의 집을 빼앗고 이후 꾀를 내어 점점 세력을 확장했다고 한다.

두 기록이 어느 정도 일치하는 것으로 보아 탈해가 가야와 연관이 있었던 것은 사실인 듯하다. 이 기록들이 의미하는 바는 무엇일까?

《삼국사기》에 수록된 초기 신라 관련 기록들을 보면 고구려나 백제 기록과 달리 상식적으로 납득이 되지 않는 이야기들이 많다. 가야가 쳐들어왔다가 신라의 화목하고 평화로운 모습을 보고 그냥 돌아갔다는 식의 이야기들 말이다. 허황된 이야기는 역사가 아니라며 단군신화도 빼먹었던 김부식이 어째서 이런 기록은 살려 둔 것일까? 그 이유는 신라 초기에 영남 지역의 패권을 장악한 나라가 신라가 아니라 가야였기 때문이다. 미미했던 신라 초기의 모습을 포장하려다 보니 이런 일이 생긴 것이다.

신라보다 앞선 가야

가야는 낙동강 하류 지역을 중심으로 강력한 철기문화를 향유했다. 양질의 철이 많이 생산되는 지역에 자리한 덕에, 가야는 한반도와 일본 열도에 철을 수출하여 많은 경제적 이익을 얻을 수 있었다. 경제적 풍요야말로 가야 국력의 원천이었다. 가야는 이를 바탕으로 영토 확장에 나서 주변 지역을 침략했다. 신라는 가야에게 일방적으로 얻어터지는 형편이었다. 가야군이 신라의 수도인 경주의 왕성을 포위한 적도 여러 번이었다. 당연히 신라의 발전은 더딜 수밖에 없었다.

탈해와 수로의 설화는 이런 시대적 분위기를 반영하고 있다. 기록에 의하면, 탈해는 다파나국多婆那國 혹은 용성국龍城國이나 완하국琓夏國 출신이라고 한다. 각각 인도·서역·중국 중남부 해안으로 추정되는 지역들로, 탈해는 김수로와 비슷한 계통의 사람이었던 것 같다. 그가 가야에서 받아들여지지 않아 신라로 망명한 것인지, 아니면 신라에 충성을 바치며 가야 공격의 선봉장으로 나

가야의 철제 말 투구.

선 것인지는 알 수 없으나, 중요한 사실은 당시 신라가 아무리 몸부림쳐도 가야를 이길 수 없었다는 것이다.

신라가 가야의 압박에서 벗어난 것은 4세기 말 고구려와 연합하여 가야를 정벌한 뒤부터였다. 이 전쟁에서 패한 가야는 낙동강 하류 지역을 잃고 내륙으로 들어가 대가야를 중심으로 재기를 꾀했지만, 백제와 신라의 틈바구니에서 시달리다가 결국 망하고 말았다. 반면 신라는 낙동강 유역을 차지함으로써 장차 한강 유역으로 진출할 힘을 얻었다.

가야는 상당히 오랜 세월 동안 한반도 남부 지방을 지배한 강한 나라였다. 비록 치열한 삼국 간의 전쟁에서 살아남는 데 실패했지만, 그들의 힘이 훗날 신라 국력의 원천이 되었다는 점을 잊어선 안 된다.

10

진짜 120살까지 살았을까
고구려 태조왕

고구려는 태조왕의 정복 활동으로 왕권이 안정되어 왕위가 독점적으로 세습되었다. 이후 고국천왕 때 부자 상속이 왕위 계승 방식으로 정착되면서 왕권 강화와 중앙집권화가 더욱 진전되었다.

고구려 제6대 왕인 태조왕太祖王은 서기 47년에 태어나 53년에 즉위했다. 즉위 당시 겨우 일곱 살이었으므로 태후가 섭정을 했다. 태조왕은 이후 93년 동안 고구려를 통치하다가 146년 동생 수성遂成(차대왕次大王)에게 왕위를 물려주었다. 이때 나이가 백 살이었다. 이후 그는 별궁에서 살다가 165년 3월에 숨을 거두었다. 향년 119세, 만 118세였다.

118세라니! 요즘에도 백 살 넘은 노인을 보기 어려운데 평균수명이 40세 안팎이던 그 시대에 백 살 넘게 살았다니 상상하기 어려운 일이다. 태조왕은 정말 그렇게 오래 살았을까?

백 살에 동생에게 왕위를 물려주고

우선 《삼국사기》 기록에 따라 태조왕의 가계도를 살펴보자. 앞서 말했듯 태조왕은 백 살에 동생 차대왕에게 왕위를 물려주고 119세에 죽었다. 차대왕은 태조왕보다 24세 연하로 76세에 즉위하여 19년을 재위하다가 95세에 재상 명림답부에게 살해당했다. 이어 차대왕의 동생 신대왕新大王이 77세에 즉위했다. 신대왕은 차대왕보다 18세 연하이니 태조왕보다는 무려 42세 어린 동생이었다. 신대왕은 179년 91세에 죽었다.

한편 중국 사서인 《후한서後漢書》에는 태조왕이 즉위 69년 되던 해인 121년에 죽고, 이후 차대왕이 즉위했다고 기록되어 있다. 그렇다면 태조왕은 75세에 죽은 셈이다. 세 왕의 관계도 다르게 서술되어 있다. 태조왕이 죽은 뒤 그 아들 수성이 즉위하여 차대왕이 되었으며, 수성이 죽은 뒤 그 아들 백고伯固가 즉위하여 신대왕이 되었다고 기록하고 있다.

태조왕·신대왕·차대왕, 이 세 왕의 나이 차를 생각하면 중국 기록이 맞는 것처럼 보인다. 그러나 기록의 구체적인 면을 보면 《삼국사기》가 맞을 가능성이 높다. 수성이 큰 공을 세우고 나서 신하들에게 태조왕이 너무 오래 살아서 자신이 왕을 못한다고 한탄하며 왕을 제거할 뜻을 밝히자 모두 찬성하였는데 오직 한 사람만 반대했다. 태조왕이 이 일을 보고받고 오히려 수성에게 왕위를 물려주었다. 수성(차대왕)은 태조왕의 아들을 죽이면서까지 자신의 왕위를 지키려고 노력했다고 《삼국사기》는 자세히 기록하고 있다. 반면 《후한서》는 고구려와의 전쟁 기록 외에 고구려의 내부 사정에 관한 기록은 거의 남기지 않았다.

이쯤에서 한 가지 의문이 든다. 태조왕의 나이를 따지는 것이 그렇게 중요한가? 그저 기록상의 착오나 신비로운 전설쯤으로 여기면 되지 않을까? 그러나 태조왕의 나이는 초기 고구려 사회의 성격과 관련된 매우 중요한 문제다.

형제 상속일까, 부자 상속일까

초기 고구려 왕위 계승의 가장 큰 특징은 형제 상속으로, 역사상 세 가지 사례가 존재한다. 3대 대무신왕大武神王이 동생 민중왕閔中王(4대)에게 왕위를 물려주었고, 6대 태조왕은 장성한 아들이 있음에도 동생 차대왕(7대)에게 왕위를 물려주었으며, 9대 고국천왕故國川王을 이어 동생 산상왕山上王이 10대 왕으로 올랐다.

황해도 안악군 용순면에 위치한 고구려 시대의 벽화고분 '안악3호분'의 대행렬도.

이 중 두 가지 사례는 그럴 만한 이유가 있었다. 대무신왕이 동생에게 왕위를 물려준 것은 아들이 너무 어렸기 때문이고, 산상왕이 즉위할 수 있었던 것은 고국천왕비 우씨가 시동생 발기와 연우 중에서 연우, 즉 산상왕을 선택했기 때문이다. 오직 태조왕만이 장성한 아들이 있음에도 불구하고 동생에게 왕위를 넘겨주었다.

따라서 만약 태조왕부터 신대왕까지의 왕위 상속을 중국 측 기록에 따라 부자 상속으로 본다면, 초기 고구려 사회를 형제 상속 국가로 규정하기 어려울 것이다. 그리고 초기 고구려가 형제 상속 국가가 아니라 부자 상속 국가이고 일시적인 정치 문제 때문에 예외적으로 형제 상속이 이루어진 거라면, 초기 고구려의 왕권에 대한 우리의 통념은 바뀌어야 한다. 일반적으로 부자 상속일수록, 특히 장자상속일수록 왕권이 강하다고 보기 때문이다.

고려의 형제 상속 왕위의 형제 상속은 일반적으로 비정상적인 정치 상황에서 이루어진다. 고려시대에는 태조 왕건이 죽은 뒤 호족들의 횡포로 왕권이 위축되었을 때 혜종 – 정종 – 광종 3형제가 왕위를 계승했다. 귀족의 권력이 막강했던 고려 중기에는 8대 현종이 죽은 후 현종의 세 아들 덕종 – 정종 – 문종이 왕위를 계승하고, 문종 사후에 순종 – 선종 – 숙종 3형제가 또 왕위를 계승했다. 무신 정권의 혼란기에는 의종 – 명종 – 신종 3형제가 무신들의 뜻에 따라 각각 왕위에 옹립되었으며, 원 간섭기에는 충목왕과 충정왕 형제가 원에 의해 왕위를 계승했다. 이처럼 유례없이 잦은 형제간의 왕위 계승은 고려시대 왕권이 귀족의 횡포 속에서 얼마나 취약했는지를 보여 준다.

삼국시대 초기 역사를 둘러싸고 지금도 학계에서는 이런저런 논쟁이 벌어지고 있다. 기록만으로는 각 나라의 규모와 수준이 어느 정도였는지 알기 어렵기 때문이다. 기록의 신뢰성을 둘러싼 논쟁도 여전하다. 이런 상황에서 태조왕의 나이와 상속 문제는 중요한 논쟁거리일 수밖에 없다. 이외에도 삼국시대 관련 기록에는 당시 사회 수준을 유추할 수 있는 각종 사회제도들이 등장한다. 고구려의 데릴사위제나 신라의 순장殉葬은 당시 사회가 모계적 전통과 족장사회의 전통을 갖고 있었음을 말해 준다.

우리가 고구려의 국력에 대해 세우는 여러 가설들은 당시 사회제도의 수준에 따른 연구로 검증된다. 무슨 말이냐 하면, 영토가 넓고 대외 진출이 활발하면 국력이 강하다는 식으로 단순히 생각해서는 안 된다는 것이다. 영토가 넓어 보여도 그 사회제도나 문화 수준이 낮으면 앞에서 언급한 '면의 지배'가 이루어지지 않아서 실제 영토는 점점이 작을 수 있다. 대외 진출은 국가 체제를 수립하지 못한 유목민족도 활발했다. 정말 국력이 강하고 발전한 국가라면 그에 합당한 제도와 경제, 사회 풍속과 문화가 존재해야 한다. 전체를 균형 있게 바라보려 노력해야 한다.

11
장고형무덤의 미스터리
임나일본부설

교과서 속 한 줄 역사 일제는 일제강점기에 일제의 침략과 지배를 정당화하는 이른바 '식민사관'을 만들었다. 이 중 임나일본부설은, 왜가 4세기 중엽 가야 지역을 정벌하여 6세기 중엽까지 200여 년간 한반도 남부를 경영했다는 주장이다.

서기 200년경 일본의 신공황후神功皇后가 삼한을 정벌하라는 신의 계시를 받고 군대를 일으켜 신라로 쳐들어왔다. 신의 뜻에 호응한 물고기들이 군함을 떠메고 바다를 건너니, 신라인들이 이를 보고 놀라 항복했다. 이 소식을 듣고 사정을 살피러 온 백제와 고구려도 일본 군대의 위세에 놀라 항복하고 영원히 일본의 노예가 되기를 청했다. 이리하여 삼한은 일본의 지배에 들어가게 되었다.

임나일본부설의 강력한 증거?

일본에서 가장 오래된 역사책인 《일본서기 日本書紀》에 나오는 유명한 신공왕후의 삼한 정벌 내용이다. 일제는 이 기록을 근거로 4세기부터 6세기 초까지 일본이 한반도 남부를 지배했다는 '임나일본부설'을 주장했다. 이 주장에 따른다면, 우리 역사에서 삼국시대는 5세기부터 7세기까지에 불과하며, 그전에는 중국의 한군현 시대와 일본 지배기가 존재하는 셈이다.

그러나 임나일본부설은 오늘날 일본에서도 인정받지 못하고 있다. 역사적 사실을 기록했다고 보기에는 신화적 서술이 너무 강하고, 또 입증할 만한 유물이 별로 나오지 않았기 때문이다. 일본은 일제강점기에 가야 지역인 경상남도 지방을 여러 차례 발굴했지만 만족할 만한 성과를 얻지 못했다.

그런데 일본 극우파나 학계의 일부 보수파들이 변형된 임나일본부설을 주장하고 있다. 일본이 가야에 설치했다는 '임나일본부'가 정치적 지배기구가 아니라 정치적·경제적 거점이었다는 것이다. 곧, 일본인들이 4~6세기에 한반도 남부 지방에 들어와 살면서 활발히 교류하고 일본의 발달된 문화를 전파했다는 얘기다. 그래서 요즘은 한반도 정벌이 아니라 '진출'이라는 말을 많이 쓴다.

이 주장을 뒷받침하는 근거가 전남 지방에서 출토되는 '장고형무덤'이다. 대략 5세기 이전 무덤으로 추정되는 장고형무덤은 그 생김새나 매장 형태가 일본의 전형적인 고대 무덤 양식인 전방후원무덤과 유사하다. 일본의 전방후원무덤은 무덤 주위에 일본 토기를 죽 늘

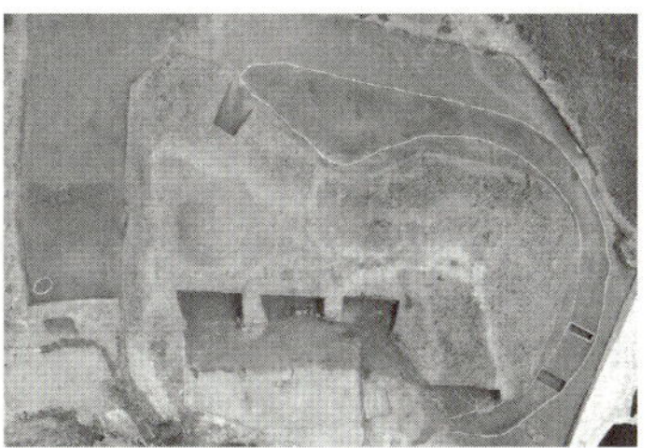

일본의 대표적인 전방후원무덤인 오사카의 닌토쿠 천황릉(왼쪽). 1993년 광주광역시에서 발굴된 '명화동 장고분'(오른쪽). 6세기 전반 백제 시대 무덤으로, 봉분과 도랑 형태, 주변의 원통형 토기 등이 일본의 전방후원무덤 양식과 유사하다.

어놓는 형태를 보이는데, 한국의 장고형무덤 주위에서도 일본 토기가 다수 출토되고 있다.

일본식 무덤의 주인은 누구?

5세기 이전 한반도 남부에 왜 일본식 무덤이 나타났을까? 현재 우리 학계에서는 장고형무덤에 대해 명확한 의견을 제시하지 못하고 있다. 일본에서 건너온 이주민들의 무덤일 거라고 추정할 뿐, 그들이 왜 건너왔고 무엇을 했는지는 정확히 알 수 없다. 이주민이라도 독자적 세력을 이루지 못한 경우에는 그들만의 무덤을 만들지 않는다. 무슨 얘기인가 하면, 귀화한 일본인이라면 우리식 무덤에 묻혔어야 한다는 것이다.

　그래서 일부 학자들은 마한계 전통 무덤 양식이 일본으로 건너가 전방후원무덤이 되었다고 주장한다. 하지만 이를 입증할 만한 무덤 양식이나 유물은 아직 나타나지 않고 있다. 몇 년 전 모 방송사에서 서울 강동구 일대에서 일본보다 훨씬 이른 시기의 초기 대형 장고형 무덤을 발견했다고 보도했지만, 형태만 장고형일 뿐 무덤이 아닌 낮은 야산 구릉으로 밝혀졌다.

또 어떤 사람들은 한반도 남부와 일본 규슈 지방이 동일 문화권이라고 주장한다. 하지만 이는 임나일본부설과 다를 바 없어서, 반박이 아니라 오히려 동조하는 셈이 된다. 일본은 일본 문화와 한반도 남부 문화가 같은 계통의 문화로서 그 정통성이 도쿄와 오사카에 있다는 주장을 오래전부터 해 왔다. 곧, 일본 문화가 중심 문화이고 한반도 문화는 주변 문화라는 것이다.

기원 전후부터 4세기까지 한반도 남부에서 일어난 일을 기록한 책

한국 고대사의 콤플렉스 역사 연구에서는 당대의 기록을 가장 중시한다. 그 시대를 살았던 사람의 기록이 가장 정확하다고 믿기 때문이다. 그런데 이 믿음이 우리 역사에는 심각한 콤플렉스가 되고 있다. 일본 최초의 역사 기록인 《일본서기》는 8세기에 나오고, 중국의 최초 기록인 사마천의 《사기》는 기원전 1세기에 나왔다. 반면 현존하는 우리의 최초 역사 기록인 《삼국사기》는 12세기에 편찬되었다. 그래서 한·중·일 3국 간의 역사 논쟁이 벌어지면 국제 학계에서 중국과 일본의 주장에 밀리기 십상이다. 기록

고대 한·일 관계사의 열쇠를 쥐고 있는 '칠지도'. 철제 칼 몸체에 7개의 가지가 있다 하여 '칠지도'이다. 백제 근초고왕 때 제작된 칼로 추정되는데, 양쪽 옆면에 금으로 상감된 명문 내용을 두고 백제 왕이 왜 왕에게 하사했다, 바쳤다, 대등한 위치에서 선물했다 등등 여러 주장이 제기되고 있다. 현재 일본 나라현 이소노카미 신궁에 소장되어 있다.

은 《삼국사기》가 거의 유일하다. 그런데 정작 《삼국사기》 초기 기록
은 우리조차 부정하고 있다. 기록 없이 유물과 부정확한 외국 기록으
로만 이 시기를 설명하다 보니 여러 논쟁거리만 늘어난 것이다.

지금 우리에게 가장 절실한 것은 초기 백제사와 신라사, 가야사에
대한 더 많은 연구와 성과이다. 너무나도 많은 미스터리가 존재하는
데, 이에 대한 우리의 관심과 연구는 상대적으로 부족하다. 특히 일반
인들의 관심은 지나치게 고구려에만 치우쳐 있다. 역사, 그중에서도
특히 고대사는 균형 있는 인식이 절실한 분야이다. 백제사에 대한 관
심을 다시 한 번 촉구한다.

의 신뢰성 때문이다. 박노자의 《거꾸로 보는 고대사》는 이런 국제 학계
의 관례를 잘 보여 준다. 이 책은 《일본서기》가 《삼국사기》보다 신뢰할
만하다는 전제 하에 씌어져 있다.

물론 《일본서기》나 《사기》에는 많은 역사적 왜곡이 있다. 하지만 왜곡
이 없는 역사책은 없다. 기록과 소설, 신화가 한데 뒤섞여 있는 고대의
기록은 더더욱 그렇다. 기본적으로 고대 기록은 왜곡이 있다는 걸 전제
하기 때문에, 그것이 왜곡된 기록이라고 아무리 애타게 부르짖어도 기
존의 주장을 뒤집기가 어렵다.

일찍이 신채호 선생은 '위서를 이용한 역사연구방법'을 주장한 바 있
다. 위조하여 만든 책도 역사소설처럼 어느 정도는 역사적 사실을 토대
로 하므로, 그 안에 담긴 역사적 사실을 가려서 뽑아내자는 것이다. 그
마음이 절절히 느껴지지 않는가.

12

진실과 거짓 사이
백제의 요서정벌설

교과서 속 한 줄 역사 백제는 한강 유역의 지리적·경제적 이점을 이용하여 3국 중 가장 먼저 발전하였다. 4세기 후반 근초고왕은 정복 활동으로 축적한 군사력과 경제력을 바탕으로 중국의 요서, 산둥 지방과 일본의 규슈 지방에까지 진출하였다.

"위나라가 침공하였으나 우리 군사들이 이를 물리쳤다."

《삼국사기》 백제 동성왕 10년(488)의 기록이다. 중국 중원 지역에 있던 위나라와 백제가 전쟁을 벌였다니! 다음 기록을 보자.

"백제는 본디 고구려와 더불어 모두 요동의 1천여 리 지점에 있었는데, 그 후 고구려가 요동을 점령하자 백제는 요서를 점령하였다. 백제가 다스리는 곳은 진평군, 진평현이라 부른다."

중국 측 기록인 《송서宋書》에 나오는 내용이다. 이외에도《양서梁書》, 《자치통감資治通鑑》, 《남제서南齊書》 등의 중국 역사서에도 유사한 내용이 등장한다. 이 기록들은 백제가 전성기 때 요서 지역을 지배했다는 주장, 곧 '요서정벌설'의 주요 근거가 된다.

《삼국사기》에만 남은 기록

백제의 요서 정벌은 사실일까? 교과서에서는 '진출'이라는 애매한 표현을 쓰고 있다. 진출은 영토적 정복뿐 아니라 경제적·문화적 영향까지 포함하는 개념이므로, 교과서는 결론을 내리지 못하고 있는 것으로 보인다. 왜 우리 학계에서는 요서 정복을 자신 있게 말하지 못하는 것일까?

일단 부정적인 시각에서 보면, 당사자들의 기록이 부족하다는 것이 가장 큰 약점이다. 요서 지역에 있던 북조 국가들과, 점령 주체인 백제 양쪽을 통틀어 이와 관련된 기록은 앞에 소개한《삼국사기》내용이 전부이다. 그 외 이 기록을 남긴 나라들은 모두 북조와 적대 관계인 남조의 나라들이다. 곧, 적대 국가의 모함일 가능성이 높은 것이다.

3세기 진晉나라가 망한 뒤 중국의 황하 이북 지방에서는 다섯 유목민족(5호)이 세운 여러 나라들이 치열하게 싸움을 벌였다. 이를 5호 16국, '북조'라 한다. 반면 유목민족에게 쫓겨난 한족과 진나라 귀족들은 지금의 남경 부근에 도읍을 정하고 '동진'이라는 나라를 세웠다. 이후 송나라·제나라·양나라 등이 차례로 일어났으니, 이 나라들을 '남조'라 한다. 3세기부터 6세기까지 300년 이상 중국에서는 유목민족의 북조와 한족의 남조가 대립하는 남북조시대가 이어졌다.

이런 상황에서 북조의 나쁜 소식이 전해졌다면 남조에서는 그것을 무조건 기록으로 남겼을 가능성이 높다. 요서에서 남조의 수도 남경까지는 직선으로 1,200킬로미터 이상, 서울에서 도쿄까지의 거리만큼 먼 거리이니 사실을 확인하기도 어려웠을 것이다. 왕조가 교체될 때마다 사실을 확인하지 않고 그 내용을 실었을 가능성도 매우 높다. 오늘날 한반도의 남북 대치 상황에서 이루어지는 역사 왜곡과 오해를 보면 미루어 짐작할 수 있을 것이다.

오늘날 요서정벌설의 의미는?

긍정적으로 생각하면, 일시적 점령은 가능했다고 볼 수 있다. 당시 중국은 혼란기로 계속 전쟁 상태였다. 이 시기에 고구려나 백제가 일시적으로 이 지역을 점령했다고 해도 이상할 건 없다. 고려 말에 공민왕이 일시적으로 요동을 점령한 것과 마찬가지 경우이다. 당시 원과 명이 다투면서 요동은 행정적·군사적으로 완전히 비어 있는 상태였는데, 이때 고려가 군사를 보내 점령했다가 곧 명나라 군대가 들이닥치자 포기하고 철수했다. 실제 고려가 요동을 점령한 기간은 채 1년도 되지 않는다. 이와 비슷하게 백제가 일시적으로 요서 지역을 점령했을 수도 있다.

그런데 이 경우 해석상 과장 문제가 생긴다. 예를 들어, 일제가 우리를 36년간 강제 점령한 것을 두고 "일본이 한국을 식민지배했다"고 말한다. 그러나 한국전쟁 당시 북한이 약 3개월간 남한의 거의 전역

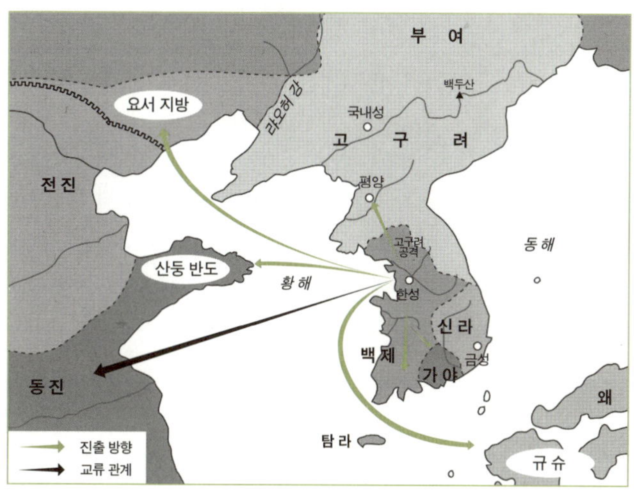

백제의 대외 진출 및 관계도.

을 점령한 적이 있다고 해서 이를 두고 "북한이 남한을 지배했다"고 말하지는 않는다. 즉, 일시적 지배라는 말에서 '일시적'을 강조하는지 아니면 '지배'를 강조하는지에 따라 의미가 달라지는 것이다.

오랜 기간 동안 백제가 요서를 지배했을 가능성은 없을까? 이 경우 북조 기록에 지속적으로 백제 지배 기록이 나와야 한다. 두 나라가 국경을 접하고 있었을 테니 반드시 두 나라의 관계(외교 활동이든 교역이든)에 대한 기록이 남았을 텐데, 기록이 소략한 걸로 보아 장기간 통치가 이루어졌다고 보기는 어려울 것 같다.

잠깐 동안의 '요서 정복'을 1,600년이나 지난 지금 강조해야 할 이유가 있을까? 신채호 선생은 요서정벌설을 이야기하며 우리 민족의 진취적 기상을 알리고 '기죽지 말자, 우리도 할 수 있다'는 생각을 심어 주려고 노력했다. 나라를 잃고 일제의 지배를 받으며 체념할 백성들에게 희망적이고 긍정적인 메시지를 주려 한 것이다. 이처럼 일제시대 민족사학자들은 '지배'가 아니라 '민족 기상'을 강조했다.

그렇다면 오늘날 우리가 요서정벌설을 주장함으로써 얻는 것은 무엇일까? 세계 경제력 10위 국가가 굳이 역사적 가설 하나에 집착하여 얻는 것, 또는 추구해야 할 절실한 가치가 있을까?

13

세계 최초의 빈민 구제책
고구려의 진대법

교과서 속 한 줄 역사 수많은 고구려 백성들이 흉년이 들거나 빚을 갚지 못
하면 노비로 전락하였다. 고국천왕 때 먹을거리가 모자란 봄에 곡식을 빌려
주었다가 가을에 추수하여 갚게 하는 진대법을 실시하였다. 이는 국가재정
과 국방력을 유지하고 귀족 세력이 커지는 것을 막기 위한 정책이었다.

산새는 진작부터 산 사람 얼굴을 알고 있지만

관아 호적에는 아예 들 늙은이 이름이 빠졌구나.

큰 창고에 쌓인 쌀을 한 톨도 나눠 갖기 어려워

높은 다락에 홀로 오르니 저녁밥 짓는 연기 피어오르네.

'걸조乞糶'라고 불린 조선 후기 '노비 시인' 정초부의 시다. 정초부는
여춘영이라는 양반집의 노비였는데, 시문詩文에 능해 주인이 그를 노
비 신분에서 해방시켜 주었다. 하지만 막상 양민이 되었어도 호적에

이름이 오르지 않아 환곡 등 구휼제도의 도움을 받을 수 없었다. 이 시는 정초부가 그런 자신의 신세를 한탄하며 쓴 것이다. 18세기 시인 의 시에도 나오는 빈민 구휼제도, 그것은 고구려의 '진대법'에서 시작 되어 1,800여 년이라는 아주 오랜 역사를 가진 유서 깊은 제도였다.

을파소 개혁정치의 핵심

191년 초여름, 고구려 고국천왕은 좌가려 등이 일으킨 반란을 진압한 뒤 신하들을 모아 놓고 개혁정치를 천명하며 이렇게 말했다.

> "근래에 총애하는 바에 따라 관직을 주니 백성이 괴롭고 왕실이 어 렵다. 이는 나의 부덕 탓이다. 너희들은 내게 어진 사람을 천거하 라. 그를 중용할 것이다."

이에 신하들이 안류를 천거했고, 안류는 다시 을파소乙巴素를 천거 했다. 당시 을파소는 귀족임에도 세상을 등지고 시골에서 농사를 짓 고 있었다. 왕이 대부大夫 벼슬을 내려 등용하려 하자 을파소가 사양했 다. 고국천왕은 을파소의 뜻을 눈치 채고 그에게 최고 관직인 국상國相 을 내렸다. 을파소가 조정에 나가니 비로소 개혁정치가 시작되었다.

을파소가 추진한 개혁의 방향은 부족 연합체적인 고구려의 정치 구조를 바꾸는 것, 즉 족장 세력인 귀족들의 막강한 권력을 견제하고 중앙집권과 왕권을 강화하는 데 있었다. 당연히 귀족들은 을파소를 미워했다. 하지만 왕은 "국상(을파소)을 따르지 않으면 멸족시키겠다"

며 을파소에게 힘을 실어 주었다. 을파소가 이처럼 강력한 힘을 가지고 추진한 대표적 정책이 바로 '진대법'이다.

중앙정부의 지배력 강화책

당시 귀족들에게 가장 중요한 부富의 기준은 '노비'였다. 노비는 토지나 집과 달리 자유롭게 사고팔 수 있는 상품이어서 재테크에 유리했고, 노비가 자식을 낳으면 자동적으로 노비가 늘어나니 가만 내버려 두어도 증식되는 금융 상품 같은 것이었다. 무엇보다 유사시 사병으로 동원할 수 있는 중요한 권력 기반이었다. 귀족에게 노비란 곧 재산과 권력의 척도였던 것이다.

귀족들은 노비를 많이 확보하려고 여러 가지 노력을 기울였다. 그

부엌에서 일하는 고구려 하녀들. 안악3호분 벽화.

중 대표적인 것이 고리대이다. 봄 춘궁기에 굶주리는 일반 백성들에게 비싼 이자로 곡식을 꾸어 준 뒤 가을에 이를 갚지 못하면 노비로 삼았다. 빚을 갚지 못해 노비가 된 이들을 '채무노비'라고 하는데, 귀족들이 보유한 노비 중에는 전쟁포로 출신보다 채무노비가 더 많았다고 한다. 하지만 국가의 입장에서 보면 노비는 개인 재산일 뿐, 군대에도 가지 않고 세금도 내지 않으니 백성이 아니었다. 채무노비가 늘어나는 것은 국가재정과 국방에도 큰 손실이었다. 결국 채무노비를 두고 벌어진 갈등은 국가와 귀족이 권력 기반을 놓고 벌인 제로섬 게임이었다.

을파소는 봄에 굶주리는 백성에게 낮은 이자로 곡식을 꾸어 주어 그들이 채무노비가 되는 것을 막으려 했다. 핵심적인 재테크 수단을 빼앗길 위험에 놓인 귀족들은 격렬하게 저항했다. 고국천왕이 귀족들과 을파소 사이에서 이러지도 저러지도 못하고 있는 사이 결단을 내려야 할 상황이 찾아왔다.

194년 가을, 때 이른 서리가 내려 많은 백성들이 농사를 망치고 말았다. 왕은 나라의 창고를 열어 굶주리는 백성을 구제했다. 그리고 석 달 뒤, 왕이 사냥을 나갔다가 길에서 우는 자를 보고 그 이유를 물었다.

"가난해서 그동안 품을 팔아 겨우 어머니를 봉양했는데, 올해는 아예 품을 팔 곳도 없어 굶어 죽게 생겼습니다."

가난은 한두 번의 자선으로 구제할 수 있는 것이 아니다. 왕은 크게 한탄하고 다시 나라의 창고를 열어 진휼하는 한편 진대법 시행을 명령했다. 이렇게 해서 세계 최초의 구휼제도인 진대법이 시작되었다.

진대법은 이후 고려의 '의창義倉', 조선의 '환곡還穀'으로 이어지면서 1,800년 동안 아사의 문턱에서 노비로 추락할 위기에 빠진 수많은 백성들을 구해 냈다. 종종 관료나 권력자들의 부정부패 수단으로 전락하기도 했지만, 그래도 상당히 긍정적인 역할을 많이 한 제도였다.

무엇보다 중요한 구휼제도의 의의는, 중앙정부가 민을 직접 통제하는 핵심 정책이었다는 것이다. 일반 백성은 경제적으로 항상 고용주의 지배를 받는다. 귀족의 노비로서, 지주의 소작인으로서, 사장의 노동자로서 말이다. 공적 지배는 늘 사적 지배로까지 이어진다. 역사상 정부에 대항하여 일어난 수많은 반란군들은 대부분 이런 이들로 구성되었다. 그래서 정부는 언제나 노비와 소작인·노동자에 대한 지배력을 높이려고 한다. 그것이 바로 구휼제도, 즉 복지제도인 것이다.

1,800년을 이어 온 우리 구휼제도의 오랜 전통은, 우리 민족이 유달리 착한 심성을 갖고 있어서가 아니라 우리 정치체제의 특성을 보여 주는 사례로서 이해해야 할 것이다.

14
동아시아 고대사의 열쇠
광개토왕비

5만 원권 지폐의 주인공을 두고 설문조사를 한 적이 있다. 이때 많이 거론된 위인 중 한 명이 광개토대왕이다. '국강상광개토경평안호태왕國岡上廣開土境平安好太王', 즉 '나라 언덕 위 영토를 널리 개척하고 태평성대를 이룬 태왕'이란 명칭에서 알 수 있듯, 광개토대왕은 우리 역사상 최고의 '정복왕'이다. 광개토대왕, 그가 넓힌 영토는 어느 정도인가? 《삼국사기》에 나오는 광개토왕의 업적은 다음과 같다.

392년 7월, 왕이 백제의 성 10개를 빼앗았다.

9월, 거란을 쳐서 남녀 500구를 사로잡았다.

10월, 백제 관미성을 점령했다.

393년 백제가 침략하므로 이를 막았다.

394년 백제가 침략하므로 이를 막았다.

395년 백제와 예성강에서 싸워 이겼다.

400년 2월, 연나라가 쳐들어와 2개 성을 함락시켰다.

401년 연나라 숙군성을 공격하여 함락시켰다.

403년 연나라를 공격하였다.

404년 연나라가 요동성을 공격하였으나 함락하지 못하고 돌아갔다.

405년 연나라가 목조성을 공격하였으나 함락하지 못하고 돌아갔다.

비문이 채워 준 역사의 공백

이게 전부다. 이것만으로는 광개토왕을 '정복왕'이라고 부르기 어렵다. 백제 의자왕은 신라의 40개 성을 함락시켰는데, 광개토왕은 겨우 백제 성 11개와 연나라 성 1개를 함락시켰을 뿐이다. 이거 의자왕만도 못한 것 아닌가? 우리에게 알려진 태왕의 업적과 명성은 광개토왕비에 기록되어 있다.

395년 거란 공격

396년 백제를 공격하여 한강 유역과 그 주변 58성 700촌 정복

398년 숙신 복속

399년 신라의 구원 요청에 보병과 기병 5만을 보내 왜와 가야 격파

404년 수군 파견, 대방 지역에 침입한 왜군을 물리침

407년 5만의 군대 파견 백제 격파

410년 왕이 직접 동부여 토벌, 64성 1,400촌 함락

광개토왕비의 이 기록은 믿을 만할까? 죽은 이를 위해 생전의 업적을 과장한 것은 아닐까? 그렇지 않다. 고대 역사 기록은 후대로 가면서 왜곡되거나 사라지는 경우가 많아서 당대의 기록을 가장 중시한다. 광개토왕비는 광개토대왕 당시의 기록이다. 비록 과장은 있을지언정, 당시 한반도와 중국 동북 지방에서 일어난 일들을 가장 가까운 시기, 가장 가까운 장소에서 기록했다는 점에서 그 어떤 기록보다 믿을 만하다.

그렇다면 광개토왕비의 존재는 언제 우리에게 알려졌을까? 불행히도 광개토대왕비가 널리 알려진 것은 일본이 이 비를 '임나일본부설'의 증거 자료로 활용하면서부터다. 1880년 전후 일본 육군에서 청나라 정보 수집 목적으로 파견한 사코 카게아키 중위가 광개토왕비의 초기 탁본을 입수했고, 1888년 일본 육군참모본부에서 이에 대한 연구 결과를 발표했다. 이때 광개토왕비문 중 왜와 관련된 부분, 일명 '신묘년(391) 기사'를 "왜가 신묘년에 바다를 건너와서 백잔(백제)을 격파하고 신라, ▯▯(임나)를 신민으로 삼았다"로 해석하고, 이를 앞서 이야기한 신공왕후의 삼한 정벌 증거로 내세우면서 광개토왕비가 널리 알려지게 되었다.

이 부분을 우리 역사학계가 어떻게 반박해 왔는지는 새삼스러우므

로 생략한다. 여기서 이야기하
려는 것은 그 뒷이야기다. 광개
토왕비에는 광개토대왕이 수군
5만을 이끌고 내려가 바다를 건
너온 왜를 토벌했다고 기록되
어 있다. 즉, 광개토대왕이 임
나일본부를 깨뜨림으로써 임나
일본부 이야기가 종결되는 것
이다.《일본서기》에는 임나일
본부가 언제, 어떻게 없어졌는
지가 명확하게 나와 있지 않다.

1907년 비각이 세워지기 전 일제강점기 때의
광개토왕비.

시작은 있는데 끝 기록은 없다는 것, 이것이 임나일본부설의 큰 한계
였다. 이를 광개토대왕 비문이 채워 준 것이다.

광개토왕을 무조건 찬양할 수 없는 이유

일제 식민사관 중 하나인 '정체성론'에 따르면, 한국 역사의 정점은 광
개토대왕 때였다. 임나일본부를 통해 일본 문화를 수용하여 발전한
한반도 문화는 마침내 광개토대왕 집권기에 이르러 임나일본부를 몰
아낼 정도로 성장했다. 하지만 일본과의 교류가 끊기면서 점점 쇠퇴
하기 시작하여 고려 때가 되면 완전히 침체에 빠졌으며, 이후 암흑의 1
천 년을 보내다가 일제강점기에 가까스로 발전의 계기를 다시 잡았다
는 것이다. 이것이 바로 정체성론이다.

위대한 광개토대왕의 업적이 일제의 조선 식민지배를 정당화하는 논거로 이용된 것이다. 지금도 일부 아마추어 역사가들은 별 생각 없이 광개토대왕을 찬양함으로써 일제 식민사관을 선전하는 어리석음을 범하고 있다.

식민사관의 전개에서 볼 수 있듯이, 광개토왕비는 그저 광개토왕의 업적을 나열한 단순한 비석이 아니다. 무려 1,700여 자에 달하는 길고 긴 광개토왕 비문이야말로 한·중·일 3국 역사학자의 상상력을 자극하는 판도라의 상자이다. 그래서 광개토왕비를 '동아시아 고대사의 열쇠'라고 표현하기도 한다.

일찍이 신채호 선생은 광개토왕비를 본 뒤 "고구려의 경제, 예술, 종교가 눈앞에 펼쳐진다"며, "이곳(집안)을 한 번 보는 것이 《삼국사기》를 1만 번 보는 것보다 낫다"고 했다. 광개토왕비를 정복이나 일본과의 역사 논쟁에 국한하여 보지 말고, 고구려 전체를 이해하는 자료로서 보아야 한다. 우리의 무한한 역사적 상상력을 자극하는 유물, 그것이 바로 광개토왕비가 그곳에 서 있는 이유일 것이다.

광개토왕비 비문 탁본. 일제는 이 비문 내용 중 '신묘년 기사'를, 고대 일본 야마토 왕국의 신공왕후가 신의 계시를 받아 삼한을 정벌한 증거로 내세웠다.

15

신라가 삼국을 통일한 비결
화랑도

교과서 속 한 줄 역사   신라는 6세기 법흥왕 때 율령을 반포하고 골품제를 정비하여 체제를 정비하였다. 뒤이어 즉위한 진흥왕은 유능한 청소년을 양성하는 화랑도를 개편하여 통일전쟁에 대비하였다. 한강 유역을 장악한 신라는 이후 삼국 간 경쟁의 주도권을 장악할 수 있었다.

'왜 하필 신라가 삼국 통일을 했을까?'

우리나라 사람들이 고대사와 관련하여 가장 흔하게 던지는 질문 중 하나이다. 고구려나 백제가 삼국 통일을 했으면 지금보다 영토도 넓고 더 큰 나라가 되었을 텐데……. 이런 생각에는 신라를 고구려나 백제보다 '작은 나라'로 보는 시각이 깔려 있다. 그러다 보니 요즘에는 신라를 강소국強小國, 즉 '작지만 강한 나라'라고 표현하기도 한다.

하지만 처음부터 큰 나라는 없다. 고구려도 압록강 유역의 작은 나라에서 시작했고, 미국도 북미 대륙 동부의 작은 식민지에서 시작하여 독립한 이후 100년간 영토를 넓힌 끝에 지금의 광대한 영토를 차지한 강대국이 되었다. 신라도 마찬가지다. 처음 신라는 지금의 경주와 포항 일대에서 작은 나라로 출발하여 백제와 가야의 틈바구니에서 힘들게 생존하다가, 6세기 무렵 고구려·백제와 대등하게 힘을 겨룰 정도로 성장했다. 그 전기가 된 것이 바로 550년경에 이루어진 한강 유역 점령이다.

한강은 지금도 한반도 최고의 인구 밀집 지역이다. 남북한 7천만 인구의 30퍼센트 정도인 2천만 명이 한강 유역에 살고 있다. 과거에도 마찬가지였다. 더군다나 삼국시대에는 인구가 곧 국력이었으니, 한강 유역을 점령하면 많은 인구와 그에 따른 경제력을 확보하여 강대국으로 발돋움할 수 있었다. 따라서 6세기 이후에는 신라가 삼국 중 가장 강대국이었을 것이다. 고구려는 영토는 넓어도 대부분 추운 북부 지방이어서 농토가 부족했으므로 인구도 그리 많지 않았을 것으로 추정된다. 특히 한강을 잃은 뒤에는 신라보다도 인구가 적었을 거라고 보는 견해도 있다.

그런데 이런 이야기를 할 때 주의할 점이 하나 있다. 과거에는 실제 인구수가 아니라 '파악한' 인구수가 중요했다는 사실이다. 인구수는 평화 시 세금을 내는 국가재정의 규모이자, 전시에는 군대의 수와 직결된다. 정부에서 인구를 정확히 파악하지 못하여 숨어 사는 사람들이 많으면 그만큼 나라 재정도 빈약해지고 군대도 부실해질 수밖에 없다. 고대사회는 교통이 불편하고 고립된 지역이 많아서 숨어 살 곳이 많았다. 그만큼 정부의 통제를 받지 않고 세금도 안 내면서 조용히 사는 사람들이 많았고, 실제 인구와 정부가 파악한 인구수 사이에 오차가 컸다. 그 차이가 클수록 나라는 약해지는 것이다.

그럼 어느 정도나 차이가 날까? 고대 자료는 남아 있지 않으니 비록 후대지만 조선 후기 자료를 살펴보자. 1750년대 조선 정부가 파악한 인구는 750만 명 정도인데, 학계에서는 당시의 생산력 등을 고려하여 실제 인구를 1,000~1,500만 사이로 추정한다. 거의 2배 차이가 나는 것이다. 아마도 혼란기에는 오차가 더 컸을 것이다.

사실 영토나 인구보다 더 중요한 것은, 이를 효율적으로 잘 파악하고 이용할 수 있는 안정적인 정치체제이다. 6세기에 신라는 그런 조건을 갖추었고, 백제나 고구려는 그렇지 못했다. 예를 들어 보자. 한창 신라가 체제를 정비하던 6세기에 고구려는 귀족 간 내전이 일어나 한 달 동안이나 싸움을 벌였다. 이때 왕은 평양성을 걸어 잠그고 그저 지켜보기만 했다고 한다. 이런 식으로 정치가 어지러우면 인구가 이탈하고 국력이 축소될 수밖에 없다.

정치적 단결 가져온 지배층의 솔선수범

그렇다면 신라가 안정적인 정치체제를 유지할 수 있었던 비결은 무엇일까? 바로 '화랑도'이다. 화랑은 진골 계급 자제들 중 용모가 준수하고 능력이 탁월한 사람을 뽑아 임명했다. 화랑은 진골부터 평민까

중국의 화첩 〈양직공도梁職貢圖〉 속 신라 사신. 〈양직공도〉에는 6세기 중국을 찾은 백제와 왜 등 외국 사신들의 모습이 실려 있는데, 신라 사신의 모습이 유난히 젊고 훤칠하여 눈길을 끈다.

지 망라한 낭도들을 거느렸는데, 화랑이 낭도를 선택하는 게 아니라 낭도들이 화랑을 선택했다. 따라서 훌륭한 화랑은 많은 낭도를 이끌지만, 그렇지 못한 화랑은 초라한 행색을 면하기 어려웠다.

화랑이라 하더라도 진골 귀족이라고 뻐기거나 부모만 믿고 설치다가는 결코 오래가지 못했다. 이는 지배계급으로 군림하게 될 진골의 자질을 시험하는 과정이었다. 화랑으로서 인정받지 못하면 나중에 중요한 직책을 맡지 못했다. 그래서 화랑은 열심히 공부하고 산천을 돌아다니며 심신을 연마해야 했다.

애국심은 위에서 아래로 흐른다. 베트남 패망이나 쿠바 공산화의 교훈에서 보듯, 지배층이 부패하고 타락하면 국민은 결국 다른 생각을 품게 된다. 반대로 지배층의 애국심이 투철하면, 국민은 자연스레 하나 된 마음을 갖게 되는 것이다.

화랑은 이처럼 신라를 하나로 결집시키는 역할을 톡톡히 했다. 무엇보다 중요한 고비마다 앞장서서 자신을 희생하는 모습을 보였다. 사다함이 그랬고 관창이 그랬듯, 위에서 먼저 희생하여 병사들의 투지를 일깨웠다. 만약 관창이나 사다함이 평민의 자식이었다면 병사들이 그토록 떨쳐 일어났을까? 결국 신라를 삼국 중에서 가장 강한 나라로 만든 것은 화랑도가 보여 준 지배층의 충실한 솔선수범이었다. 왕실과 귀족이 백성들 위에 군림하고 안주하려 하기보다 모든 것을 바쳐 자신의 역할을 수행하도록 만드는 시스템, 그것이 바로 진정한 신라의 힘이었다.

박정희의 화랑 예찬 신라의 삼국 통일 정신을 강조하고 이를 계승해야 한다고 주장한 대표적 정치인은 박정희다. 실제로 그는 경주에 수많은 흔적을 남겼다. 박정희 대통령 시절에 엄청난 복원 사업과 정비 작업이 이루어져, 현재 우리가 아는 관광지 '경주'는 박정희의 작품이라고 해도 과언이 아니다. 이는 학교 교육에도 큰 영향을 끼쳤고, 특히 청소

년 교육에 화랑이 적극 활용되었다. 신라의 청소년 집단인 화랑이 나라를 위해 목숨을 바쳐 싸웠음을 강조하며 학생들의 애국심과 상무적 기풍을 강조한 것이다. 그러다 보니 군사독재에 거부감을 느끼는 사람들은 화랑에도 거부감을 드러낸다. 하지만 독재에 이용되었다고 해서 화랑의 역사적 역할 자체를 폄하할 필요는 없다. 어쨌거나 화랑은 노블레스 오블리주, 즉 지배층의 솔선수범을 몸소 실천한 사회의 본보기였으므로. 그런데 박정희가 화랑도를 강조한 이유가 오로지 청소년의 애국심 고취만을 위해서였을까? 당시 극심한 부정부패로 지탄을 받던 자신의 측근과 지배층들에게 보내는 경계의 메시지가 담겨 있었던 것은 아닐까?

16
일본에 묻힌 백제 여인
니이자와 126호분

일본 나라 시 아스카에는 백제계 도래인들의 무덤이 밀집되어 있는 니이자와 천총이 있다. 확인된 것만 600여 개에 달하는 고분군으로, 특히 126호분이 우리의 관심을 끈다. 이 무덤에서는 화려한 금관과 청동 다리미·머리 뒤꽂이 등 무덤의 주인이 상당히 높은 신분이었음을 추정하게 하는 유물들이 나왔는데, 이것이 공교롭게도 무령왕릉 왕비 무덤에서 발굴된 금관과 청동 다리미·뒤꽂이 등과 매우 유사했다. 그렇다면 126호분의 주인공은 백제 최고위층 귀족이거나 왕족의 여인이었을 것이다. 니이지와 천총은 대략 5~6세기경 무덤으로 추

일본 아스카 니이자와 천총 126호분.

정된다. 즉, 백제가 망하기 전에 조성된 무덤인 것이다. 백제가 아직 건재한 시기, 어쩌다 백제 왕족 여인이 일본에서 살다 죽었을까?

무령왕릉 왕비의 것과 같은 유물

고대사회에서 불교가 전파될 때에는 불교 사상만 전해지는 것이 아니다. 사원 건축이며 불상 조각, 승려 복식, 종교 행사와 관련된 각종 문화양식도 함께 들어온다. 단순히 스님 몇 사람과 경전들만 오는 게 아니라, 건축가와 조각가, 의상 디자이너, 행사 기획자 등 엄청난 전문 인력이 함께 들어오는 것이다. 교과서에 "중국의 순도順道가 고구려에 불교를 전래하였다"고 씌어 있으면 순도 한 사람만 고구려에 넘어온 것으로 생각하지만, 실은 순도를 대표로 하는 수백 명의 사절단이 들어온 것이다.

우리가 일본에 불교를 전래할 때도 마찬가지였다. 6세기경 백제 노리사치계가 일본에 불경과 불상을 전했다는 것은, 노리사치계와 함

께 수백 명의 백제 기술자들이 일본으로 건너가 절도 지어 주고 불상
도 조각해 주며 불교를 전파했음을 뜻한다. 그 불교 전파의 중심지가
바로 나라의 아스카 지역이다. 《속일본기續日本記》에 의하면, 당시 아
스카 주민의 90퍼센트가 백제인이었다고 하니 그 규모가 어느 정도
였는지 상상이 될 것이다.

당시 불교는 단순한 종교가 아니었다. 불교는 고대 중앙집권 국가
의 지배 이데올로기였다. 따라서 불교의 전파는 이데올로기의 전파,
즉 정치체제의 전파이기도 했다. 우리가 미국의 민주주의 체제를 받
아들여 현대 국가를 만들었듯, 일본 역시 백제 불교를 받아들이면서
고대국가 체제를 함께 받아들인 것이다.

그러므로 일본에 들어간 백제 불교 세력은 일본의 유력한 정치 세
력이기도 했다. 그들은 일본에 백제와 같은 정치체제를 갖춘 동맹 국
가를 만들려 했다. 당연히 그 책임자는 왕족에 해당하는 최고위급 정
치 지도자가 맡아야 했다. 기록에 능장하는 대표적 인불이 곤지崑枝왕
자이다.

곤지에 대해서는 우리와 일본의 기록이 다르고, 정사 외에도 많은
야사와 전설이 존재해서 그 실체를 규명하기 어렵다. 그럼에도 대략
정리해 보면, 곤지는 백제 제21대 왕인 개로왕의 아들 혹은 동생으로
서, 461년경 일본으로 건너가 약 15년간 일본에서 불교와 정치체제를
전파하는 데 매우 중요한 역할을 했다. 여러 전설을 종합해 보면, 곤
지왕자의 핏줄 중 한 사람이 일본 천황가의 왕비로 들어갔을 가능성
이 상당히 높다. 일찍이 일본 아키히토 천황도 인터뷰에서 일본 천황

가가 과거 백제와 혈연적 연관성이 있다고 밝혀 화제가 된 적이 있다.

왜 무왕의 실체

당시 일본에서 백제인들의 지위가 어느 정도였는지를 보여 주는 기록이 있다. 중국 기록인《송서》〈왜국전〉'478년조'에 실린 일본 무왕이 보내는 표문의 내용을 보자.

백제의 불교 전래 오늘날 일본은 백제의 불교 전래 사실을 축소하려 한다. 불교 전래가 갖는 의미 때문이다. 가령 일본 규슈대 명예교수 타무라 엔초는 "중국이 고구려나 백제에 불교를 전파한 것은 '하사' 한 것이지만, 백제가 일본에 불교를 전파한 것은 '증여' 였다"고 주장했다. 그런가 하면, 일본 호류사 백제관음상 설명문에는 "백제에서 전래된 관음이다. 하지만 일부에서는 그렇지 않다고 주장한다. 백제관음이란 기록은 17세기 이후부터 나오므로, 아마도 호류사의 주지가 절의 위상을 높이려고 이름을 꾸며 붙인 것 같다"고 적혀 있다. 이 주장들은 말이 안 된다. 불경만 자체적으로 받아들였는데 백제 양식의 가람은 왜 나타나며, 임진왜란이 끝난 후인 17세기에 갑자기 백제 열풍이 분 까닭은 또 무엇인가?

다른 나라의 문화를 받아들이는 것은 창피한 일이 아니다. 우리가 영어를 공부하듯, 필요한 것은 받아들여야 한다. 중요한 것은 그것을 통해 발전하는 것이다. 중국 문화 수용을 부정하는 한국인, 백제 문화 수용을 부정하는 일본인들에게 이 말을 꼭 해 주고 싶다.

일본 호류사
'백제관음상'.

"고구려가 무도하게 백제를 공격하여…… 백만의 병사를 일으켜 바다를 건너려 하는데, 돌연 아버지와 형의 죽음으로 말미암아 거상 중에 있습니다."

송나라는 왜 무왕을 '사지절도독使持節都督 왜倭 신라新羅 임나任那 가라加羅 진한秦韓 모한慕韓 육국제군사六國諸軍事 안동대장군安東大將軍 왜국왕倭王'으로 봉하였다. 이 기록에 대해서는 논쟁이 많다. 왜냐하면 왜 무왕은 누가 보더라도 백제 개로왕의 아들, 즉 무령왕이나 곤지왕자에 해당하기 때문이다. 이들이 왜 무왕을 자칭했는지 그 배경은 알 수 없다. 하지만 중요한 건, 당시 일본의 백제 세력이 중국에 사절을 보낼 정도로 힘이 있었다는 것이다.

백제가 일본에 적극적으로 문화를 전파하며 영향력을 행사한 것은 양국의 이해관계가 일치했기 때문이다. 일본은 고대국가 체제를 완성하기 위해 발달된 대륙의 문화가 필요했고, 백제는 신라와의 전쟁을 유리하게 이끄는 데 신라 배후의 일본이 절실히 필요했다. 그래서 백제는 곤지왕자 등 최고 권력층을 일본에 파견했고, 일본 역시 400년 고구려와의 전쟁 때나 663년 백제부흥운동 시기에 대규모 군대를 파견해 백제를 도와주었다.

백제의 도움으로 고대국가 체제를 이룩한 일본은 백제 멸망 이후 자립해 나간다. 이 과정에서도 백제 유민들이 많은 도움을 주었다. 하지만 이즈음 백제 유민들은 완전히 일본인으로 동화되어 한반도와는 아득히 먼 존재가 되었다. 일제강점기에 일부 극우파들이 일본은 백제를, 조선은 신라를 계승한 국가라며 한일병합을 제2의 삼국 통일이라고 주장했지만, 요즘 일본에서 그런 이야기를 하는 사람은 거의 없다.

삼국시대 백제와 일본의 관계는 아마도 오늘날 한미 동맹 같은 관계였을 것이다. 백제가 일본에게 선진 문화를 전해 주고 군사적으로 굳건한 동맹을 맺어 정치·문화·군사적으로 혈맹 관계를 맺은 것이다. 일본 곳곳에 존재하는 무덤과 유물이 이를 확인해 준다.

부처 이전 시대, 전불시대前佛時代 삼국에 불교가 들어와 왕권과 결탁하여 번성하자 귀족 세력들이 심하게 반발했다. 삼국의 왕실이 불교 전래의 당위성을 주장하며 내세운 한 가지 근거가 '전불시대'다.

'전불시대'란 부처님 이전의 시대, 혹은 불교가 들어오기 이전 시대를 말한다. 대표적인 것이 《삼국유사》에 나오는 전불시대 7가람 이야기다. 오래전 이미 한반도에 불교가 전래되어 믿은 시대가 있었다는 주장이다. 신라의 경우 몇 백 년 전에 불교가 이미 들어와 번창하여 7가람이 있었다가 불교가 사라지고 절도 황폐화되었는데, 이제 성군이 나타나 다시 불교를 일으키고 과거 7가람의 자리에 새로 7가람을 세웠다고 주장했다. 물론 그 7가람은 당시 왕실 불교의 중심 사찰인 황룡사, 사천왕사 등을 가리킨다.

이 이야기를 사실로 받아들여 고구려 동명왕 때나 가야 초기에 이미 불교가 들어왔다고 주장하는 이들도 있다. 하지만 전불시대 이야기는 신라나 고구려 왕실이 불교를 공인하며 꾸며 낸 이야기로 봐야 한다는 것이 학계 다수의 견해이다.

17

정복왕인가, 불교왕인가?
신라 진흥왕

교과서 속 한 줄 역사 삼국은 중앙집권 체제의 확립과 지방 세력의 통합을 위해 불교를 수용하였다. 강화된 왕권을 뒷받침해 줄 사상이 필요했기 때문이다. 불교는 선진 문화 수용과 새로운 문화 창조에 큰 역할을 하였다.

신라 제22대 왕인 진흥왕, 흔히 그를 '정복왕'이라고 한다. 정말? 진흥왕은 534년에 태어나 540년 여섯 살의 어린 나이로 왕위에 올랐다. 우산국을 정복한 그 유명한 이사부異斯夫 장군을 국방장관인 병부령에 임명한 541년에는 겨우 일곱 살이었고, 거칠부居柒夫에게 역사책《국사國史》를 편찬하게 한 545년에는 열한 살, 백제와 동맹을 맺어 한강 유역을 빼앗은 551년에는 열일곱 살, 백제 성왕을 관산성에서 죽이고 한반도에서 신라의 절대 우위를 확립한 554년에는 스무 살이었다. 진흥왕은 정말 그 어린 나이에 이 엄청난 일들을 해낸 천재적인 왕일까?

황룡사에 담긴 '전륜성왕'의 꿈

진흥왕은 어린 나이에 즉위했기 때문에 진흥왕의 어머니(법흥왕의 딸) 지소부인智炤夫人이 섭정을 했다. 지소부인이 이사부를 병부령에 임명하고 그에게 군사를 일임했다. 하지만 실제로는 군사뿐만 아니라 전체적인 국가 운영을 대부분 이사부에게 맡긴 걸로 보인다. 신라 최초의 국가 편찬 역사책인《국사》도 이사부가 건의하여 거칠부가 편찬했다고 한다.

내물왕 4대손으로 왕족인 이사부는 505년 지방장관인 군주로 임명된 이래, 512년 우산국 정벌, 550년 한강 유역 정복, 562년 대가야 정복 등 주요 전투를 모두 지휘했다. 80세 정도 살았을 걸로 추정되는 이사부의 활약은 김유신에 버금가는 것이었으리라. 실제 정복왕은 진흥왕이 아닌 이사부 장군이었던 것이다.

그렇다면 진흥왕은 어떤 일을 했을까? 그는 '불교왕'이었다. 진흥왕은 즉위 초 법흥왕의 유업인 불교 정착에 힘을 쏟았다. 진흥왕 5년(544)에 이루어진 흥륜사 완공이 대표적이다. 흥륜사는 신라 최초의 사찰이자, 신라에서 불교가 공인되는 과정에서 갈등의 원인이 되었던 사찰이다.⊙ 진흥왕은 이어서 다음 해에는 백성들이 출가하여 승

2011년 확정된 이사부 장군의 국가 표준 영정.

려가 되는 것을 허락하였다.

여기서 한 걸음 더 나아가 진흥왕은 스스로 '전륜성왕轉輪聖王'이 되고자 했다. 전륜성왕은 말 그대로 수레를 타고 어디나 갈 수 있고, 따라서 온 세상을 통치할 수 있는 왕이다. 본래 고대 인도의 이상적인 군주상으로 일컬어졌는데, 불교에서도 이를 그대로 사용하였다. 불교 경전에서는 전륜성왕을 금륜金輪, 은륜銀輪, 동륜動輪, 철륜鐵輪으로 구분한다. 이 이름은 전륜성왕이 타는 수레의 차이이자 다스리는 세계의 규모의 차이를 뜻한다.

전륜성왕이 되고자 하는 진흥왕의 꿈은, 황룡사 창건과 그에 따른 불사佛事로 나타났다. 진흥왕은 553년 새 궁궐을 지으려 했는데 그 터에서 황룡이 나타나자 궁궐이 아닌 사찰을 짓기로 하고 이름을 '황룡사黃龍寺'라 하였다. 황룡사는 무려 17년간에 걸쳐 완성된 대사찰이다. 비록 지금은 터만 남아 있지만 불국사의 8배에 달하는 터의 규모와, 불상을 안치한 대좌 자리만 봐도 얼마나 큰 사찰이었는지 짐작할 수

법홍왕은 즉위 후 불교를 수용하고자 흥륜사를 지으려 했으나 신하들의 거센 반발에 부딪혔다. 이때 측근 신하인 이차돈이 거짓으로 왕명이라 속이고 흥륜사 공사를 재개시켰고, 이에 신하들이 왕에게 와서 항의했다. 화가 난 법홍왕은 신하들을 모두 불러 모으고 그 뒤에 형벌 도구를 쭉 펼쳐 놓고 거짓 왕명을 전한 이를 찾았다. 공포 분위기에 놀란 신하들이 웅성웅성하는 틈에 이차돈이 나와서 '불교를 믿으면 좋은 이유', '불교를 믿어야 하는 이유' 등을 설명하며 자신이 거짓으로 왕명을 전한 까닭을 밝혔다. 왕은 거짓으로 왕명을 전한 죄를 물어 이차돈의 목을 베도록 했다. 이때 이차돈의 목이 금강산(경주의 남산)으로 날아가고, 목이 베인 자리에서는 우윳빛 피가 흘러내렸으며 하늘에서 꽃비가 내리는 등 신이한 행적이 나타났다. 이로써 불교는 어렵게 공인되었다.

있다.

황룡사가 완공되고 얼마 후 하곡현(지금의 울주)에서 기이한 보고가 올라왔다. 큰 배 한 척이 와서 정박했는데, 그 안에 "서축(인도)의 아육왕이 황철 5만 7천 근과 황금 3만 푼쭝으로 석가삼존불을 만들려다 이루지 못하고 배에 실어 띄우니, 원컨대 인연이 있는 땅에 닿아 장육의 모습을 이루기 바란다"는 글과 견본으로 불상 1구와 보살상 2구가 실려 있다는 것이었다. 진흥왕은 그 황금과 철을 경주로 가져다가 장육불상(크기가 1장 6척, 즉 4미터가 넘는 불상)을 만들라고 명하였다. 그리하여 574년, 단 한 번의 실패도 없이 장육불상이 완성되었다.

편지에 등장하는 아육왕은 인도 마우리아 왕조의 제3대 아소카 왕을 말한다. 그는 남부를 제외한 인도 전역을 통일하여 마우리아 왕조의 전성기를 이끈 위대한 왕이다. 또한 말년에는 자신이 일으킨 전쟁의 처참함과 비참함에 회의를 느껴 불교를 국가 통치의 이념으로 삼고, 불교를 권장하는 내용을 담은 석주와 사리탑을 인도 곳곳에 세워 불교를 전파하여 전륜성왕의 표본으로 꼽히는 인물이다.

중국과 우리나라의 왕들은 적극적으로 불교를 신봉하면서 스

국립경주박물관에 있는 백률사 석당기 (818). 불사를 일으키려다 왕명을 거역했다는 이유로 목이 잘려 나간 이차돈의 모습이 조각되어 있다.

스로를 전륜성왕 또는 아소카 왕에 비견했다. 그토록 대단한 아소카 왕이 세 번이나 시도했으나 이루지 못한 장육불상을 진흥왕은 단 한 번에 만들어 낸 것이다! 이로써 당시 진흥왕은 아소카 왕보다 뛰어난,

황룡사와 호류지法隆寺　신라 최대 사찰인 황룡사 복원 계획이 발표되었다. 그러나 오래전부터 황룡사 복원을 둘러싸고 논쟁이 이어지면서 여전히 우려하는 목소리가 높다. 과연 신라시대 사찰을 정확하게 복원할 수 있겠느냐는 걱정이다. 필자는 2012년 일본 나라에 가서 호류지法隆寺를 보고 왔다. 담징의 벽화로 유명한 호류지는 과거 화재로 모두 소실되었는데, 모두 복원되어 있었다. 일본의 고대 사찰은 화재로 소실된 것이 많다. 대불로 유명한 도다이지東大寺도 여러 차례 소실되어, 아예 복원 과정에서 건물이 어떻게 변화했는지를 따로 전시해 놓았다. 고대 사찰은 왕권과 연계되어 있기 때문에 가능하면 규모를 크게 한다. 일본 오사카와 나라에서 본 시텐노지四天王寺, 호류지, 도다이지 모두 엄청난 규모를 자랑한다. 그 엄청난 규모를 보고 고대 일본의 왕권을 피부로 느낄 수 있었다. 피라미드를 보고 이집트 파라오의 권력을 느낄 수 있는 것과 같다. 황룡사 복원은 건축양식 등 여러 가지 면에서 부정확하게 이루어질 수도 있다. 그러나 역사를 전공하지 않은 일반인들에게 더 중요한 것은 '아는 것' 보다 '느끼는 것' 아닐까? 황룡사는 6~7세기 신라 왕권을 상징하는 사찰로서 높이 4미터의 대불과 80미터의 9층탑이 신라 왕실의 위용을 과시하던 절이다. 황룡사를 보고 고대 왕권을 느낄 수 있다면 충분하지 않을까? 텅 빈 절터를 보며 인생무상을 느끼는 것보다, 6~7세기 신라 왕실의 권위를 느끼는 것이 더 중요하다고 생각한다.

경주 황룡사 터.

전륜성왕의 대열에 올랐다.

불교에 담긴 왕권 강화 논리

진흥왕은 두 아들의 이름을 각각 동륜銅輪과 사륜舍輪이라 했다. 사륜 혹은 금륜金輪이라 했다고도 하는데, 형이 동륜인데 동생이 금륜이 될 리 없다. 아마도 철륜인데 철은 '쇠'이므로 '쇠' 발음이 변하여 '사륜'(음독) 또는 그 뜻을 따라 쇠 금의 '금륜'(훈독)이라 기록되었을 것이다. 어쨌든 진흥왕은 자신뿐 아니라 자신의 아들, 즉 뒤를 잇는 왕들도 모두 전륜성왕이 되길 바랐다. 불교라는 사상·종교의 보호막 속에서 정복과 통치의 군주로 우뚝 서고자 했던 것이다.

종교는 현세와 내세를 포함한 모든 세상을 아우르는 진리다. 하지만 그 종교가 인간 사회에서는 이데올로기, 사상, 세계관 등 다양한 모습으로 나타난다. 세계에서 수억 명이 믿는 종교인 불교는 중국이나 한국에서는 고대사회의 유력한 지배 이데올로기, 특히 나라를 하나로 통합하고 위아래가 엄격한 위계적 지배질서를 정당화하는 데 이용되었다. 한강 유역을 정복한 이후 늘어난 영토와 새로 편입된 많은 백성들을 지배해야 했던 신라 진흥왕이 불교왕이 된 이유가 바로 여기에 있다.

18
아버지를 향한 애끓는 마음
백제 위덕왕

백제 왕릉이 모여 있는 충남 부여의 능산리고분 앞 절터. 1992년부터 발굴하기 시작한 이곳의 목탑 자리 아래서 사리를 보관하는 용기인 사리감이 하나 나왔다. 이 사리감에는 이런 명문이 새겨져 있었다.

"백제 창왕 13년에 누이 형공주가 사리를 공양하다."

창왕은 성왕의 아들인 위덕왕을 말한다. 곧 이 절이 위덕왕 대에 지어졌고, 공주가 사리를 봉안했다고 하니 왕실에서 지은 절임을 알 수 있다. 위덕왕은 왜 고분 앞에 절을 지었을까? 여기에는 애끓는 아들의 아픔이 있다.

신라를 결코 용서치 않으리라!

554년 초가을, 신라의 배신으로 한강 유역을 빼앗긴 백제는 발칵 뒤집혔다. 크게 노한 성왕은 신라를 정벌하겠다고 다짐했다. 신하들이 만류했지만 왕의 의지는 굳건했고, 그 아들 태자 창도 마찬가지였다. 백제 군대의 도움을 받아 겨우 고구려로부터 국경을 지키고, 백제 기술자를 불러 절을 짓던 신라였다. 그런 신라가 감히 백제를 배신하고, 백제가 어렵게 얻은 땅을 빼앗아 갔으니 가만히 있을 수 없는 일이었다.

"80년 만에 이룬 복수였단 말이다. 개로왕이 죽고 웅진으로 쫓겨난 지 80년 만에……."

아마도 성왕은 떨리는 목소리로 이렇게 탄식하지 않았을까? 개로왕 사후 문주왕, 동성왕, 무령왕까지 4대에 걸쳐 추진한 복수와 영토 회복이 이토록 허무하게 수포로 돌아갔으니 그럴 수밖에.

결국 백제는 신라 정벌군을 일으켰다. 성왕은 나이가 많아 도성을 지키고, 태자 창이 군대를 이끌고 신라 공격에 나섰다. 군대는 3만 이상, 총력을 기울인 침공이었다. 복수심에 불타는 백제군은 잘 싸웠다. 지금의 충북 옥천 일대의 신라 방어선을 뚫고 관산성을 점령했다. 관산성은 현재 경부고속도로가 충북을 횡단하여 경상도로 내려가는 길목으로서, 이곳이 뚫리면 일사천리로 신라 수도 경주까지 쳐들어갈 수 있었다.

태자 창이 관산성을 점령하고 보급을 위해 잠시 숨을 고르는 사이, 승전보를 들은 성왕은 장한 아들을 찾아 격려해야겠다고 마음먹었다. 그는 호위병 50여 명을 거느리고 유유히 점령지를 행군했다. 신라의 방어군이 참패했으므로 관산성까지 이르는 길에는 아무도 없을 거라고 생각했다.

하지만 운명의 그날, 여름 더위가 가시고 서서히 초가을로 접어들던 음력 7월의 그날, 성왕과 50여 명의 호위병은 1천여 명에 달하는 신라군의 습격을 받았다. 멸망한 금관가야의 왕자 김무력이 이끄는 삼년산군이었다. 놀란 성왕은 호위병들의 결사적인 저항 속에서 도망치려 했지만 이미 수리 떼에 둘러싸인 병아리 신세였다. 성왕은 결국 체포되어 결박당하고 말았다.

"나는 왕이다. 자결하게 해다오."

하지만 그를 결박한 노비 출신 도도는 코웃음을 쳤다.

"안 된다. 너도 네 할아비처럼 죽어 줘야겠다."

도도의 칼이 번쩍임과 동시에 성왕의 목이 잘려 나가고 피가 분수처럼 흘렀다.

능산리에 모셔진 목 없는 시신

성왕의 죽음, 그리고 배후에 신라군이 있다는 소식이 전해진 후 백제군은 완전히 전의를 상실했다. 앞뒤에서 신라군의 공격을 받은 백제군은 변변한 저항도 해보지 못하고 전멸하고 말았다. 전사 2만 9,600여 명, 장관급 벼슬아치인 좌평만 4명이 전사한 대참패였다. 살아 돌아간 이는 태자 창과 극소수의 병사들뿐이었다.

태자 창은 아버지의 죽음이 자신의 탓인 것만 같았다. 그는 살아 돌아온 자신을 자책하며 머리를 깎고 중이 되어 일평생 아버지의 명복을 빌며 속죄하려 했다. 그런 그를 누이 형공주가 만류했다.

"나라가 패전으로 멸망 직전에 와 있는데 사사로운 정을 앞세우다니요. 아버지가 일으켜 세운 나라를 다시 추슬러 신라를 정벌하고 복

삼년산군 470년 신라 자비왕 대 충북 보은에 지어진 삼년산성. 3년 만에 지었다 해서 삼년산성이라 이름 붙여진 이 성은, 신라가 고구려의 남하를 막기 위해 신라 서북쪽 요충지에 지은 것으로 단 한 번도 함락된 적이 없는 철옹성이다.

신라는 430년대 나제동맹을 체결한 이래 120년간 백제와 함께 고구려에 맞서 싸웠다. 551년 나제연합군이 마침내 고구려의 한강 유역을 빼앗아 하류를 백제가, 중상류를 신라가 차지하게 되었는데 신라가 돌연 백제를 배신하고 하류 지역을 빼앗아 버렸다. 이것이 바로 관산성 전투의 배경이며, 이때부터 삼년산성은 백제의 신라 공격을 막는 요충지로 특히 주목을 받았다.

삼년산성을 지키는 삼년산군은 신라군 중에서도 정예 병력이었다. 이들을 지휘한 장수는 금관가야의 왕자였던 김무력이었으며, 그의 아들 김서현 역시 삼년산군을 지휘했을 것이다. 김서현은 김유신의 아버지다. 결국 삼년산군으로 대표되는 김씨 집안의 군대는 나라의 군대이면서 동시에 특정 정치 세력의 무력 기반이 되었을 것이며, 훗날 김유신–김춘추 동맹의 중요한 동력이었을 것으로 추측된다.

부여 능산리고분 앞 절터에서 발굴된 '창왕명 석조 사리감'. '백제 창왕'이란 글자가 선명하다.

수를 해야지요."

공주의 만류로 태자 창은 스님이 되기를 포기하고 왕위에 올랐다. 그는 재위 40년 동안 동생 계왕자, 누이 형공주와 함께 백방으로 노력하여 가까스로 백제의 국력을 회복시켰다. 이후 무왕과 의자왕은 회복된 국력을 바탕으로 신라에 끊임없는 복수전을 펼친다.

물론 태자 창은 왕위에 오른 뒤에도 아버지의 명복을 비는 일을 게을리하지 않았다. 3남매는 능산리에 대규모 왕릉을 조성하고 아버지의 목 없는 시신을 모신 뒤 그 앞에 절을 세웠다. 그 절에 담긴 남매들의 정성, 그것이 바로 능산리 절터의 '창왕명 석조 사리감'이다.

19

하늘을 보면 왕권이 보인다
신라 첨성대

조선 세종 4년(1422) 일식이 일어났다. 세종은 의식을 행하고 난 뒤, 1각(15분)을 틀리게 예보한 서운관 관리 이천봉의 곤장을 쳤다.

지금으로부터 600년 전, 달이 해를 가리는 일식을 15분 차이로 예보했다면 대단한 것 아닌가? 그럼에도 세종은 담당 관리의 곤장을 쳤다.

농업 사회 절대 권력자의 고민

아시아 문명과 유럽 문명의 가장 큰 차이점 중 하나가 천문학의 발달이다. 유럽은 지리상의 발견과 맞물려 15세기 이후에 집중적으로 천문학이 발달한 반면, 아시아는 이미 청동기시대부터 고도로 발달한 천문학 지식을 갖고 있었다. 외계인 도래설이 나올 정도로 믿어지지 않을 만큼 높은 수준에 도달했던 아시아 천문학의 정체는 무엇일까? 그 안에는 경제적 의미뿐만 아니라 정치적 의미도 내포되어 있다.

농업 국가인 아시아는 그해 농사의 풍흉에 따라 나라의 운명이 좌우됐다. 따라서 기후와 절기를 예측하고 관리하는 것이 권력의 중요한 기반이었으며, 농경이 시작된 청동기시대부터 기후를 관장하는 사람이 권력자가 되었다.

예를 들어, 고대 중국 최초의 지배자 황제黃帝는 치수治水 담당자였다. 치수는 곧 수리 시설을 뜻하니 농업을 관리하는 자이다. 고조선 최초의 관직명인 풍백風伯, 우사雨師, 운사雲師 또한 기후를 관장하는 자들이다. 이처럼 왕의 권력은 농업을 관장하거나 지휘하는 역할을 수행함으로써 획득되었다.

농업을 관리하려면 기후와 절기를 잘 예측해야 한다. 이는 천문학을 이해해야 가능하다. 따라서 왕은 천문을 예측함으로써 권력을 유지하고, 이를 통해 신성을 부여받았다. 천문을 제대로 예측하지 못하면 이는 역천逆天, 곧 천명을 잃은 것이므로 권력을 유지할 수 없게 된다.

이집트의 피라미드나 잉카의 신전, 한국의 고인돌이나 돌무지무덤, 신라 선덕여왕의 첨성대◉ 등은 모두 천문과 연관되어 있으며, 고도로 발달한 천문학 수준을 과시한다. 이는 바로 농업 사회 절대 권력자의 권력이 어디에서 비롯되는지를 보여 주는 상징물인 것이다.

아시아의 권력자는 끊임없이 신성을 시험 받았다. 기후는 변화무쌍하고, 왕권은 그것을 예지해야만 유지할 수 있었다. 그래서 왕은 항상 천문대 운영에 심혈을 기울이고 소속 관료들을 엄격하게 관리했다.

서울특별시 송파구 석촌동에 있는 백제 초기 적석총(돌무지무덤) 2호분.

예측을 잘못 했다가는 벌을 받거나 심하면 목숨을 잃을 수도 있었기 때문에, 천문관들은 늘 긴장 상태에서 일을 했다. 특히 왕의 신성과 관련한 천문 현상은 반드시 맞혀야만 했다. 틀리면 십중팔구 사형이었다.

그 대표적 현상이 일식과 혜성이었다. 농업 사회에서 태양은 왕을, 낮의 태양은 변함없는 왕권을 상징했다. 그런 태양이 낮에 하늘에서 사라지는 일식은 큰 변고가 아닐 수 없었다. 대개 왕은 일식을 예언하고, 이것이 하늘이 왕에게 내리는 중대한 경고라며 그에 대한 대책을 발표하는 식으로 민심을 달랬다. 그런데 왕이 일식을 예측하지 못할 경우, 이는 하늘이 왕을 버렸음을 의미하는 것으로서 반역의 명분이

첨성대가 천문대인지 아닌지를 놓고 꽤 오랫동안 논쟁이 벌어졌다. 그러나 이 논쟁은 큰 의미가 없다. 왜냐하면 그 시기에 신라는 이미 상당한 수준의 천문대를 운영하고 있었기 때문이다. 《삼국사기》에 나오는 당시 천문 관측 기록은 신라의 천문학이 최고 수준이었음을 보여 준다. 설령 첨성대가 천문대가 아니라고 해도 신라의 천문학 수준이 부정당하는 것은 아니다.

되었다. 즉, 반역을 통해 새로운 세상이 열린다는 것을 알리는 천문 현상이 되어 버리는 것이다.

혜성도 마찬가지다. 혜성은 하늘에 존재하지 않던 별이 갑자기 나타나는 것으로, 게다가 낮에도 빛나는 별이니 결국 새로운 세상의 주인을 의미한다. 왕이 혜성의 등장을 미리 예측했다면, 이는 하늘이 왕에게 반란을 경고하고 진압할 기회를 준 것이다. 그러나 왕이 이를 예측하지 못한다면 이는 하늘이 새로운 주인을 예언한 셈이 된다.

왕의 명운이 걸린 천체관측

컴퓨터가 없던 시절, 고대 중국과 한국은 이미 파이π를 계산하고 있었다. 달과 해의 공전궤도를 계산하지 못하면 목이 날아갔기 때문이다. 그만큼 천문학도 발달했다.

신이 하나이듯, 왕도 하나이다. 왕은 하늘에서 세상의 운영을 계시받고, 이를 증명해 보임으로써 권력을 누렸다. 그랬기 때문에 아무리 실권이 없는 왕이라 해도 감히 건드리지 못했다. 왕은 세속 권력 너머의 존재였다.

그런 의미에서 아시아의 왕은 완벽한 제정분리적 존재는 아니었다. 일정 부분 종교적 지배자로서의 성격도 지니고 있었다. 중국 천자는 도교의 신성을, 한국의 왕은 유교의 신성을, 일본 천황은 신도神道의 신성을 갖고 있었다.

그러다 보니 왕은 신흥 권력을 정당화하는 존재가 되기도 했다. 새로운 권력자는 왕조를 폐하지 않고 새로운 왕을 세우거나 기존 왕을 모심으로써 자기 권력을 정당화했다. 한나라의 천자를 등에 업은 조조, 연산군을 폐하고 중종을 옹립하거나 광해군을 폐하고 인조를 끌어올린 조선 권신들, 천황을 등에 업은 일본 막부의 쇼군들이 대표적인 경우이다.

그럴수록 왕들은 천문학 발전에 노력을 기울였다. 왕권이 불안정할수록 더 그랬다. 조선의 세종은 이슬람 역법을 받아들여 '칠정산七政算'이라는 새 역법을 만들었고, 이민족 왕조인 청은 근대 서양 천문학을 받아들여 북경에 대규모 천문대를 조성했다. 천문학만큼은 발달된 것을 받아들이는 데 주저하지 않았다.

천문학이 누구나 접할 수 있는 보편적 과학이 되면서 아시아 왕의 신성은 사라졌다. 이제 왕은 세속의 물리력 앞에 벌거벗은 몸을 드러내 놓은 꼴이 되었다. 무서운 것은, 이처럼 과학의 발달이 아니라 과학의 보편화 혹은 대중화이다.

20
천하무적 고구려 성의 비밀
고구려 산성

교과서 속 한 줄 역사 삼국시대에는 방어를 위해 성곽을 많이 축조하였다. 돌로 쌓은 산성이 대부분이고 지형에 따라 흙으로 쌓기도 했는데, 산 능선을 자연스럽게 이용한 것이 특징이다.

612년 음력 1월, 살을 에는 듯한 추위를 뚫고 수나라 113만 대군이 요하를 건너 고구려의 요동성을 포위했다. 요동성에는 1~2만여 명의 고구려 군대와 3~4만 명의 백성이 있었다. 1대 100의 싸움. 그러나 수나라 100만 대군은 끝내 요동성을 뚫지 못했다. 결국 수나라 군대는 요동성을 피해 무모하게 평양을 공격하려다 보급로가 끊겨 살수대첩의 참패를 당하고 말았다. 1대 100의 싸움을 승리로 이끈 고구려의 힘은 어디에서 나온 것일까?

가장 공격적인 방어용 건축물

성은 방어용 건축물이다. 하지만 방어만 해서는 전쟁에서 이길 수 없다. "공격이 최선의 수비"라는 말이 있듯, 적절히 공격도 겸해야 승리할 수 있다. 그래서 성은 수비와 공격을 동시에 할 수 있도록 설계한다. 공격과 방어를 얼마나 잘 조화시켰는지에 따라 성의 진가가 판명나는 것이다.

왜 고구려 성이 강한가? 가장 공격적인 성이기 때문이다. 고구려 성의 공격적 성격을 가장 잘 보여 주는 것이 '치雉'이다. 치는 성벽에 돌출되어 삐죽이 나온 부분을 말한다. 화살이나 노弩(쇠로 된 발사 장치가 달린 활. 쇠뇌)의 사정거리만큼 간격을 두고 성벽 중간중간에 돌출부를 만든 것이다. 성벽에 적군이 달라붙을 때 양 옆의 치에서 일제히 화살과 노를 쏘면, 적군은 앞과 좌우에서 화살 공격을 받아 전멸하게 된다.

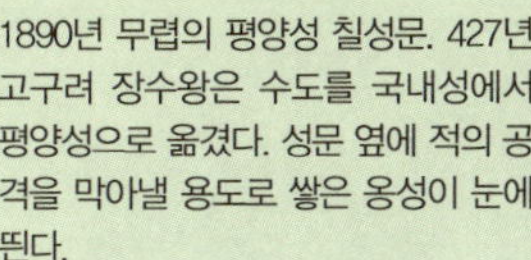

1890년 무렵의 평양성 칠성문. 427년 고구려 장수왕은 수도를 국내성에서 평양성으로 옮겼다. 성문 옆에 적의 공격을 막아낼 용도로 쌓은 옹성이 눈에 띈다.

방어와 공격을 겸하는 시설은 치만이 아니었다. 성을 공격할 때 성벽을 넘어가는 것보다는 성문을 깨뜨리고 들어가는 것이 훨씬 더 유리하다. 그래서 공격군의 주 공격 방향은 항상 성문에 집중된다. 이를 대비하여 고구려 성은 성문 주변에 옹성이나 옹벽을 쌓았다. 옹벽은 성문 주위를 둘러싸도록 반원형으로 쌓아 올린 벽으로, 적군이 성문을 공격하려고 접근하면 성벽과 옹벽 위의 수비군이 포위하여 막아 냈다.

무엇보다 고구려 성의 가장 큰 특징은, 산의 능선에 의지하여 쌓은 산성山城이라는 점이다. 지형지물을 최대한 활용한 산성은, 고지에 위

일본의 성 어느 나라나 방어 용도로 성을 쌓았고, 화살과 노도 우리만의 무기는 아니다. 그렇다면 다른 나라의 성도 비슷하게 쌓았을까? 큰 틀에서는 비슷하지만, 나라바다 성의 모양과 구조가 은근히 다르다. 문화의 차이 혹은 지형적 차이 때문일 것이다.

일본은 섬이기 때문에 외적의 침략을 받을 일이 없어서 방어용 성의 발달이 더뎠다. 그러다가 16세기 전국시대에 오랜 내전을 겪는 과정에서 그들만의 독특한 성 양식이 발전하였다. 오사카 성으로 대표되는 전국 시대 성들이 그것이다.

먼저 일본의 성은 옆으로 단을 만들며 성곽을 쌓았다. 옆으로 층을 쌓아 성벽 전체가 한눈에 들어오게 만든 것이다. 또 우리처럼 성벽 위에 '성첩'이라 부르는 벽을 쌓지 않고, 그 대신 성벽

일본의 오사카 성.

치한 덕에 먼 곳의 적군을 활이나 노 등으로 공격하여 성에 접근하기
도 전에 물리칠 수 있다. 특히 중국 지린성 지안 시에 있는 옛 고구려
왕성인 환도산성의 경우, 입구가 계곡뿐인 산등성이에 축조하여 아무
리 많은 적군이 몰려와도 성에는 소수의 적군만 접근할 수 있었다.

물론 고구려 성은 성 본연의 역할인 수비 시설도 철저하게 갖추었
다. 우선 잘 다듬은 돌을 서로 엇갈리게 쌓아 올리되 앞은 작은 사각
형 모양으로, 옆은 긴 쐐기형으로 다듬었다. 좁고 긴 돌을 깊숙이 박
아 넣어 빠지지 않게 하고, 돌과 돌을 엇갈리게 쌓아 올려 하나가 빠
져도 전체가 무너지지 않도록 한 것이다. 그랬으니 영화 〈반지의 제

위에 집을 지었다. 그 집 안에 숨어 적군과 싸운다. 지금도 오사카 성
성벽 위쪽에는 집을 세우기 위해 만든 기둥 자리 구멍이 보인다.
또한 우리 성은 잔돌을 촘촘하게 쌓아 만들지만, 일본 성은 거석을 쌓
아 올린다. 오사카 성 정문 앞의 돌은 높이가 3미터나 된다. 물론 성을
쌓기 위해 가져온 돌이다. 성의 모서리 면을 보면 돌을 계단처럼 쌓아
올린 것을 볼 수 있다. 성의 안정성을 위해 비스듬히 쌓아 올린 것이다.
성문 앞의 건물들은 적군이 성안에 난입했을 때를 대비해 ㄷ자 형으로
짓고, 2층으로 만들었다. 성안으로 들어온 적군은 오른쪽으로 꺾었다가
다시 왼쪽으로 꺾어 들어가면서 2층에 매복한 적군에게 포위당하게 되
어 있다.
우리 성은 성문 앞이나 성내 고지의 장군대에서 전쟁을 지휘하는데, 일
본은 '천수각'이라는 성 중앙의 높은 건물에서 전쟁을 지휘한다. 그래
서 일본 성의 상징은 천수각이고, 그중 가장 아름다운 건물로 꼽히는
것이 오사카 성의 천수각이다. 천수각이 불타면 전쟁도 끝났다.

중국 만주 지방 요령성에 있는 고구려 백암성의 성벽. 고구려 성의 특징인 치의 형태를 확인할 수 있다.

왕〉 3편에 나오는 것과 같은, 성벽이 거대한 돌에 맞아 그 주변까지 한꺼번에 무너지는 광경은 고구려 성에서는 볼 수 없었으리라.

성문도 적들이 침범하기 어렵도록 복잡하게 만들었다. 성문을 지상 몇 미터 위에 두어 성벽과 다름없이 만들기도 하고, 성문이 정면이 아니라 옆을 보도록 만들어 적군이 성문을 뚫으려면 성벽에 붙어서 공격할 수밖에 없도록 했다. 이런 성문은 평소 백성들이 드나들기에는 불편해도 전투가 벌어졌을 때 상당한 위력을 발휘했다.

고구려 성을 닮은 정조의 수원성

자, 이제 고구려 성에서 벌어진 전투 모습을 그려 보자. 수십만의 적군이 몰려오면 고구려군은 성문을 굳게 닫고 식량과 물을 넉넉하게 비축한 다음 농성에 들어간다. 적군은 고지에서 퍼붓는, 사정거리가 1킬로미터에 가까운 노의 공격을 받아 1차 타격을 입는다. 적군은 가파른 산비탈을 오르랴 노의 소나기를 피하랴 우왕좌왕한다. 운제雲梯나 충차衝車 등의 각종 공성기들은 비탈길에서 짐만 될 뿐이다. 자칫 이 무기들을 끌고 올라오던 말이나 병사가 노에 맞아 쓰러지기라도

하면 뒤로 미끄러져 오히려 자기편 병사들을 덮칠 수도 있다.

겨우 성문 가까이에 접근해도 성문은 옹벽에 가려져 있다. 옹벽과 성문 사이로 들어가면 사면에서 화살비가 쏟아진다. 옹벽이 없는 성문은 허공에 떠 있거나 옆으로 나 있어, 적군은 성벽에서 쏟아지는 화살비를 고스란히 맞을 수밖에 없다. 성벽을 공격하는 병사들에게는 치에서 쏘아 대는 화살비가 옆으로 날아든다. 결국 공격군은 성벽에 제대로 접근조차 해보지 못한 채 전멸한다.

이후 한국의 성은 고구려 성을 계승해서 지어졌다. 가장 대표적인 성이 조선 후기 정조 때 건설된 수원성이다. 수원성에도 치가 있는데, 치와 치의 간격이 화살의 사정거리에서 조총의 사정거리로 넓어졌다는 차이가 있다. 그래서 수원성은 고구려 성만큼 치가 잘 보이지 않는다.

한반도는 대륙 세력과 해양 세력이 충돌하는 교통의 요충지여서 예로부터 국난을 자주 겪었다. 그럼에도 우리 선조들은 적의 공격을 잘 물리치고 나라를 지켜 냈다. 국난 극복의 1등 공신, 그것은 바로 고구려 성이었다.

21
노동과 학문의 현장
발굴 이야기

1973년은 굉장히 무더웠다. 노인들이 두루마기를 입고 지팡이를 짚고 갓을 쓰고 와서 "네놈들이 왕 무덤을 파니까 하늘이 노해서 비도 안 오고 가물다, 이놈들아." 하고 호통을 치기도 했다. (중략)

조심스럽게 매장부를 덮고 있는 흙을 걷어 내던 나는 영락瓔珞이 달린 금관의 뽀족한 부분을 발견하고는 한동안 아무 말을 할 수가 없었다. 눈으로 보고는 있지만 나의 손에 의해 처음으로 모습을 드러낸 신라 금관은 나를 너무 놀라게 했고 한참 숨을 죽인 후에야 옆에 있던 김동현 부단장에게 "금관이 나왔어요."라고 말할 수 있었다.

조심스럽게 금관을 수습하여 유물 상자에 넣으려는 순간 마른하늘이 시커멓게 어두워지면서 천둥과 벼락이 치기 시작했다. 인부들과 직원들은 물론이고 금관을 옮기던 나도 너무 놀라 금관을 넣은 유물 상자를 땅에 놓고 도망가기 바쁠 정도로 하늘이 무서웠다. 간신히 금관을 안전하게 상자에 옮겨 놓자 하늘이 조금씩 개기 시작했다. (중략) 이것이 바로 신의 조화가 아니겠는가?

– 윤근일, 《고고학의 늪에 빠지다》

일제의 보물찾기식 발굴

귀신이 정말 있을까? 무덤이나 귀신들의 놀이터라고 불리는 폐허를 발굴하는 사람들은 종종 황당한 일을 겪는다고 한다. 이집트 피라미드 발굴에 얽힌 '투탕카멘의 저주'가 특히 유명한데, 우리나라에도 비슷한 사례가 있다. 1971년 무령왕릉을 발굴하고 나서 일주일 뒤, 유물을 서울로 싣고 가던 운전기사가 휴게소에서 사고를 당했고, 8월에는 문화재 과장이 교통사고를 냈다. 이듬해에는 김원룡 발굴단장이 빚에 몰려 집을 처분하고 얼마 후 교통사고까지 냈다.

고고학 발굴 이야기는 〈인디아나 존스〉, 〈내셔널 트래져〉, 〈미이라〉 등 수많은 모험영화의 모티프가 되었다. 하지만 박진감 넘치는 영화와 달리 실제 고고학 발굴은 고단하고 지루한 노동의 현장이자 우연과 필연이 엇갈리는 사건의 현장이며, 때로는 추악한 정치적 암투가 벌어지는 장소이다.

1926년 스웨덴의 구스타프 황태자가 식민지 조선을 방문했다. 조선총독부는 귀한 외국 손님을 극진히 대접하며, 식민지 조선이 일본의 도움 속에 행복과 번영을 이루고 있다고 선전하려 했다. 마침 구스타프 황태자가 고고학에 관심이 많다는 것을 알게 된 총독은, 경주의 옛 고분 중 적당한 것을 골라 황태자에게 발굴하도록 했다.

구스타프 황태자는 일본인 학자들의 도움을 받아 경주 노서동에 있는 무덤 하나를 직접 발굴했다. 그들은 인부를 동원하여 하루 종일 무덤의 흙을 헐어 내고 관을 찾아냈다. 관 속에는 찬란한 금관과 금으로 만든 각종 장신구들이 들어 있었다. 황태자와 학자들은 매우 만족해 했다.

사실 그것은 발굴이 아니라 보물찾기였다. 마구잡이로 봉분을 파헤치는 바람에 봉분 안에 감춰져 있던 소중한 고고학적 유산들이 파괴되었고, 귀한 황금 유물들을 함부로 들어내는 바람에 그 역사적 가치와 의미를 해독하기 어렵게 됐다. 그나마 금관 등의 유물을 개인적으로 가져가지 않고 연구소로 넘긴 것은 다행이었다. 우리 고대 유적들은 일제강점기에 이토록 수난을 겪었고, 그 과정에서 신라와 백제의 역사적 진실을 알 수 있는 기회를 영영 잃고 말았다.

잘못된 발굴은 우리의 상식을 왜곡한다. 식민지 시대 일본은 임나일본부설을 증명하기 위해 김해 일대의 고대 유적을 꽤나 열심히 발굴했다. 20년 이상 진행된 일본의 김해 유적 발굴은 그러나 원하는 성과를 내지 못하고 마무리되었다. 김해 지역의 여러 고대 유적은 잊혀졌고, 이미 발굴이 끝난 지역이라 여겨져 한동안 아무도 돌아보지 않았다. 그러다 부산 지역, 그중에서도 김해 지역에 아파트가 건설되면서 다시 발굴이 이루어졌다.

학자들은 일제강점기에 발굴이 얼마나 졸속으로 진행되었는지를 알고 깜짝 놀랐다. 김해 패총 유적은 한반도 신석기시대의 생활상을 생생히 증언하고 있었다. 또 김해 지역 가야 고분군은 그때까지 우리의 상식보다 가야가 훨씬 더 발전한 국가였음을 보여 주었다. 오늘날 신석기시대와 가야에 대한 인식의 변화는 상당 부분 일제시대에 졸속으로 진행된 지역을 재발굴한 성과이다. 꺼진 불도 다시 보듯, 발굴한 곳도 또 발굴할 필요가 있다.

1973년 당시 문화공보부 문화재관리국 조사단이 벌인 천마총 발굴 조사 현장. 당초 조사단은 다른 대형 고분을 발굴하기에 앞서 이 '황남동 제155호분'을 경험 삼아 조사한 것인데, 발굴 결과 당시까지 발굴 조사된 고분 가운데 가장 규모가 큰 왕릉급 고분으로 밝혀졌다.

배수 공사 중 발견된 무령왕릉

발굴은 우연적 요소를 포함한다. 1971년 7월 8일, 공주 송산리 5·6호분에 습기가 차서 벽화가 훼손되고 있다는 보고가 올라왔다. 급히 배수로 공사가 실시되었다. 공사 도중 한 인부의 삽 끝에 딱딱한 것이 걸렸고, 더 파 보니 무덤의 입구가 나왔다. 이 무덤이 그 유명한 백제 무령왕릉이다. 그런가 하면 1973년에는 당시 경주의 최대 고분인 황남대총 발굴을 앞두고 상대적으로 발굴 경험이 적은 학자들이 예행연습 삼아 그 앞의 조그만 고분 하나를 발굴하기로 했다. 그런데 그 조그만 무덤에서 유물들이 쏟아져 나왔다. 그 무덤이 바로 신라 무덤 중 유일하게 그림이 출토된 천마총이다.

우연이 가장 많이 작용하는 유물은 비석이다. 중원고구려비는 충주의 조그만 마을 입구에 수호석으로 서 있다가 우연히 발견됐고, 신라 법흥왕 때 세워진 울진 봉평비는 논에 거꾸로 처박혀 있다가 농사에 방해가 된다고 주인이 굴착기로 파내어 길가에 버린 것을 마을 이장이 이상하게 여겨 신고한 덕분에 세상에 모습을 드러냈다. 이외에도 댓돌이나 다듬잇돌로 쓰이던 비석, 담의 받침으로 쓰이던 비석 등 우리 주위에 버려진 돌들이 비석으로 밝혀진 경우도 제법 있다.

발굴은 결코 쉬운 일이 아니다. 해결해야 할 문제가 한두 가지가 아니다. 신라 고분 중에 봉분이 다 허물어져 아예 평지가 되어 버린 것이 있었다. 마을 주민들이 고분인 줄 모르고 그 위에 집을 짓는 바람에 학자들이 돈을 모아 집을 사서 주민을 내보내고 철거한 뒤 발굴한 적도 있다. 그나마 이런 일은 시골에서나 가능하고 서울 같은 대도시에선 엄두조차 내지 못한다. 서울 송파구에 있는 백제 초기 유적인 풍납토성 발굴은 현재 토성 내에 사는 수천 가구의 보상 문제 때문에 큰 진척이 없는 상태이다.

의식도 문제다. 70년대만 해도 유물과 보물을 구분하는 사람이 별로 없었다. 무령왕릉 발굴 당시 특종 보도의 사명감에 불탄 기자들이 마구 무덤 안으로 몰려들어 일부 유물을 훼손했다. 당황한 발굴단장 김원룡 박사는 10시간 만에 서둘러 작업을 마쳤고, 발굴이 졸속으로 이루어지면서 무령왕릉의 수많은 부분이 미스터리로 남고 말았다.

발굴에는 위험도 따른다. 발굴 현장은 인적이 드문 시골이나 오지인 경우가 많고, 땅을 파내는 일이므로 공사 현장과 다르지 않다. 안전사고가 일어날 위험이 크고, 교통이 불편한 곳이 대부분이어서 사

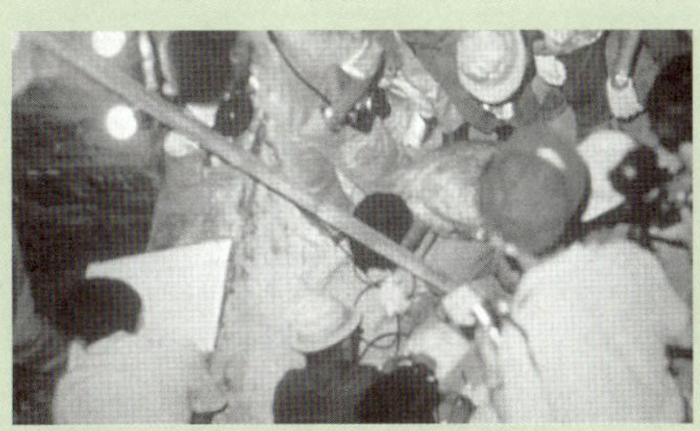

백제 무령왕릉 발굴 당시 무덤 안으로 몰려든 취재단(위).
1971년 7월, 고분 배수로 공사 중 발견된 무령왕릉 발굴 모습(오른쪽).

고가 나면 인명 피해로 이어질 가능성이 높다. 파 놓은 흙더미가 쏟아져 내리거나 갱이 무너질 수도 있다. 중국 전한시대의 마왕퇴 유적을 발굴할 때 여러 명이 매몰되는 사고가 일어나기도 했다. 투탕카멘의 저주로 유명한 이집트 피라미드 발굴 관련자들의 잇따른 죽음도 의료 혜택을 받을 수 없는 오지에서 작업하는 과정에서 일어난 사고로 보는 시각이 많다.

교과서와 상식을 뒤집는 발굴

발굴 결과는 때로 우리의 상식을 뒤집는다. 특히 우리나라는 80년대 이후 본격적인 학문적 발굴이 이루어지면서 그 결과가 그때그때 교과서에 반영된 탓에 세대별로 고대사 인식에 차이가 난다. 1973년 무령왕릉, 1979년 중원고구려비, 1988년 울진 봉평비, 그리고 현재 진행 중인 풍납토성 발굴은 모두 당시의 고대사 상식을 뒤집는 사건이었다. 또 1964년에 시작되어 30년 이상 발굴이 이루어진 공주 석장리 구석기 유적처럼, 같은 유적이 발굴 시기에 따라 다른 정보를 제공하기도 한다. 공주 석장리 유적에서는 세계적으로도 보기 드물게 구석기 전 시기의 유물이 나왔다.

　발굴된 유적은 그것을 언제, 누가 해석하는지에 따라 다른 의미를 갖기도 한다. 트로이 전쟁 유적을 발굴한 하인리히 슐리만은 트로이가 고대 유적이니 지층 끝에 있을 거라고 여기고 깊이 파들어 가는 데에만 열중하여, 지층 맨 아랫부분에서 나온 유적을 트로이 전쟁 유적이라고 믿었다. 하지만 오늘날 역사학자들은 트로이가 몇 차례에 걸

쳐 재건된 도시며, 슐리만
이 발굴한 도시 유적은 초
기 트로이 유적이고, 트로
이 전쟁 관련 유적은 중간
지점의 지층이라는 걸 알아
냈다. 놀라운 것은, 슐리만
이 본인의 오해 때문에 그
토록 찾고 싶어 한 트로이
전쟁 유적을 그냥 지나쳐
땅을 파내려 갔으며, 그 과
정에서 관련 유적 일부를 파
괴하기까지 했다는 것이다.

1979년 4월, 국내 유일의 고구려 비석인 중원고구려비가 충북 충주시 가금면 입석마을에서 우연히 발견되었다. 동네 주민들은 이 비를 평범한 수호석으로 알고 있었다.

　우리도 마찬가지다. 풍납토성 유적이 발굴되기 전까지는 몽촌토성을 백제 수도 위례성이라 믿고 초기 백제의 모습이 매우 초라했다고 생각한 이들이 꽤 많았다. 또한 산성 토양인 한반도에서는 청동기시대 인류 유골이 나올 수 없다는 의견이 많았지만, 2천 년대 들어 청동기시대 유골들이 많이 발굴되면서 그런 주장을 하는 사람이 많이 줄었다. 이처럼 당대의 상식에 입각한 발굴은 진실을 왜곡하기도 하지만, 발굴을 통해 그 왜곡을 바로잡는 과정에서 변증법적 발전이 이루어지곤 한다.

　기록이 부실한 민족일수록 발굴이 역사 발견의 중요한 열쇠가 된다. 물론 우리의 지혜와 기술이 아직 부족한 탓에 발굴할수록 더 미스터리에 빠져드는 경우도 있다. 중요한 점은, 과거의 사실을 많이 알면 알수록 역사를 잘 알 수 있으며, 역사를 잘 알수록 오늘날 우리의 모습과 위치를 정확하게 알 수 있다는 것이다. 특히 우리처럼 식민지 시대를 거치면서 역사와 스스로를 바라보는 시선이 냉소적이 된 민족은 이런 진실 탐구가 매우 중요하다.

22

누가 왜 땅에 묻었을까?
백제 금동용봉대향로

교과서 속 한 줄 역사 7세기 백제는 여러 차례 신라를 공격했다. 이에 신라
는 당과 연합하여 백제를 공격했다. 결국 660년 사비성이 함락되면서 백제
는 멸망하고 말았다. 이후 백제 유민들은 백제부흥운동을 벌여 나당연합군
에 맞서 싸웠으며, 이 저항은 663년까지 이어졌다.

백제의 마지막 수도 부여에 가면 왕릉급 무덤들이 모여 있는 능산리
고분군을 만날 수 있다. 이 무덤들은 여러 차례에 걸쳐 발굴되었는데,
1993년 어느 날 능산리 고분군 앞 절터에서 매장 흔적이 발견되었다.
조심스레 주변을 파 보니, 누군가가 구덩이를 파고 기와 조각으로 주
변을 보호한 뒤 정성스레 비단에 싸서 무언가를 묻어 둔 것이 아닌가.
위치상 절 앞 공터나 마당에 해당하는 곳인데, 이런 곳에 도대체 무얼
묻었을까?

백제 문화의 정수가 땅에 묻힌 절박한 사연

이곳에서 발굴된 유물이 바로 높이 61.8센티미터의 '금동용봉대향로'다. 용이 연꽃을 받치고, 그 위 신령스러운 산에서 신선들이 악기를 연주하며 그 음악에 맞추어 온갖 생물들이 노닐고, 산꼭대기에는 봉황이 자리를 잡고 있다. 그 예술성과 아름다움은 가히 백제 문화의 정수라 해도 과언이 아니다. 1993년 당시 언론에서 금동대향로의 보존과 전시를 둘러싸고 치열한 논쟁이 벌어지고, 신문 사설에서 금동대향로에 찬사를 바칠 정도였다.

이 금동대향로는 백제의 제26대 왕인 성왕聖王(재위 523~554)에게 제사를 지낼 때 사용된 것으로 추정된다. 7세기 백제 장인의 혼이 담긴 아주 귀중한 보물임이 틀림없다. 그런데 어쩌다 이 귀중한 보물이 절 앞 공터에 묻히게 됐을까? 그것도 주변에 기와 조각을 두르고 비단으로 정성스럽게 감싼 채……

가장 쉽게 추론할 수 있는 상황은, 향로가 묻힌 날이 백제가 멸망한 날이라는 것이다. 황산벌에서 계백의 결사대가 전멸한 뒤, 나당연합 10만 대군이 사비성으로 밀어닥쳤다. 의자왕은 군대를 보

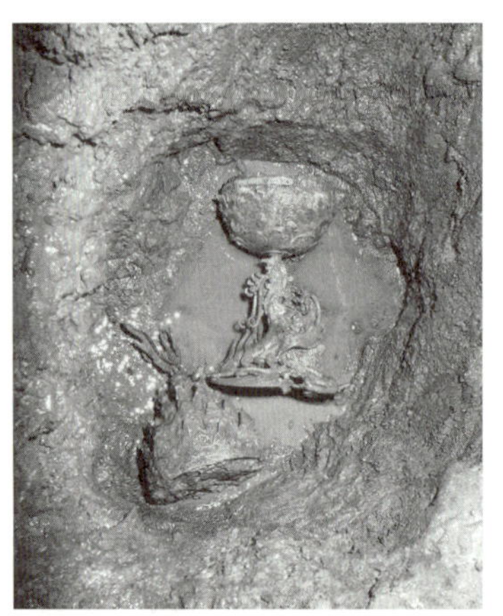

1993년 부여 능산리 고분군 앞 절터에서 발견된 백제 금동용봉대향로의 출토 당시 모습. 높이가 64센티미터나 되는 이 향로는 진흙 속에 묻힌 채 거의 완전한 형태로 출토되었다.

내 맞서 싸웠으나 중과부적으로 패한 뒤 사비성을 탈출했고, 귀족들도 뒤이어 달아났다. 성에 남아 있던 차남 태泰가 왕위에 올라 마지막으로 항전했지만, 당나라 군대가 성을 넘어와 공격하자 결국 항복하고 말았다. 이어 의자왕도 항복하면서 700년 백제 역사는 막을 내리게 된다.

당나라 군대가 성에 난입하는 급박한 상황에서, 백마강 건너편 능산리 왕릉 일대도 공격을 받았을 것이다. 당나라 군대는 저마다 보물을 약탈하려고 혈안이 되어 닥치는 대로 죽이고 불을 지르며 미친 듯 돌아다니고, 백제인들은 애처로이 비명을 지르며 이리저리 쫓기다가 누군가는 칼에 맞아, 누군가는 백마강에 몸을 던져 죽음을 맞이했으리라.

그때 어느 한 승려, 혹은 제사를 담당하던 이가 제단에서 급히 대향로를 끄집어내지 않았을까? 백제 대왕들에게 제사를 올릴 때 사용하던 대향로만큼은 빼앗기고 싶지 않았을 것이다. 그는 향로를 비단으로 대충 싸맨 뒤, 급히 절 밖 공터로 나가 땅을 파기 시작했다. 적당한 깊이로 땅을 판 뒤 주위를 기와 조각으로 채워 충격에 대비하고, 향로를 묻고 흙을 덮었다. 그리고 황급히 자리를 떴다.

그로부터 1,300여 년이 흘러 이제 아무

금동용봉대향로.

것도 남지 않은 평범한 언덕을 파헤치던 어느 발굴가의 손에 대향로는 다시 빛을 보게 되었다. 오랜 시간 진흙 속에 묻혀 더러워지고 땅에 눌려 약간 찌그러지기는 했지만, 향로를 땅에 묻던 이의 간절한 기도 덕분인지 무사히 세상에 모습을 드러냈다. 그로부터 얼마 후, 비록 복제품이나마 백제 대향로는 다시 백제 대왕들을 위해 향을 피우는 본래의 역할을 수행하게 되었다.

몇 년 전 부여 능산리 고분을 찾았을 때, 백제 마지막 날의 모습이 머릿속에 생생히 그려졌다. 그날따라 흐린 겨울날의 을씨년스러운 분위기 탓이었는지, 아니면 경주나 공주와 대비되는 소도시 부여의 적막한 풍경 때문이었는지 모르겠지만, 금동대향로가 발굴된 곳을 지나칠 때 가슴이 참으로 먹먹해지고 착잡했다.

23
신하로서 왕에 추존된 유일한 인물
신라 김유신

교과서 속 한 줄 역사 김유신이 이끄는 신라군은 황산벌에서 계백을 물리치고, 당나라군과 함께 사비성을 함락하여 백제를 멸망시켰다.

532년 금관가야의 구형왕이 신라에게 항복하려 할 때, 금관가야 내부에서는 반신라파와 친신라파가 날카롭게 대립하고 있었다. 이런 분위기를 파악한 신라의 법흥왕은 기다리지 않고 금관가야를 공격하여 정복했다.

가야 내 친신라파였던 구형왕의 셋째 아들 김무력은, 신라에 귀부한 뒤 진골 신분을 받고 장군의 지위를 얻었다. 비록 망명 귀족으로서 중앙의 고위 관직은 맡지 못했지만, 그는 삼년산성에 주둔하는 신라 최정예군의 지휘관으로 활약했다. 김무력의 아들 김서현 역시 신라의 장군으로서 7세기 초반까지 신라의 주요 전투를 지휘했다. 뿐만 아니라 김서현은 진흥왕의 조카인 만명공주와 결혼하여 왕족의 사위로서 상당한 권력을 누렸다.

김서현과 만명공주 사이에서 태어난 아들이 바로 김유신이다. 김유신은 3대를 이어온 신라 최고 장군 집안의 장남이었다. 삼년산성으로 대표되는 신라 최정예 군대의 상속자로 외가가 왕실이었으니, 출생부터 범상치 않았다.

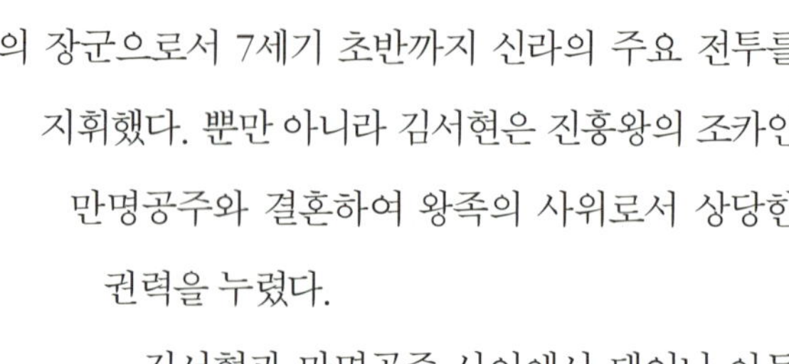

서울특별시 용산구
전쟁기념관에 있는
김유신 흉상.

김유신 · 김춘추 집안의 혼인동맹

신라는 진흥왕 사후 둘째 아들 사륜(진지왕)이 왕위에 올랐다가 4년 만에 폐위되고, 579년 진흥왕의 손자 진평왕이 즉위했다. 비록 진지왕이 폐위되긴 했지만 그 세력은 결코 만만치 않았다. 진평왕은 진지왕 세력을 포용하려고 딸 천명을 진지왕의 아들 용춘에게 시집보냈다. 그리하여 용춘과 천명 사이에서 아들이 태어났으니, 그 아이의 이름이 바로 '춘추春秋'다. '춘추'는 공자가 쓴 역사책의 이름이다. 아들의 이름을 '춘추'라 한 것은 유교 문화 수용을 의미하며, 그 집안이 유교 혹은 중국과의 관계를 기반으로 하고 있음을 뜻한다.

그런데 당시 신라 왕실은 불교를 기반으로 했다. 진평왕의 이름이 백정白淨(석가모니의 아버지), 왕후의 이름이 마야(석가모니의 어머니), 그리고 진평왕의 동생 이름이 국반國飯과 백반伯飯(석가모니의 삼촌들)이므로 진평왕의 딸로서 왕위를 계승한 선덕여왕은 석가모니와 동격으로 인식되었다.

아마도 진평왕 세력과 진지왕 세력은 6세기 신라가 중국 문화를 본격적으로 수용하면서 이를 둘러싸고 갈등을 겪은 모양이다. 비록 진지왕이 쫓겨나기는 했지만, 590년 중국 통일왕조가 들어선 뒤 중국 의존이 심해지면서 친중국적인 진지왕 세력은 점점 강해졌을 것이다.

김유신 집안 역시 김춘추 집안과 마찬가지로 유교적·친중국적이었을 것으로 추정되며(130쪽 박스 참조), 따라서 두 집안 간의 결합은 필연이었다. 결국 김유신의 여동생과 김춘추가 혼인하면서 굳건한 혼인동맹이 이루어졌다.

김유신의 활약은 이때부터 두드러진다. 여자의 몸으로 왕위에 올라 권력 기반이 취약했던 선덕여왕을, 유교적 충절을 강조하는 '김춘추–김유신' 세력이 지탱하고 있었다. 당시 신라는 백제의 거센 공격을 받아 국경 방어선이 많이 무너진 상태였다. 이를 보여 주는 대표적인 기록이 '여근곡 이야기'다.

왕궁 근처 연못 옥문지玉門池에서 개구리가 며칠 동안 시끄럽게 울자, 선덕이 알천을 불러 "여근곡에 가면 적병이 매복해 있을 것이니 공격하라." 하니 과연 그곳에 백제군이 숨어 있어 격퇴시켰다. 선덕은 "개구리가 성난 모양은 군사의 형상이고 옥문玉門은 여성의 음부를 상징하므로 적군이 그곳에 있을 줄 알았다"고 했다. 그런데 이 이야기에서 백제군이 숨어 있었다는 여근곡은 경주 인근 지명이다. 즉, 백제군이 신라 수도 가까이까지 들어올 정도로 국경 방어선이 취약했던 것이다.

이런 위기 상황을 김유신과 그의 군대가 몇 차례나 극복해 냈고, 김춘추도 외교적 수완으로 당나라 세력을 끌어들임으로써 취약한 권력을 보완했다. 그러나 김춘추와 김유신의 노력에도 불구하고, 여왕은 신라의 정치 권력을 단단히 틀어쥐지 못했다. 대야성 함락과 당 태종의 조롱은 결정타였다. 대야성(경남 합천)은 경주로 들어오는 길목에 자리 잡은 군사상 요지였다. 그런 대야성을 백제군에게 빼앗긴 것은 수도 방위를 위협

신라 태종무열왕 김춘추의 영정. '태종'은 중국식 유교적 왕호로서, 태종은 관복도 중국 것을 따랐다.

받는 심각한 패전이었다. 이 상황에서 당 태종은 "여자가 왕이니 어쩔 수 없다. 차라리 내 신하를 왕으로 섬겨라."라며 조롱했다.

결국 여왕은 비담을 상대등으로 임명하며 귀족 세력에 굴복하고 말았다. 김춘추 – 김유신 세력의 정치적 패배였다. 그런데 5년 뒤 비담이 반란을 일으키고, 그 와중에 선덕여왕이 사망했다. 김춘추와 김유신은 비담의 반란을 진압하고 진덕여왕을 즉위시킨 뒤 실권을 장악했다.

동아시아 사회의 일원이 되다

여기서 드는 의문 하나. 왜 비담은 반란을 일으켰을까? 당시 여왕은

노령인 데다 건강이 매우 나빴다. 내버려 두어도 죽을 형편이었고, 그러면 조만간 왕위는 비담에게 올 수도 있었다. 비담은 왜 기다리지 못했을까? 두 가지 가설이 가능하다.

첫째, 춘추가 유력한 왕위 계승자라는 것이다. 춘추는 진평왕의 자식과 조카 중 유일한 남자였다. 여왕이 위독해지자 왕위가 춘추에게 넘어갈 것을 두려워한 비담이 반란을 일으켰다는 것이다. 두 번째로, 춘추와 유신이 반란을 일으키고 그 혐의를 비담에게 뒤집어씌웠을 수도 있다. 왕위는 진골 귀족들 중 유력한 사람을 화백회의에서 결정한다. 당연히 화백회의 의장인 비담이 왕이 될 가능성이 높았으며, 더군다나 여왕도 비담에게 넘어간 상태였다. 그래서 춘추와 유신이 반란을 일으켜 여왕과 비담을 죽이고 권력을 장악했다는 것이다.

어느 쪽이 진실일까? 진상이 무엇이든지 간에, 우리 역사는 이 사건을 계기로 엄청난 변화를 맞이한다.

진덕여왕이 죽고 김춘추가 즉위하니, 그가 바로 태종무열왕이다. '태종太宗', 그것은 중국식 왕호이자 유교적 왕호이다. 뿐만 아니라 연호도 중국 것을 쓰고, 의복(관복)도 중국 것을 따랐다. 이제 신라는 당나라가 이룩한 동아시아 사회로 정식 편입되었다.

그러나 김춘추와 김유신은 더 큰 야망을 품고 있었다. 새로운 체제로 한반도를 통일하겠다는 것이다. 그것이 나당연합이고 삼국 통일 전쟁이다. 한반도에 왕권과 신권이 조화로이 공존하는 새로운 사회 건설이 시작되었다.

물론 쉽지는 않았다. 당은 고구려 멸망을 계기로 한반도를 완전히 정복하여 후환을 없애려 했다. 무열왕이 죽고 나서 즉위한 문무왕(김유신의 외조카)은 우유부단해서 당에 끌려 다니기만 했다. 백제부흥운동이 실패로 돌아간 뒤, 당나라 장군 소정방은 백제 부여융(의자왕의 아들)과 문무왕을 불러 회맹의식을 거행했다. 당 황제의 신하로서 서로 우의 있게 지내겠다는 다짐을 받은 것이다. 신라 왕으로서는 더없는 굴욕이었다. 망국의 왕족 및 당나라의 일개 장군과 동급이 되어 당 황제를 섬기는 처지가 되었으니 말이다.

일흔 노구의 김유신이 나서지 않을 수 없었다. 김유신은 당군 사령관 소정방을 유인하여 문경에서 살해하고 그 목을 당교 아래 묻었다. 이어 문경에 주둔하던 당군을 도륙했다. 나당전쟁의 시작이다. 유신은 자신의 아들들을 모두 이 전쟁에 끌어들이고, 도망친 아들 원술을 집안에서 쫓아냈다.

김유신은 비록 전쟁 중에 죽었지만, 나당전쟁은 신라의 승리로 끝났다. 그리고 그는 역사상 유일하게 신하로서 왕에 추존되었다. 흥무대왕興武大王 김유신. 이후 우리는 1,300년 동안 유교국가로서 역사를 이어 가게 되었다.

24
고구려 천하의 절대 수호자
연개소문

중국인이 가장 존경하는 황제는 한 무제와 당 태종, 가장 좋아하는 장수는 관우와 악비, 가장 무서워하는 적은 신화 속 인물인 황제黃帝와 전쟁을 벌였다고 하는 구려족의 우두머리 치우와 연개소문이라고 한다. 중국 전통 연극인 경극에도 적장의 대명사로 연개소문이 종종 나온다고 하니, 그가 얼마나 대단한 인물이었는지 미루어 짐작할 수 있다.

막강한 권력 휘두른 보수 세력의 대표

연개소문의 아버지는 동부 대인 연태조이다. 동부 연씨 가문은 개소문의 아버지와 할아버지가 모두 막리지(마리치, 병권을 장악한 최고 지위)를 지낸 명문가로서 막강한 권력을 갖고 있었다. 그 조상이 연못에서 나왔다고 하여 '연淵' 또는 '천泉'을 성으로 삼았다고 한다. 일반적으로 고구려 귀족들은 자신의 조상을 주몽과 연결시켰는데, 연씨는 독립적인 출생 설화를 가진 것으로 보아 신新귀족으로 여겨지기도 한다.

고구려는 6세기 이후 왕권이 약해지면서 귀족과 지방 세력이 독자적으로 움직이기 시작했다. 그때마다 중앙정부는 개혁을 시도했지만 큰 성과를 거두지 못했다. 특히 압록강 지역의 옛 수도였던 국내성, 요동 방어선의 안시성과 요동성이 독립적인 세력을 행사했던 모양이다. 그 시절 연씨 집안은 강력한 중앙집권 체제 구축으로 강대한 고구려를 만들겠다는 의지를 품고 있었다. 즉, 중앙 귀족의 기득권을 수호하고 고구려의 가치를 지키려는 보수 세력의 대표였던 것이다.

중앙집권을 강화하고 고구려의 전통적 가치를 지키려는 시도는 제25대 평원왕(재위 559~590) 때부터 있었다. 평원왕은 딸 평강공주를 바보 온달에게 시집보냈다. 온달은 중국과의 전쟁에서 큰 승리를 거두고, 이어서 영양왕(재위 590~618)이 즉위하자 신라를 공격해 잃어버린 한강 유역을 일시적으로 되찾는 데 성공한다. 그러나 중국 통일의 기운이 무르익는 국제 정세의 변화, 강력한 귀족 및 지방 세력의 건재는 온달과 영양왕을 궁지로 몰아넣었다. 결국 온달은 전사하고, 영양왕의 의지는 꺾였다. 이후 영양왕은 몇몇 측근 장수들의 비호를 받으며 권력을 지키는 데 급급했다.

영양왕 23년(612), 수나라는 100만 대군을 보내 요동성을 공격했다가 여의치 않자 30만 별동대를 조직해 평양을 공격했다. 이때 평양 수비를 지휘한 사람이 을지문덕 장군이다. 그는 살수대첩을 대승으로 이끌고 수나라 군대를 물리쳤다.

그런데 '을지'란 성이 좀 낯설다. 문덕을 제외하고는 다른 고구려 기록에선 보이지 않는 성이다. 그렇다면? 귀화성일 가능성이 높다. 중국 기록에는 '위지문덕尉支文德'이라고 나오는데, '위지'는 선비족 성이므로 선비족에서 귀화한 장군이라고 볼 수 있다. 고대사회에서 나라의 운명이 걸린 전투를 귀화인이 지휘한다? 이는 흔한 경우는 아니다. 실제로 살수대첩을 제외하고 을지문덕에 대한 기록은 어디에도 없다. 이를 통해서도 당시 영양왕의 처지가 매우 곤궁했음을 알 수 있다. 귀화인과 몇몇 측근들로 권력을 구성하고 모든 대소사를 처리해야만 했던 상황을, 온달과 을지문덕의 존재가 보여 주고 있다.

절체절명의 위기에서 당 태종을 물리치다

고구려와의 대전에서 패한 수나라가 망하고 당나라가 건국했을 때, 고구려에서는 영양왕이 죽고 그의 이복동생 영류왕(재위 618~642)이 즉위했다. 영류왕은 대표적인 온건파로서, 지방 귀족의 이익을 대변하고 중국과의 친선 정책을 지지하는 인물이었다.

그는 즉위하자마자 당나라에 친선의 뜻을 밝히고 도교를 수용하여 전파하는 등 우호 정책을 취했다. 살수대첩에서 포로가 된 중국 병사 1만여 명을 송환하였으며, 여수麗隋대전 승전 기념물인 경관京觀(승리를 과시하기 위해 전쟁이 끝난 뒤 적의 시체를 쌓아 놓고 흙으로 덮은 큰 무덤)을 부수었다. 심지어 당에 고구려 영역도를 바쳤다고 하는데, 어떤 것인지 알 수 없으나 지도란 곧 지배를 상징하므로 상당한 의미를 가진 행위였을 것이다.

그러나 이러한 우호 조처에도 불구하고 당 태종은 고구려와의 전쟁을 착실히 준비했다. 고구려의 가장 중요한 동맹국인 돌궐을 멸망시킨 것이 대표적이다. 고구려에게 돌궐의 멸망은 마치 오늘날 한미동맹의 한 축이 무너진 것과 같았다. 점점 위기는 다가오는데 고구려는 어떠한 평화도 보장받지 못한 채 중국에 러브콜만 보내고 있었다.

결국 강경파가 들고 일어났다. 연개소문을 지지하는 군대가 평양성에 난입하여 왕과 온건파 귀족들을 도륙했다. 연개소문은 보장왕(재위 642~668)을 허수아비 왕으로 세우고, 자신이 대막리지가 되어 전권을 장악한 뒤 당과의 한판 전쟁을 준비하기 시작했다.

645년 당 태종은 거액의 상금을 걸고 지원병 10만 명을 모집해 고구려 정벌에 나섰다. 싸울 의지가 있는 한 사람이 의지가 없는 열 사람을 감당하는 법이다. 게다가 당나라군은 수나라 말기 내전과 돌궐 정벌 등 오랜 전쟁 경험을 쌓은 베테랑 군인들이었다. 중국 역사상 가장 강력한 군대 중 하나로 꼽히는 고구려 정벌군이 노도처럼 몰려왔다.

반면 고구려는 상황이 썩 좋지 않았다. 중앙집권을 강조하고 중앙 귀족의 이익을 대변하는 연개소문에게 지방 귀족과 성주들은 불만을 품고 있었다. 그들의 대표자가 양만춘이었다. 양만춘을 비롯한 만주 지역 성주 및 지방 세력의 반발로 인해 연개소문은 상당히 애를 먹고 있었다. 이런 상황에서 당나라군이 몰려오니 방어 시스템이 원활하

중국 최고의 명군으로 꼽히는 당 태종 이세민. 태종은 대규모 정벌군을 조직하여 연개소문의 고구려 정벌에 나섰다가 일생일대의 참패를 당하고 쫓겨갔다.

게 돌아갈 리 없었다. 수나라 100만 대군이 뚫지 못했던 요동성이 10일 만에 무너졌고, 요동 방어선의 주요 성들이 싸우기도 전에 당나라군에 항복했다. 연개소문이 구원병으로 보낸 고연무의 15만 대군마저 단 한 차례의 전투에 참패하고 항복하고 말았다.

이 절대 위기의 순간, 연개소문은 기적을 일으켰다. 그는 안시성을 중심으로 요동 최후 방어선을 지키는 한편,[*] 내몽골의 유목국가 철륵을 설득해서 당나라 수도 장안을 공격하도록 했다. 당 태종이 후퇴하자 연개소문은 등을 보인 당군을 공격했다. "말 열 필 중 7,8마리가 죽고", "만리장성을 넘어서야 당 태종이 겨우 더운 물을 마시고 숨을 돌린" 참혹한 패배였다. 중국 지방 전설에 연개소문의 추격을 피하던 당 태종이 우물에 숨었다는 둥, 홀로 도망쳤다는 둥의 이야기가 전해 온다. 당 태종 일생에 유일한 참패를 안긴 연개소문, 두 사람의 이야기가 전설이 되지 않을 수 없었다.

[*] 안시성의 주인이 누구인지는 정확하지 않다. 양만춘이라는 주장은 대부분 조선 후기의 기록이다. 안시성주가 양만춘이라면 앞뒤가 안 맞는 부분이 많아 혼란스럽다. 개인적으로는 연개소문에게 충성을 바친 몇몇 성주 중 한 명이었을 것으로 생각한다.

중국 중심의 동아시아 질서에 맞섰으나

여수전쟁과 여당전쟁에서 참패한 중국은 정면 대결로는 고구려의 방어선을 뚫을 수 없음을 절감하고 작전을 바꾸었다. 물량 공세를 통한 소모전을 시작한 것이다. 몇 년 간격으로 몇 만의 병력을 보내어 요동 방어선을 공격했다. 말이 쉬워 몇 만이지 고구려로서는 전면전에 해당하는 규모였으니, 결국 해마다 전면전을 치르는 셈이었다. 이런 상황이 20년 동안 지속되었다.

국력은 피폐해지고 백성들은 지쳐 갔다. 특히 전쟁 당사자인 요동의 지방 세력들은 죽을 맛이었다. 점차 연개소문에게 반기를 드는 세력들이 늘어 갔고, 연씨 집안 내부에서도 반발이 일어났다. 연개소문의 동생 연정토와 장남 연남생마저 반기를 들었다. 그러나 개소문은 아랑곳하지 않고 대당 전쟁을 이끌었다.

중국에 맞서는 요동 방어선, 신라에 맞서는 한강 방어선이 안으로부터 무너지고 있었다. 설상가상으로 당의 측면을 위협하던 철륵도 멸망했다. 고립무원의 상황, 백제의 동태도 심상치 않았다. 그래도 연개소문은 버텼다.

660년, 당나라가 대규모 공격을 준비한다는 소문이 돌았다. 실제로 일부 병력이 요동을 향하고 있었다. 고구려는 또다시 전쟁 준비에 들어갔다. 그러나 당군의 주력 부대는 배를 타고 백제에 상륙했다. 일체의 보급물자 없이 전투 병력만 움직인 전격 작전이었다. 허를 찔린 백제는 멸망했고, 주력을 요동으로 돌린 고구려는 멍하니 바라볼 수밖에 없었다.

백제가 무너지자, 이제 당군의 주된 침략 루트는 요동이 아니라 남쪽이 되었다. 나당연합군은 압록강과 임진강을 건너 바로 평양으로 쳐들어왔다. 661년, 손쓸 사이도 없이 평양이 당군에게 포위되고 말았다. 1년을 버틴 끝에 가까스로 물리쳤지만 이미 고구려는 만신창이였다.

연개소문은 그 직후 죽었다. 양만춘이 암살했다는 이야기도 있지만(거꾸로 양만춘을 죽였다는 이야기도 있다.), 병사했다는 것이 정설이다.

온달의 석연치 않은 죽음　온달은 아단성 아래에서 신라군이 쏜 화살을 맞고 전사했다. 고구려군이 철수하려 했지만 온달의 관을 담은 상여가 움직이지 않아 돌아갈 수 없었다. 소식을 들은 평강공주가 달려와 관을 어루만지며 "죽고 사는 것이 이미 결정 났으니, 아아 돌아갑시다!"라고 말하자 비로소 관이 움직였다.

충청북도 단양 온달산성에 있는 온달장군상.

《삼국사기》에 실려 있는 이 내용은 온달의 아쉬움과 회한을 의미한다고 해석되지만, 온달의 죽음에 모종의 정치적 음모가 있었을 가능성도 내포하고 있다. 관이 움직이지 않은 것은 핑계이고, 실제로는 현장 지휘관과 병사들이 철군을 거부했던 것 아닐까? 온달을 경계하는 귀족 세력들이 보급 등 전쟁 지원을 소홀히 하여 고전하던 고구려군이 끝내 패전하고 온달마저 전사하게 되었다면, 그리하여 고구려군이 분노하며 반란을 일으키려 했다면, 이를 무마할 수 있는 이는 평강공주뿐이었을 것이다. 공주가 한 말은 온달의 시신이 아니라 온달을 따르던 고구려 군사들에게 한 것이 아니었을까.

140

절대 지배자가 사라진 고구려는 분열에 휩싸였다.

연개소문은 귀족일 뿐, 제도적 혹은 체제상 절대 지배자가 아니었다. 결국 그의 장기 독재는 고구려의 기본 통치체제를 구성하는 법과 제도를 무너뜨리는 결과를 초래했다. 그가 죽은 뒤 고구려가 혼란에 빠진 것은 어쩌면 당연한 일이었다.

당시 동아시아에서는 중국 중심 체제로 통일하려는 움직임과, 대략 서너 개 정도의 다원적 구조를 유지하려는 움직임이 충돌하고 있었다. 연개소문은 후자를 지키고자 노력하였는데, 그가 죽으면서 그 한계가 드러났다.

연개소문의 장남 남생男生과 동생 정토淨土는 시대의 변화를 받아들이자고 주장했고, 국경 방어선을 담당하던 요동과 대동강 이남 지방 세력들이 이에 적극 호응했다. 그러나 차남 남건男建은 고구려를 지켜야 한다고 맞섰다. 결국 두 세력이 충돌했고, 남건이 평양을 점령했다. 그러자 남생은 요동 세력들과 당에 투항하고, 정토는 대동강 이남 세력과 함께 신라에 투항했다. 고구려는 압록강 이남, 대동강 이북의 소국으로 전락했다. 그리고 마침내 668년, 당이 최후의 일격을 가했다. 중국 중심의 동아시아 질서에 저항하던 고구려의 최후였다.

25
역사에서 지워진 200년
대조영의 발해

교과서 속 한 줄 역사 대조영은 698년 발해를 건국하였다. 발해 지배층 중에는 고구려 유민이 많았으며, 피지배층은 말갈인이었다. 이후 발해는 고구려 문화를 계승하면서 당나라와 중앙아시아의 문화를 수용하였다.

우리 국사 교과서에는 아주 모순된 표현이 등장한다. '통일신라'와 '남북국시대'가 그것이다. 남과 북으로 분열된 상황에서 한쪽 나라를 '통일국가'라고 부를 수 있을까? 4강전에서 승리해 결승에 오른 두 팀 중 하나를 경기도 하기 전에 '챔피언'이라고 부르는 꼴이 아닌가.

이런 모순된 표현이 나오는 이유는, 우리 역사에서 발해가 매우 어정쩡한 위치에 놓여 있기 때문이다. 최근 중국의 동북공정 때문에 발해에 대한 관심도 부쩍 늘어나고 중국의 주장에 분노를 토로하기도 하지만, 솔직히 우리의 발해사 인식 수준은 조상님들께 죄송할 정도다. 도대체 발해는 우리에게 어떤 존재인가?

발해에 대한 기록이 없는 이유

발해는 오랫동안 우리에게 잊혀진 나라였다. 발해가 멸망한 926년 이후, 1784년 유득공이 《발해고渤海考》를 지을 때까지 우리 선조들은 800년 이상 발해에 대한 기록을 남기지 않았다. 《발해고》도 유득공이 청나라의 《만주원류고滿洲源流考》(1739)를 참고하여 지은 것으로 보인다.

우리 선조들은 왜 발해에 대한 기록을 남기지 않았을까? 두 가지로 추정해 볼 수 있다. 하나는 기록을 남겼지만 전해지지 않은 경우, 또 하나는 발해를 우리 역사로 인식하지 않았을 경우이다.

전자는 통상 억지 주장으로 받아들여진다. 하지만 꼭 그럴까? 현재 고려시대에 씌어진 역사서는 거의 전해지지 않는다. 고려시대 역사서 중 이전 시대를 저술한 통사는 《삼국유사》와 《삼국사기》뿐인데, 이 두 책에 수록되지 않았다고 해서 고려인들이 발해에 대한 기록을 전혀 남기지 않았다고 보는 것은 무리가 아닐까? 발해 유민들이 고려 땅에서 살았으므로 기록을 남겼을 가능성이 높고, 또 묘청처럼 고구려 계승을 표방한 세력들은 발해에 대한 인식을 갖고 있지 않았을까 싶다.

후자의 경우라면 어떨까? 이 경우 '우리'라는 말이 갖는 의미를 먼저 짚어 봐야 한다. 근현대사회에서 '우리'의 가장 기본적이고 중요한 단위는 민족이다. 하지만 전근대사회에서 민족은 오늘날처럼 절대적인 단위가 아니었다. 그보다는 왕조, 가문, 종족, 지역 등이 더 중요한

800년 무렵의 발해 영역과 5경의 위치.

단위였을 것이다.

역사의식은 한 번 단절되면 회복되기 어렵다. 가야 역사가《삼국유사》에 잠깐 나왔다가 700년 만인 최근에야 겨우 조금씩 우리 역사 속으로 들어오는 것처럼 말이다. 특히 조선시대에는 고려시대와 달리 고구려 계승 의식보다는 중국과의 관계를 강조하는 존화주의가 강했기 때문에, 오랜 기간 동안 발해는 우리와 단절되었을 가능성이 높다.

발해에 대한 인식은 병자호란 이후 북벌론과 실학을 통해 기초적인 근대 민족의식이 성장하면서부터 다시 부활했을 것이다. 그리고 근대 문화와 의식이 발전하면서 발해는 점차 '우리'로 다가왔을 것이다.

대조영이 한민족이었을까

물론 지금까지도 발해에 대한 우리의 생각은 완전히 정리되지 못했다. 여전히 몇 가지 논쟁이 존재하는데, 대표적인 것이 왕조의 혈통 문제, 그리고 지역사와 민족사의 문제 등이다.

발해 왕조의 혈통 문제란 '대조영이 과연 한민족인가?'라는 것이다. 기록에 대조영은 '고구려의 별종'이라고 되어 있다. 별종이란 말을 어떻게 해석해야 할지 의견이 분분하지만, 고구려는 다양한 종족과 민족이 활약한 다문화 사회였으므로 우리와는 다른 계통의 종족이었을 수도 있다.

한데 대조영의 혈통이 그렇게 중요한 문제인가? 예전에 명나라 만력제 무덤을 발굴할 때 노란색 수염이 있는 유골이 나왔다. 혼혈인 것이다. 하지만 만력제가 혼혈이라고 해서 명나라를 혼혈 왕조라고 하지 않는다.

두 번째로 서양사와 한국사의 차이에서 비롯된 지역사 개념 문제

 신라인은 발해를 어떻게 생각했을까?《삼국사기》〈열전〉 '최치원조'에 실려 있는 글을 보자.

"고구려의 유민이 모여 북으로 태백산 아래를 근거지로 하여 나라를 세워 발해라 하였습니다. 개원 20년(발해 무왕 14)에 중국을 원망하고 한스럽게 여겨 군사를 거느리고 등주를 갑자기 습격하여 자사 위준을 살해하였습니다. 이에 황제께서 크게 노하여 (중략) 군사를 징발하여 바다를 건너 칠 때 우리 왕 김모를 정태위 지절 충영해군사 계림주 대도독正太尉持節充甯海軍事雞林州大都督에 임명하여 참전하게 하였으나 깊은 겨울 눈이 많이 쌓이고 양국 군대가 추위에 시달리므로 회군을 명하셨습니다. 그 후 지금까지 300년 동안 무사하고 평화로우니 이는 곧 우리 무열왕의 공 때문입니다."

이 글은 최치원이 당나라 문하시중에게 바친 것이다. 최치원은 발해가 고구려의 유민이 세운 나라라는 점, 그리고 태종무열왕이 당과 외교 관계를 열어 백제와 고구려를 정복한 뒤 평화가 왔다는 점을 말하고 있다. 곧, 발해를 고구려의 연장이자 신라가 통일하려 한 삼국의 연장으로 보고 있음을 알 수 있다.

를 살펴보자. 서양은 국가 영토가 끊임없이 변했기 때문에 따로 '지역사'라는 개념이 있다. 반면 한민족의 역사는 대부분 한반도에서, 일본족의 역사는 일본에서 이루어졌으므로 지역사 개념이 상대적으로 희박하다.

그러나 만주는 좀 다르다. 특정 국가의 역사라고 할 수 없는 지역이다. 유럽의 프랑스처럼 여러 문화가 부딪히고 융합하는 중간 지대였다. 그래서 많은 학자들이 만주의 역사는 지역사로 이해하는 것이 옳다고 주장한다. 이 경우 고구려사나 발해사는 만주 지역사의 한 부분이 된다. '중국사'나 '한국사' 같은 국가사와 지역사 개념이 어떻게 공

발해는 왜 멸망했을까? 발해의 멸망 원인에 대해서는 여러 가지 설이 있다. 교과서에서는 귀족 내부의 권력투쟁으로 나라가 혼란스러워진 상태에시 기란의 공격을 받이 멸망했디고 설명한다. 하지만 이에 반론을 제기하는 사람들도 있다. 나라가 망할 정도로 심각한 내부 혼란을 겪었다는 기록이 별로 보이지 않기 때문이다.
그렇다면 발해가 멸망한 원인은 무엇일까? 백두산 화산 폭발의 영향이라는 주장이 흥미롭다. 백두산의 지질을 분석한 결과 발해가 망한 900년대에 폭발이 있었으며, 그로 인한 기후변화로 농사가 큰 타격을 입었다는 것이다. 농사를 망치면 세금을 제대로 걷지 못해 나라 재정이 악화되고, 유랑하는 민중들 때문에 군역이 어지러워져 국방이 약화된다. 이럴 때 외적이 쳐들어오면 막아 내기 어렵다. 그때 정말 백두산이 폭발했는지, 또 그 폭발이 이상기후를 일으킬 정도로 강력했는지는 확실하지 않다. 다만 최근 백두산이 다시 폭발할 것이라는 예상과 함께, 발해 멸망과 백두산 화산 폭발에 대한 관심도 점차 커지고 있다.

존할 수 있는지의 문제는 여전히 남지만, 동아시아 역사를 이해하는
데 매우 중요한 개념임은 분명하다.

　발해사는 아직 우리에게 미지의 영역이다. 중국의 동북공정에 대
응하는 차원에서 일시적인 관심을 갖기보다는, 동아시아에서 만주가
갖는 위치까지 포함하여 좀 더 폭넓게 이해하고 연구하는 것이 바람
직한 자세일 듯싶다.

26
유랑민들의 슬픈 영웅
당나라의 고선지

교과서 속 한 줄 역사 교과서에서는 고구려 멸망 직후 유민들의 고구려 부흥운동은 다뤄도, 그 외 고구려나 백제 유민들에 대해서는 언급하지 않는다. 하지만 백제의 흑치상지와 고구려의 고선지, 이정기는 중국 기록에 백제인·고구려인으로 따로 기록될 정도로 잘 알려져 있다.

"억울하다. 이건 모함이야. 너희들은 큰 죄를 짓고 있어. 이러고도 당나라가 무사할 것 같으냐!"

755년 겨울, 차가운 북풍이 몰아치는 동관潼關 언덕배기에서 백발이 성성한 노장이 고함을 질렀다. 하지만 당 현종의 칙명을 받고 온 환관 변영감은 차가운 미소를 지었다.

"네가 감히 황제의 칙명을 받은 나를 능멸하고 무사할 줄 알았느냐."

마침내 망나니의 칼이 떨어지고 노장의 목이 잘렸다. 곧 환갑을 앞둔 백전노장 고선지, 양귀비로 인한 혼란을 틈타 일어난 '안록산의 난'을 진압하러 나섰던 그는 오히려 모함을 받아 이렇게 죽고 말았다.

"개똥 같은 고구려 놈"

고선지는 고구려인이다. 고구려를 멸망시킨 당은 고구려인의 사나운 기세를 억누르고자 수십만 명의 고구려인들을 중국 여기저기로 끌고 가 흩어져 살게 했다. 고선지의 할아버지도 그렇게 끌려와 중국에 정착했다. 아마도 고구려 멸망 이후에 태어났을 고선지의 아버지 고사계는, 노예처럼 비참한 유민의 삶에서 벗어나고자 무예를 연마했다. 전쟁에서 공을 세우는 것만이 유일한 탈출구였기 때문이다.

고선지도 아버지의 뜻에 따라 무예를 연마하여 20세 때 장군이 되었다. 그는 실크로드를 장악하고 서역과의 무역을 관할하는 안서도호부에 근무하며 실전 경험을 쌓았다. 직선적인 성격에 용맹하고 과감한 고선지 장군은 종종 상관과 마찰을 빚었는데, 그때마다 고구려 유민이라는 이유로 서러운 꼴을 당했다. 군사 수천을 이끌고 전쟁에 나가 큰 공을 세우고 돌아왔을 때도 그의 상관 부몽영찰은 "개똥 같은 고구려 놈"이라고 욕했을 뿐이다. 그럴 때마다 고선지는 더 큰 공을 세워 출세할 꿈을 키웠다.

747년, 티베트(토번)와 사라센 제국이 동맹을 맺고 당나라를 압박하기 시작했다. 실크로드를 둘러싼 동방과 서역의 전면전이 시작된 것이다. 이때 고선지는 행영절도사에 임명되어 1만 군사를 이끌고 출전했다. 당시 티베트군은 파미르 고원 위의 연운보에 주둔하고 있었다. 연운보는 절벽과 계곡 속에 자리한 천혜의 요새였다. 그곳에 도달하려면 4~5천 미터의 파미르 고원, 높이 600미터에 달하는 계곡, 얼어붙은 빙하와 급류를 지나야 했다.

고선지는 군사들을 이끌고 그 험한 곳들을 돌파하기 시작했다. 병사들은 고산병과 낯선 지방의 풍토병에 시달리면서 행군을 계속했다. 마침내 "장군, 왜 우리를 이런 곳으로만 이끄십니까?"라는 병사들의 한탄이 터져 나왔다. 그러면서도 병사들은 도망치지 않고 계속 고선지를 따랐다. 평소 병사들에게 아낌없이 베풀고 그들을 보살핀 장군에 대한 의리 때문이었다.

결국 고선지 장군은 연운보를 격파하고 힌두쿠시 준령을 넘어 소발율국의 수도를 점령했다. 이로써 사라센 제국과 티베트의 연결은 끊어졌다. 고선지가 이끄는 당군이 인도 북부 지방까지 들어오자 놀란 인근의 대소 72국이 항복해 왔다. 정벌을 마치고 돌아온 고선지는 '특진겸좌금오대장군동정원特進兼左金吾大將軍同正員'이라는 긴 이름의 고위 관직을 받았다.

고선지는 이어 750년 제2차 원정에서 지금의 타슈켄트 지방의 석국을 정복하고 국왕을 포로로 잡아 오는 전과를 올렸다. 하지만 석국 국왕이 처형당하면서 분위기가 반전되었다. 서역의 여러 나라들과 사라센 제국이 위기감을 느끼고 단결하여 대군을 일으킨 것이다. 고선지는 대규모의 당나라 군대를 이끌고 나가 탈라스 평원에서 맞붙었다.

고대 역사상 가장 유명한 동
서東西 대전인 탈라스 전투에
서 동방의 당군을 이끌고 싸
운 이가 고구려인 고선지다.

탈라스 전투와 안록산의 난

'탈라스 전투', 고대 역사상 가장 유명한 동서 대전이자 종이 제조술
을 비롯한 동서 문화 교류의 장이 된 바로 그 전투이다. 당시 서역 군
대와 고선지의 군대는 모두 여러 나라 군대가 모인 동맹군이어서 기
록마다 그 규모는 다르지만 대략 서역은 3~10만 이상, 당군은 2~7만
사이로 추정된다. 이 전투에서 고선지는 패하고 만다. 동맹군 일부가
배신하여 배후를 공격한 탓이다.

패전하고 돌아온 고선지는 사실을 은폐하려고 했다. 고구려 유민
은 백 번을 이겨도 한 번 지면 죽음을 면하기 어려웠다. 다행히 그를
비호하는 장군들의 변호와 당 현종의 현명한 판단으로 고선지는 별
다른 처벌을 받지 않았다. 하지만 그는 두 번 다시 서역으로 출전할
수 없게 되었다.

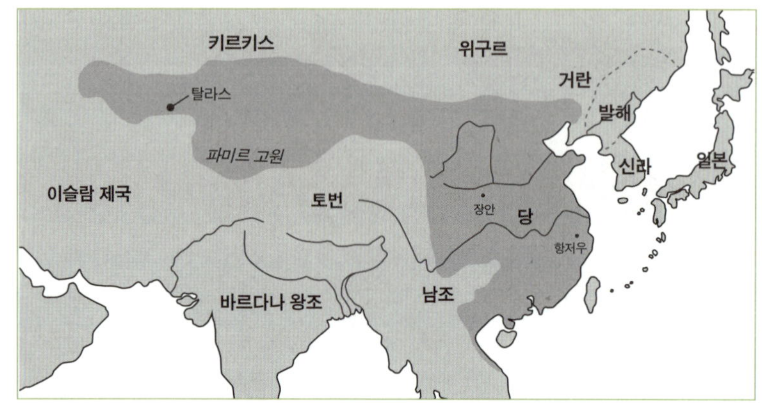

751년 당과 이슬람이 격돌한 탈라스의 위치. 현재 키르기스스탄 서북부 지역인데, 이곳에서 서쪽으로
90킬로미터 떨어진 카자흐스탄의 잠불 근처라는 주장도 있다.

이후 755년, 양귀비에 홀린 당 현종의 실정을 틈타 안록산이 반란
을 일으켰다. 수도 장안으로 반란군이 물밀 듯 쳐들어올 때, 이들을
막으라는 임무를 부여받은 사람은 고선지의 부하였던 절름발이 장군
봉상청이다. 봉상청은 지혜롭고 전술이 뛰어니 고선지의 원정 때미
다 큰 공을 세운 인물이었다. 하지만 봉상청도 반란군의 무서운 기세
를 당해 낼 수 없었다. 참패한 봉상청은 고선지를 찾아갔다.

고선지는 토적부원수가 되어 봉상청과 교대하여 반란군을 막았다.
그는 장안으로 들어오는 길목인 동관에 군대를 주둔시켰다. 동관은
'한 명의 병사가 이곳을 지키면 만 명의 군대도 뚫을 수 없다'고 할 만
큼 천혜의 요새였다. 반란군이 이곳에서 발이 묶여 반년이나 허송세
월하는 사이, 장안의 현종과 양귀비는 한숨을 돌렸다.

그러나 고선지의 운명은 여기까지였다. 현종이 파견한 환관 변영

152

성이 황제의 위세를 앞세워 사사건건 고선지의 군대 운영에 간섭했다. 곧은 성격의 고선지는 변영성과 충돌했고, 봉상청의 중재로 겨우 위기를 넘기고 있었다. 그러다 봉상청이 황제를 만나러 간 사이 두 사람은 크게 충돌했고, 변영성은 고선지와 봉상청이 군수품을 빼돌려 사사로이 사용한다고 모함했다.

고선지와 봉상청이 처형당한 뒤 동관은 얼마 버티지 못하고 무너졌으며, 당나라 수도 장안도 함락되었다. 양귀비는 피난을 가다 병사들에게 피살당했고, 현종은 아들에게 양위하고 쓸쓸히 말년을 마쳤

또 다른 '난세영웅' 이정기 고선지가 죽고 3년 뒤인 758년, 당나라 평로에서 군인들이 희일이라는 사람을 군사로 추대했다. 이때 이정기라는 20대 청년 고구려인이 처음 이름을 드러낸다. 희일의 외가 쪽 동생뻘인 이정기는 그와 함께 전공을 세우고 절충장군으로 승진했다. 당시 중국은 안록산의 난 중이어서 영웅이 등장하는 시기였다. 마침내 희일이 도망치자 이정기가 평로치청절도사의 자리에 올랐다.

안록산의 난 이후 당나라는 절도사들이 독립하여 왕처럼 행세했다. 이정기 역시 청주 일대의 절도사로서 왕 노릇을 했다. 오늘날 일부 학자들이 고구려의 부활이라고 표현할 정도의 위세였다. 한때 이정기는 중국 동부 지방의 가장 강력한 권력자로서 일본, 발해와 무역을 하고 10만에 달하는 대군을 운영했다.

이정기에 위기감을 느낀 당나라 정부는 여러 차례 산동 지방을 공격했지만 번번이 패하였다. 이정기의 나라는 그가 49세의 나이에 황달로 죽을 때까지 중국 동부의 가장 강력한 독립 세력으로 존재했다. 이정기 사후 그의 세력은 결국 사멸했지만, 이정기의 활약은 우리 해외 이주민 역사에서 중요한 사건임이 틀림없다.

다. 내분으로 반란군이 스스로 무너지지 않았다면 당은 이때 멸망했을지도 모른다.

　고선지는 고구려가 멸망하고 30년이 지난 후에 태어났다. 고구려를 계승한 발해가 건국되었지만 그는 발해와 상관없는 사람으로 살았다. 고선지는 당나라에 충성을 바쳤고, 당나라를 위해 큰 전공을 세웠다. 하지만 고구려 유민이라는 꼬리표가 항상 그를 따라다녔다. 중국의 공식 역사 기록인 《구당서》와 《신당서》에도 그는 '고구려인'으로 기록되어 있다. 살아생전 많은 이들에게 시기와 모함을 받았던 고선지 장군. 당나라의 고구려인은 고달픈 존재였다.

　영국의 탐험가 슈타인은 고선지의 군대가 파미르 고원을 넘은 것을 두고 "나폴레옹이 알프스 산맥을 넘은 것보다 더 위대한 원정"이라고 평가했다. 고선지의 위대한 업적은, 그가 유민이라는 신분적 한계를 뚫고 이룬 것이기에 더욱 빛이 난다.

27

만파식적에 감춰진 핏자국

신라 신문왕

삼국 통일의 영웅 문무왕이 죽고 그 아들 신문왕(재위 681~692)이 즉위했다. 사람들은 신문왕의 장인인 김흠돌의 세상이 왔다고 수군거렸다. 김흠돌은 최고 귀족 출신으로 신라가 고구려를 멸망시킨 668년 평양 공격 때 신라군을 진두지휘한 지휘관 중 한 명이었다. 게다가 왕의 장인까지 되었으니 그 위세가 얼마나 대단했겠는가!

장인을 반역죄로 몰아 죽이다

신문왕은 이런 상황이 영 탐탁지 않았다. 그는 강력한 왕권을 토대로 나라를 재정비하려 했다. 삼국 통일 과정에서 많은 공신들이 생겨나면서 귀족 권력이 강해졌고, 신문왕이 즉위하기 5년 전까지 통일전쟁과 나당전쟁을 치르면서 민심도 흉흉했다. 이 문제를 해결하려면 강력한 왕권이 필요했다.

장인 김흠돌은 그런 측면에서 걸림돌이었다. 귀족들이 김흠돌을 찾아가 인사하고 정치를 논한다는 소식이 계속 들려왔다. 김흠돌은 조심스럽게 처신했지만, 본인이 조심한다고 될 일이 아니었다.

신문왕은 고민 끝에 결단을 내렸다. 그는 왕위에 오른 지 겨우 한 달 만에 전격적으로 장인 김흠돌을 잡아들였다. 죄목은 반역죄였다. 그리고 신하들의 반대를 무릅쓰고 김흠돌을 처형하고, 왕비도 폐위시켜 쫓아냈다.

일순 분위기가 살벌해졌다. 신문왕은 여기서 멈추지 않았다. 그는 국방부 장관에 해당하는 병부령 김군관을 불러들였다.

"너는 병부령이고, 심흠돌이 반란을 계획했음을 알면서 왜 내게 알리지 않았는가?"

"……"

김군관에게 대답할 말이 있을 리 없었다.

"너는 아들과 함께 당장 목숨을 끊으라!"

추상같은 호령과 함께 둘의 목숨도 날아갔다. 그리고 연이어 수많은 귀족들이 숙청당했다. 많은 이들이 죽고 감옥에 가거나 추방당했다. 피비린내 나는 숙청 정국이었다.

정치적 안정이 부른 100년간의 황금기

이제 왕의 권위에 도전하는 귀족은 아무도 없었다. 신문왕은 마음 놓고 정책을 펼쳤다. 교과서에 나오는 9주 5소경과 9서당 등 통일신라의 각종 제도들은 이때 만들어져 시행된 것이다. 이는 이후 100여 년 동안 찬란한 문화를 꽃피우는 신라 중대中代의 기틀을 닦는 작업이었다.

신라는 중대 100년간 엄청난 경제적 번영과 문화적 업적을 이룩했다. 정교한 예술과 과학의 극치를 보여 주는 석굴암, 석가탑과 다보탑을 품은 불교 건축의 정수 불국사도 이때 만들어졌다. 경주 사람들이 모두 기와집에 살며 숯으로 밥을 해 먹었다는 기록이 있을 정도로 신라인의 생활은 풍요로웠다. 통일 이전까지 고구려든 신라든 왕궁과 절이 아니면 기와를 올리지 못했던 것에 비하면 엄청난 발전이었다.

이 모든 것은 강력한 왕권에 기반한 정치적 안정에서 비롯되었다. 《삼국유사》의 '만파식적 설화'는 이를 잘 보여 준다. 동해 용왕이 신문왕에게 신령스러운 피리인 만파식적을 바쳤다는 이야기인데, 이

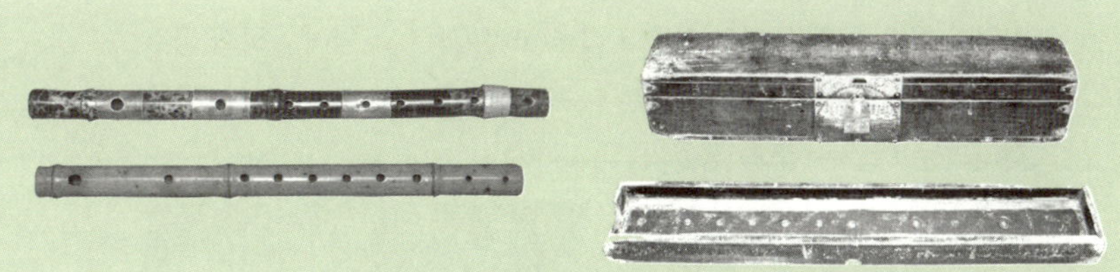

현재 국립경주박물관에 소장되어 있는 '신라 옥적玉笛'(왼쪽)과 옥피리 보관함. 비록 신문왕이 동해 용왕에게 얻었다는 대나무 피리는 아니지만, 옥피리도 신령한 물건으로 여겨졌다 한다.

는 왕이 용왕 같은 영적 존재까지 지배할 정도로 막강한 권력을 지녔음을 의미한다. 귀신(혹은 중)이 공주와 간통하며 왕의 목숨을 노렸다는 5세기 말 소지왕 대 전설이나, 선덕여왕의 목숨을 노린 천 년 묵은 여우를 불법佛法으로 퇴치했다는 7세기 설화와 비교해 보면 확실히 그 차이를 알 수 있다.

권력과 정치는 정말 필요악일까? 장인을 반역죄로 몰아 죽여야 할 정도로? 통일신라 중대, 그 화려한 100년 역사의 기틀을 닦았다는 신문왕의 업적 뒤에 존재하는 잔인한 피의 역사를 어떻게 평가해야 할까?

소지왕 "거문고 갑을 쏘아라!" 2012년 개봉된 최동훈 감독의 영화 〈전우치〉는 사금갑射琴匣(거문고 갑을 쏘아라) 설화를 모티프로 하고 있다. 《삼국유사》〈기이紀異〉 편에 나오는 5세기 소지왕 대의 설화이다. 소지왕이 우연히 만난 한 노인에게 글이 담긴 봉투를 얻었는데, 겉봉에 "이를 떼어 보면 두 사람이 죽을 것이요, 떼어 보지 않으면 한 사람이 죽을 것이다."라고 씌어 있었다. 왕이 떼어 보지 않으려 하자, 점치는 이가 와서 "'두 사람'은 보통 사람을, '한 사람'은 왕을 말하는 것입니다." 하였다. 마침내 왕이 겉봉을 떼어 보니 안에 "거문고 갑을 쏴라."라고 씌어 있었다. 왕이 궁에 들어가 거문고 갑을 쏘니, 과연 그 안에서 중과 궁주宮主가 비명을 질렀다. 봉투를 열어 보지 않으면 한 사람, 즉 왕이 죽을 것이라는 예언은 중과 궁주가 왕의 목숨을 노렸다는 뜻이다. 소지왕 때에는 궁궐 내부에서도 왕이 안전하지 못할 정도로 권력이 위태로웠음을 알 수 있다.

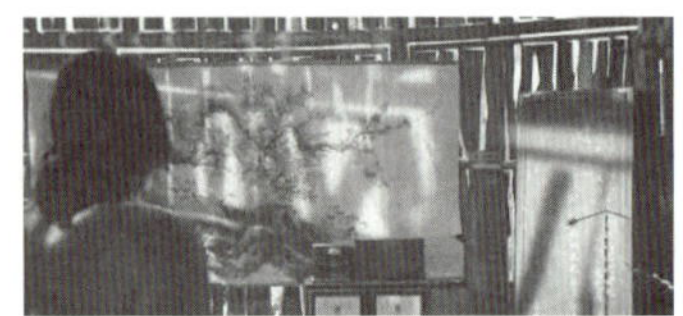

28

한국 불교사의 두 거성巨星
신라 원효와 의상

교과서 속 한 줄 역사 귀족 중심의 불교는 통일신라기에 접어들며 일반 백성들에게도 널리 퍼져 나갔다. 이러한 불교 대중화에 크게 공헌한 인물이 원효였다. 통일신라기를 대표하는 또 다른 승려인 의상은 모든 존재는 상호 의존적인 관계이면서 서로 조화를 이루고 있다는 화엄사상을 정립하였다.

삼국 간 전쟁이 절정에 달해 온 세상이 아비규환에 빠져 있던 650년 어느 날. 1년 전 백제와 신라의 전투가 벌어져 수천 명이 목숨을 잃은 충청도 진천(석토성) 근처 산속에서 억수같이 쏟아지는 비를 뚫고 젊은 스님 둘이 굴로 급히 몸을 피했다. 중국으로 가는 항구를 찾아 내려오다 길을 잃은 스님들은 굴속에서 하룻밤을 보낼 요량이었다.

스님들은 대충 마른자리를 찾아 피곤한 몸을 뉘였다. 얼마쯤 잤을까? 목이 몹시 말라 눈을 떠 어두운 굴속을 더듬으니 물이 담긴 바가지가 손에 잡혔다. 둘은 물을 나눠 마시고 다시 잠을 청했다.

태종무열왕이 원효를 비호한 까닭

다음 날 아침, 잠에서 깨어 굴을 둘러본 두 사람은 대경실색했다. 그곳은 굴이 아니라 무덤이었고, 그들이 마신 물은 해골 속에 고인 썩은 물이었다. 황급히 무덤 밖으로 빠져나온 두 사람은 뱃속의 모든 것을 다 토해 내고 말았다. 겨우 속을 진정시키고 다시 길을 나서려는데, 문득 한 스님이 멈춰 서서 말했다.

"어제 굴은 아늑하고 따스했으며 어젯밤 마신 물은 시원하고 달았습니다. 그런데 오늘 무덤 속은 무섭고 음산했으며 물은 역겨웠습니다. 모든 것이 마음에 달린 것이요(일체유심조一切唯心造), 진리는 밖에서 찾을 것이 아니라 내 안에서 찾아야 하는 것입니다. 이제 깨달았으니 중국에 갈 필요가 없을 것 같습니다."

결국 그 스님은 신라로 돌아갔고, 다른 스님은 중국 유학길에 올랐다. 이때 신라로 돌아와 불교 대중화를 이루고 요석공주와 동침하여 설총薛聰을 낳은 스님이 원효대사이고, 중국에 가서 유학하고 돌아와 신라 화엄종을 일으키고 수많은 사찰을 건립한 스님이 의상이다.

원효는 6두품 설씨 가문 사람으로 지방(지금의 경산) 출신이었다. 귀족치고는 한미한 출신이어서 스스로 찾아

태종무열왕의 딸인 요석공주와의 파격적인 로맨스로 유명한 원효는 6두품 설씨 가문 출신이었다.

서 공부하고 수행하는 데 익숙했다. 그러다 보니 잘나가는 귀족 출신 스님들에게 배척당하고 무시당하기도 했다. 또 민중의 고통을 잘 알고 그들과 어울리다 보니 엄격한 계행을 지키지 않는 경우가 종종 있어 교단의 비난을 받곤 했으며, 국가 차원의 법회인 백고좌회百高座會 참석을 거절당하기도 했다.

하지만 원효의 사상은 오히려 정부로부터 환영받았다. 통일전쟁으로 고통 받는 백성을 위로하는 데 그가 적임이었기 때문이다. 그래서 신라 정부는 원효를 비호하고 후원했으며, 원효 역시 정부에 적극 협력했다. 이를 보여 주는 것이 요석공주와의 관계이다.

원효가 거리를 쏘다니며 노래하기를 "누가 나에게 자루 없는 도끼를 준다면, 내가 하늘을 버틸 기둥을 깎으련다." 하였다. 노래를 전해 들은 태종무열왕이 "귀부인을 얻어 나라의 인재를 낳고자 하는구나." 하며 자신의 딸인 요석공주를 소개시켜 주어 마침내 '신라 십현十賢'으로 꼽히는 설총을 낳았다고 한다.

의상의 부석사 전설

반면 의상은 진골 출신으로 서울에서 태어났다. 원효보다 여덟 살 어린 그는 스님으로 대성하고자 중국 유학을 떠났다. 650년 처음 원효와 함께 길을 나섰을 때는 우여곡절 끝에 실패하고 돌아왔지만, 그로부터 10년 후 당에 유학하여 화엄경의 오묘한 이치를 깨우쳤다. 그는 고구려 멸망 이후 당이 신라를 침공할 계획을 세운다는 정보를 듣고 급히 귀국하였다.

귀국한 이후 의상은 신라 화엄종을 개창했다. 당시 신라 불교계는 왕의 후원을 받는 원효, 밀교의 호국적 주문으로 나당전쟁을 이끌던 명랑 등 여러 스님들이 활약하고 있었다. 의상은 민중들을 교화하고 구제하는 데 노력을 기울였다. 그래서 문무왕이 궁궐을 넓히거나 새로 지으려 할 때 "여러 사람을 수고스럽게 한다면 장성을 쌓아도 재앙이 그치지 않을 것"이라며 만류했다. 아무래도 의상은 왕과는 약간 거리를 두는 듯했다.

원효와 의상, 두 사람은 모두 삼국 통일 시기에 고통 받는 민중을 구제하려고 노력했다. 원효가 '나무아미타불'을 외우면 극락에 갈 수 있다며 불교 대중화로 희망을 주었다면, 의상은 전쟁의 위기에서 나라를 구하고 왕에게 간언하여 백성들의 고통을 줄여 주려고 노력했다.

신라십성+聖·신라십현+賢 '신라십성'은 흥륜사에 모셔져 있던 신라의 유명한 스님 열 분을 말한다. 아도阿道, 염촉厭觸(이차돈), 혜숙惠宿, 안함安含, 의상義湘, 표훈表訓, 사파蛇巴, 원효元曉, 혜공惠空, 자장慈藏이다. 대부분 신라 초기 포교에 큰 공을 세운 스님들로, 흥륜사의 자의적 기준에 따라 모셔진 이도 있다. 이 중 표훈대덕表訓大德은 의상의 제자이자 신라의 마지막 성인으로, 영화 〈전우치〉에서 피리의 주인공으로 그려졌다. '신라십현'은 설총薛聰, 최치원崔致遠, 최승우崔承祐, 최언위崔彦撝, 김대문金大問, 박인범朴仁範, 원걸元傑, 왕거인王巨仁, 김운경金雲卿, 김수훈金垂訓을 가리킨다. 대부분 신라 말 신라 왕실에 저항했던 개혁적 유학자들이거나 당나라 빈공과에 합격하여 국제적으로 이름을 떨친 유학자들이다. 신라 중대의 학자로는 설총과 김대문이 포함된다.

일본 고산사 소장 《화엄종조사연기회권》 제1권에 실린 의상 대사 그림. 의상이 중국에서 귀국할 때 선묘가 용이 되어 의상이 탄 배를 신라까지 인도했다는 전설을 담고 있다.

그런데 둘은 결정적인 차이가 하나 있었으니, 바로 제자 양성이다. 원효는 제자를 키우지 않고 종단도 만들지 않았다. 반면 의상은 '의상 십철義湘+哲'이라 불리는 제자들을 키우고 화엄종의 개창자로서 종단을 이루었다. 그래서 원효는 사후 한동안 잊혔다가 고려 때부터 조명을 받았고, 의상은 신라의 중요한 스님으로서 내내 존경받았다. 이런 차이를 보여 주는 것이 전설이다.

원효는 전설이 거의 없다. 요석공주 이야기 등에서 보이는 그의 기이한 행태는 모두 역사적 사실일 가능성이 높다. 반면 의상은 전설이 많다. 대표적인 것이 선묘 설화이다. 선묘는 의상이 중국에서 유학할 때 그를 짝사랑했던 여인이다. 그녀는 의상에게 지극정성이었지만, 의상은 그녀를 거들떠보지도 않았다. 애를 태우던 선묘는 의상이 급히 귀국하자 바다에 나아가 망연히 바라보다 자살하고 만다. 그날 밤 의상의 꿈속에 선묘가 나타나 "당신을 수호할 용이 되겠어요."라고 말했다. 그로부터 몇 년 후, 의상이 절을 지으려는데 반대파 사람들이 훼방을 놓아 어려움을 겪었다. 그때 갑자기 거대한 돌이 하늘로 떠올라 방해꾼들을 위협해 몰아냈으니, 선묘의 용이 행한 기적이었다. 이것이 바로 부석사浮石寺의 유래다. 이는 의상의 제자들이 의상을 신비화하는 과정에서 생긴 전설일 것이다.

원효와 의상은 비록 그 출신과 사상은 달랐어도, 삼국 통일 이후 신라 불교를 완성하고 대중화했다는 공통점이 있다. 이는 셋으로 갈라져 있던 한국 불교가 하나가 되고, 정치적이기만 했던 불교가 진정한 종교로 거듭나는 과정이기도 했다. 원효와 의상은 1,500년 한국 불교 역사에서 지워지지 않을 큰스님들이다.

29
신성神性을 잃고 비틀거리는 신라
신라 혜공왕

신라 35대 경덕왕(재위 742~765)은 나이가 들도록 자식이 없었다. 머리를 싸매고 고민하던 그는 고승 표훈대사에게 물었다.

"대사는 정말 하늘나라 상제上帝(옥황상제, 하늘님)를 만날 수 있소?"
"그렇습니다."
"그렇다면 상제에게 내 아들 하나만 점지해 달라 하시오."

왕의 부탁을 받은 대사는 하늘에 가서 상제를 만났다. 상제는 아들은 안 되고 딸만 된다고 대답했다. 상제의 뜻을 전하자, 왕이 다시 가서 아들로 바꿔 달라고 부탁하라 했다. 대사가 상제에게 가서 다시 부탁하니 상제가 고개를 저으며 말했다.

"대사가 부탁을 하니 아들로 바꾸어 줄 것이나, 이로 인해 신라는 큰 혼란에 빠질 것이다. 또 사람이 지상과 하늘을 오가며 질서를 어지럽히니 대사는 절대 다시 오지 말라."

얼마 뒤 정말 아들이 태어났다. 그가 바로 혜공왕이다.

남색과 음란함이 지나쳐

《삼국유사》에 나오는 혜공왕(재위 765~780)의 탄생에 얽힌 이야기다. 여자로 태어날 사람이 남자로 태어났다니, 이게 무슨 말인가? 혜공왕은 여덟 살 어린 나이에 왕위에 올랐는데, 여자 노리개와 여자 옷을 입고 남색을 취했으며, 도사들을 불러 이상한 놀이를 즐겼다고 한다. 《삼국사기》에도 왕이 노래와 음란함이 지나쳐 민심을 잃었다고 기록되어 있다.

8세기 중대의 신라 왕은 신적인 인물이었다. 만파식적 설화나 혜공왕

771년 혜공왕 대에 완성된 '성덕대왕신종'(봉덕사종). 일명 '에밀레종'이라 불리는 이 종은 혜공왕의 아버지 경덕왕이 아버지 성덕왕의 공덕을 알리고자 만들기 시작하여 그 아들 대에 완성되었다.

탄생 설화에서 알 수 있듯, 왕은 용왕이 복종하고 상제도 그 부탁을 거절하지 못할 정도로 절대적인 권능을 가진 존재였다. 석굴암 불상의 얼굴이 사실은 신라 왕의 얼굴이라는 주장도 이런 맥락이다. 신라 왕은 여러 신을 거느린 유일신이었던 것이다.

이토록 전지전능한 왕이 트랜스젠더라고? 신라 귀족들로서는 용납하기 어려운 일이었다. 신하들은 하늘이 신라 왕을 버렸다고 주장하며 반란을 일으켰다. 혜공왕 재위 15년 동안 무려 5차례나 반란 사건이 터졌고, 마침내 왕이 피살되기에 이르렀다.

3년간 무려 세 명의 왕이

혜공왕을 죽이고 새로 즉위한 왕은 선덕왕宣德王(재위 780~785)이다. 선덕왕은 8세기 100년 동안 왕위를 차지하고 있던 무열왕계가 아니라 내물왕계였다. 무열왕계가 신성을 잃었으니 다른 계통의 김씨 왕족도 왕이 될 수 있다는 의미였다.

이로써 8세기 신라 중대가 마감되고 하대가 시작되었다. 하대는 왕이 신성을 잃은 시대, 곧 인간이 왕을 하는 시대였다. 이는 누구나 왕이 될 수 있다는 뜻이니, 이때부터 권력 있는 귀족들이 서로 왕이 되겠다며 반란을 일으켰다.

왕위 쟁탈전이 가장 심했던 시기는 9세기 중엽 희강왕(재위 836~838) 즉위 이후 약 3년간이다. 장보고가 활약한 시기로 유명한 이때, 희강왕은 흥덕왕이 죽고 일어난 왕위 쟁탈전에서 승리하여 즉위했다. 그러나 2년 뒤인 838년 희강왕은 자신을 지지하던 김명(민애왕) 등이 난을 일으키자 자살했고, 838년 즉위한 민애왕은 불과 1년 뒤 김양 (신무왕) 등에게 살해당했다. 839년 즉위한 신무왕은 왕이 된 지 6개월 만에 쓰러져 죽었다. 3년 동안 세 명의 왕이 죽고 죽이는 대난투극이 벌어졌다. 이러한 혼란이 무려 100년 동안 이어지면서 신라는 서서히 무너져 갔다.

고대 정치는 신성한 존재인 왕이 혼자 모든 걸 책임지고 이끌어 가는 전제 왕정 체제였다. 따라서 왕에게 문제가 생기면 나라 전체가 걷잡을 수 없이 흔들렸다. 왕위는 세습되는 자리이므로 미리 문제를 예측하고 대비할 수도 없었다. 우연한 사건에도 나라의 흥망이 좌우될 수 있는 취약한 체제였다.

그리하여 이제 세상은 책임을 조금 더 분산하는 체제, 귀족정치의 시대로 나아간다. 바로 고려시대다.

30
숨 막히게 엄격한 차별의 메커니즘
골품제

교과서 속 한 줄 역사 신라에는 혈연에 따라 사회적 제약을 가하는 골품제도가 있었다. 골품은 신라 사회에서 개인의 사회 활동과 정치 활동의 범위까지 엄격히 제한했다. 골품제도는 가옥의 규모와 장식물은 물론, 복색이나 수레 등 신라인의 일상생활을 규제하는 기준으로 오랫동안 유지되었다.

"신라에서는 사람을 등용하는 데 골품을 따지기 때문에 그 족속이 아니면 비록 큰 재주와 뛰어난 공이 있어도 그 한계를 넘을 수가 없다. 나는 중국으로 가서 세상에서 보기 드문 지략을 드날려 특별한 공을 세워 스스로의 힘으로 관직에 올라 천자의 측근에 출입해야 만족하겠다." – 《삼국사기》 〈열전〉 '설계두' 편

신라 진평왕 때 6두품 귀족 가문 자손 중에 '설계두'라는 사람이 있었다. '계두'라면 닭대가리? 설마 그럴 리가. '우물물 계澗' 자에 '머리

두頭' 자를 쓰니 '지혜가 샘솟는 사람'이란 뜻일 것이다. 그런데 이 친구, 머리가 너무 좋아서 탈이었다. 6두품은 골품제에 따라 출세에 제한을 받았는데 그의 재주가 그것을 넘어섰기 때문이다.

빈공과 합격자 최다 배출국의 의미

반체제 지식인이랄까? 설계두는 뜻을 펼치고자 당나라로 건너갔지만 썩 좋은 선택은 아니었던 것 같다. 그는 당나라에서 20년 동안 이런저런 일을 했지만 미관말직을 전전했던 모양이다. 마침내 645년 당 태종이 고구려 정벌군을 일으키자 자원하여 좌무위과의左武衛果毅를 임명받았지만, 공을 세우려고 용감하게 적진 깊숙이 들어갔다가 그만 전사하고 말았다. 전사한 뒤 대장군 벼슬을 받았으나 그게 무슨 소용이랴.

당나라가 외국인 대상 과거시험인 빈공과를 설치하자 신라인들은 너도나도 빈공과에 응시했다. 합격자의 상당수가 신라 6두품들이었다. 빈공과에서 가장 많은 합격자를 배출한 나라가 신라여서, 이를 두고 신라인의 우수성을 보여 주었다고 평가하지만 어떻게 보면 인재 유출인데 좋은 일이기만 하겠는가.

이 모든 사태의 원인이 된 '골품제'는 하루아침에 완성된 것이 아니다.

경주 용강동 고분에서 출토된 신라 문관상. 손에 홀을 쥐고 발등을 덮는 풍성한 관복을 걸치고 있다.

170

그 기원은 신라의 국가 체제가 완성되던 때로 거슬러 올라간다. 신라가 연맹왕국에서 벗어나 중앙집권 국가로 도약하면서 정복하거나 신라에 항복한 소국들의 지배층 처리 문제가 중요한 과제로 떠올랐다. 그들을 전부 다 죽일 수는 없고, 그렇다고 평민과 똑같이 취급하면 반발할 것이고, 신라 왕실이나 귀족과 동등하게 대접해 줄 수도 없었다. 그래서 이들을 신라 귀족보다는 아래이면서 일반 평민보다는 위에 위치하는 중간 귀족으로 삼았다.

하지만 '중간'이란 게 원래 애매하기 마련이어서, 법을 만들어 이런저런 권한과 의무 등을 구체적으로 정해야 했다. 법흥왕이 반포한 율령의 핵심 내용이 바로 이것이고, 이것이 발전하여 진평왕 대 즈음 완성된 것이 골품제이다.

5두품 이하는 베옷만 입어라!

골품제는 단순한 신분제가 아니라 항복하거나 투항한 소국 지배층들에 대한 처우를 규정한 것이므로, 일상생활의 세세한 부분에까지 영향을 미칠 수밖에 없었다. 어쩌면 출세 제한은 그다지 중요한 문제가 아니었을지도 모른다. 골품제의 핵심은, 생활 깊숙한 곳까지 규제하는 차별적 시스템을 만들고 위계질서를 구축하여 정복국 신라의 위상을 유지하는 데 있었다.

의복의 경우를 보자. 진골은 신라에서 으뜸가는 옷감인 계수금라罽繡錦羅(털로 수를 놓은 비단)만 빼고 아무것이나 입어도 되었다. 6두품은 무늬 없는 비단이나 거친 비단 혹은 베로, 5두품 이하부터는 베로만

옷을 해 입을 수 있었다. 수레 바닥에 놓는 깔개도 진골은 자단 외에
는 모두 깔 수 있고, 6두품은 비단 이하만 쓸 수 있으며, 5두품은 베만
쓸 수 있었다.

우습지 않은가. 요즘으로 치면 자동차 바닥에 까는 깔개를 법으로
정해 놓은 셈이다. 진골은 뭐든 깔아도 되고, 6두품은 비단까지만 되

성골남진聖骨男盡 성골에 남자가 없어서 더 이상 왕위를 계승할 수 없다
는 뜻의 '성골남진'은, 진평왕이 아들 없이 딸만 두어 왕위 계승에 문제
가 생기면서 나온 말이다. 결국 진평의 딸 덕만과 조카딸 승만이 각각
선덕여왕과 진덕여왕으로 즉위하였고, 이후 진골인 김춘추가 즉위하면
서 진골이 왕위를 잇게 되었다. 그런데 이 기록을 음미해 보면, 의외로
골품제의 진실에 좀 더 가까워질 수 있다.
신라 골품제에 대한 기록은 많지만 모두 진골과 두품에 관한 것뿐이고,
성골에 관한 내용은 매우 드물다. 그러다 보니 성골이 이미와 범위를
정확히 알기 어렵고, 왜 성골남진이라는 말이 나왔는지에 대해서도 의
견이 분분하다. 진평왕 때 왕실에 남자가 아예 없었던 것은 아니다. 진
평왕에게는 조카 김용춘과 용춘의 아들 김춘추가 있었다. 그럼에도 '성
골남진'을 내세웠다면, '성골'은 왕의 직계가족만을 뜻하는 것임을 알
수 있다. 곧 성골은 신분 개념이 아니라 왕위 계승 범위인 것이다.
그렇다면 성골은 언제 생겼을까? 진평왕은 진흥왕의 손자로 직계의 범
주에 든다. 하지만 진흥왕은 법흥왕의 아들이 아닌 조카이다. 따라서
'성골' 개념은 진흥왕이나 진평왕이 만들었을 것으로 추정된다. 많은 이
들이 성골을 진평왕의 왕권 강화 의지의 결과물로 생각하는 것도 이런
이유 때문이다. 절대군주이고자 했던 진평왕이 왕권을 확고히 하려고
'성골'을 만들었지만, 오히려 아들을 낳지 못함으로써 스스로를 옭아매
게 된 것이다. 성골남진, 그것은 진평왕의 좌절을 의미하는 말이었다.

고, 5두품은 베만 깔아라! 내가 아무리 돈을 잘 벌고 고급 승용차를 탄다 해도 5두품이면 까칠한 베만 깔 수 있다니. 그것 참.

단순히 출세에 제한을 두는 것이라면 차라리 받아들이기가 쉬웠을 것이다. 기본적인 의식주까지 법으로 차별하고 이를 어기면 "진실로 일정한 형벌이"(《삼국사기》 권33) 가해지니 불만이 더욱 커질 수밖에 없었다. 하지만 이것이 신라를 지탱하는 기본 제도였으므로 어쩔 수 없었다.

경주 용강동 고분 출토 신라 여인상. 왼쪽 여인은 진골부터 4두품까지만 허용된 숄을 어깨에 두르고 있다.

이후 신라가 삼국 통일을 이루고 고대 정복국가에서 안정적인 중앙집권 국가가 되면서 골품제는 그 존재 의미를 잃게 되고, 골품제를 지키려는 진골과 폐지하려는 두품들 간의 갈등이 점점 더 깊어졌다. 마침내 두품들과 새로운 세력이 등장하여 골품제가 없는 새로운 세상을 건설하게 되니, 그 나라가 바로 고려다. 고려는 새로운 신분제를 만듦으로써 새로운 시대를 열어 가게 된다.

31

평민이 장군이 될 수 있을까?
온달과 서동

교과서 속 한 줄 역사 고조선 이래로 존재한 신분적 차별은 삼국시대에 와서 법적으로 더 강한 구속력을 지니게 되었다. 개인의 신분은 능력보다는 그가 속한 친족의 사회적 위치에 따라 결정되었다.

고대사회는 아주 엄격한 신분제 사회였다고는 하지만, 고대사 기록에는 고려사나 조선사에는 보이지 않는 엉뚱한 신분 초월이 종종 나타난다. 왜 그런 일이 일어난 걸까? 단지 기록상의 오류일까, 아니면 아직 신분제가 완성되지 않아 생긴 허점이었을까?

온달이 천한 신분이었을까?

"외모가 추하여 웃음거리가 되었지만 마음은 착했다. 집이 가난하여 밥을 빌어다 어머니를 봉양하였는데, 낡은 옷과 해진 신을 신고 저잣거리를 왕래하니 사람들이 바보 온달이라 하였다."-《삼국사기》〈열전〉'온달조'

못생긴 남자가 사람들이 뭐라 하든 웃기만 하며 구걸하고 다니니 바보라고 놀림을 받았다. 그는 평양에서 꽤 유명했는지 평원왕도 그의 이름을 알고 있었다. 왕은 어린 평강공주가 울 때마다 "자꾸 울면 바보 온달에게 시집보낸다."고 을렀다. 그런데 공주는 왕의 말을 진담으로 듣고 그것을 운명으로 받아들인 모양이다. 공주는 열여섯 살 시집갈 나이가 되자 왕의 반대를 무릅쓰고 가출하여 온달의 집으로 갔다. 온달의 노모는 공주를 만류했다.

"우리 집은 가난하고 누추합니다."

공주는 오히려 온달을 설득한 뒤 가져온 패물을 팔아 신혼살림을 차리고 그를 교육시켜 훌륭한 무인으로 만들었다. 하지만 과거시험 같은 관리 등용제도가 없어 온달은 기회가 오기만을 기다려야 했다.

마침내 평원왕이 하늘에 제사를 지내고 사냥 대회를 여는 날, 온달은 대회에 참가해 1등을 했다. 왕은 온달의 이름을 듣고 놀랐으나 그를 사위로 받아들이지는 않았다. 온달은 다시 때를 기다렸다. 얼마후 후주後周의 군사가 쳐들어왔을 때 온달이 선봉장으로 나가 무찌르니, 비로소 왕이 그를 사위로 인정했다. 《삼국사기》〈열전〉'온달조'에 나오는 이야기다.

사실 기록만으로는 온달이 천한 신분이었는지 알 수 없다. 그보다는 몰락한 귀족으로 보는 편이 더 타당할 것 같다. 기록에는 그저 용모가 추하고 집이 가난했다는 내용뿐이며, 그가 바보로 불린 것도 용모가 추하여 놀림을 받으면서도 항상 밝게 웃었기 때문이니 말이다. 아마도 온달은 전쟁 중에 전사한 어느 장군의 아들이 아니었을까? 그의 어머니는 지아비를 잃고 어렵게 삯바느질 따위로 생계를 이어 가며 어린 온달을 키웠으리라. 효성이 지극한 온달은 귀족임에도 가난을 부끄러워하지 않고 어머니를 봉양하기 위해 구걸하고 다니니 사람들, 특히 귀족들이 그를 비웃었을 것이다. 어쩌면 귀족 체면에 먹칠을 하는 놈이라고 욕했을지도 모른다. 그러니 왕도 그의 이름을 알았던 것일 게다. 《삼국사기》 어디에도 온달과 그 노모가 "우리는 신분이 다릅니다."라고 말한 대목은 없다.

백제 무왕의 '서동설화'는 거짓?

고구려에 온달이 있다면 백제에는 무왕이 있다. 무왕武王(재위 600~641)에 대한 《삼국사기》의 기록은 간략하다. 법왕의 아들이며 풍채가 좋고 성품이 호방했다는 것, 그리고 재위 42년 동안 내내 신라와 전쟁을 치렀다는 내용뿐이다. 그에 비해 《삼국유사》의 기록은 색다르다. 그 유명한 '서동설화'의 주인공이 바로 무왕이다.

그의 어머니는 과부로서 부여 남쪽 연못가에 살았는데, 그 연못의 용과 사랑을 나누어 무왕을 낳았다. 그는 어린 시절 마를 팔아 생계를 이어 '서동薯童'(참마 아이)이라 불렸다. 서동은 어른이 되어 신라 진평왕의 셋째 딸 선화공주가 아름답다는 말을 듣고 아이들을 시켜 노래를 부르게 했다.

"선화공주님은 남몰래 서동님을 안고 간대요."

이 노래를 듣고 노한 진평왕이 공주를 내쫓자, 서동은 울며 쫓겨 가는 공주를 백제로 데려가 아내로 삼았다. 훗날 민심을 얻어 왕위에 오른 뒤, 무왕이 부인과 길을 가다 미륵삼존을 만나 그곳에 미륵사를 지었는데, 진평왕이 절 짓는 걸 도와주었다고 한다. 이상이《삼국유사》의 기록이다. 과연 사실일까?

2009년 초, 백제 익산 미륵사탑을 발굴하는 과정에서 사리를 봉안한 기록(사리봉안기)이 나왔다. 이 기록에 따르면, 백제 무왕의 부인은 백제 귀족 사택 씨의 딸이다. 백제 왕비가 백제 귀족의 딸이라는 당대 기록이 나왔으니, 서동설화는 상당 부분 설득력을 잃은 셈이다. 이 때

익산 미륵사지 석탑(왼쪽)과 2009년 이 탑의 해체 과정에서 발견된 사리장엄. 금제 사리호 뒤의 〈사리봉안기〉에는 백제 무왕의 부인이 신라 진평왕의 딸 선화공주가 아니라 백제 귀족의 딸이라고 되어 있다.

문에 학계는 지금 치열하게 논쟁 중이다.

사실 서동설화는 기록과 일치하지 않는 부분이 꽤 있다. 《삼국사기》를 보면 무왕은 즉위 3년, 6년, 12년, 17년, 18년, 24년, 25년, 27년, 28년, 29년, 33년, 34년, 37년 신라와 전쟁을 치렀다. 무왕이 신라의 공주와 결혼하고 신라 왕의 도움으로 미륵사까지 지었음에도 불구하고, 계속 신라와 전쟁을 벌였다는 건 앞뒤가 맞지 않는다. 최소한 결혼 직후 몇 년 만이라도 조용했어야 할 텐데, 즉위 3년부터 일정한 간격으로 계속 신라와 전쟁을 벌인 것이다. 이런 까닭에 서동설화는 삼국 통일 이후 미륵사가 신라 정부의 환심을 사려고 꾸며 낸 이야기라는 주장이 설득력을 얻고 있다.

가난해도 귀족은 귀족

고대 역사를 보면 어려운 집안 환경을 딛고 성공한 사람이 꽤 있다. 하지만 그들 대부분은 귀족 출신이었다. 고구려의 명재상 을파소는 농사꾼이었지만 재상 을제의 손자였고, 신라의 명문장가 강수는 국경 지방인 충주 출신으로 대장장이의 딸과 결혼했지만 6두품 귀족이었다. 귀족도 몰락하면 가난할 수 있다. 그러나 가난해도 귀족은 귀족이다. 기회가 오면 다시 올라설 수 있는 것이다.

하지만 고대 말기, 즉 통일신라 후기가 되면 고대의 신분제는 무너지기 시작한다. 이제 진짜 밑바닥 인생들의 도전이 시작되니, 그 대표적인 인물이 장보고이다.

32

골품제에 무릎 꿇은 해상왕
장보고

교과서 속 한 줄 역사 8세기 이후 동아시아의 해상무역이 활발해져, 장보고 가 완도에 청해진을 설치하고 남해와 황해의 해상 무역권을 장악했다. 무역 확대로 산둥반도와 양쯔강 하류에 신라인의 거주지인 신라방과 신라촌, 신 라인을 다스리는 신라소, 여관인 신라관, 절인 신라원이 만들어졌다.

장보고는 평민 출신이다. 그의 성씨인 '장張'은 아마도 중국으로 건너 간 뒤 스스로 지은 성인 것 같다. 원래 이름은 활을 잘 쏜다는 뜻의 '궁 복弓福'이다. 그는 어릴 때 친구 정년鄭年과 함께 중국으로 건너가 무인 으로 대성할 꿈을 키웠다.

20년간 동북아시아 바다를 제패하다

아동용 위인전기에는 보통 장보고가 당나라에 노예로 팔려 갔다가 탈출하여 당나라 장교가 되었다고 나오지만, 사실 이는 정사에는 없는 내용이다. 이런 이야기가 만들어진 이유는 그가 어떻게 당나라로 건너갔는지에 대한 기록이 없기 때문이다. 평민 출신인 장보고는 어떻게 황해 바다를 건너 중국으로 갔을까? 일부에서는 그가 지방 세력의 아들이었다고 보기도 한다. 아무튼 그는 정년과 함께 당나라로 건너갔고, 나란히 당나라의 무령군 장교가 되었다.

장보고는 무령군 장교로 일하며 황해를 중심으로 이루어지는 무역과 상공업을 많이 접했다. 또 신라 출신 당나라 장교로서 신라방·신라원과 활발히 교류했으며, 특히 산둥반도에 있던 절인 법화원과 각별한 관계를 맺었다. 그러면서 장보고는 신라방을 토대로 한 신라와 당나라의 무역 네트워크를 구상했던 것으로 보인다.

당시 황해는 당과 신라의 정치적 혼란 때문에 해적이 들끓어 공무역이 마비 상태에 빠져 있었다. 황해에 무역 네트워크를 구축하려면 먼저 강력한 해군으로 해적부터 소탕해야 했다. 하지만 소국 신라의 미천한 출신인 장보고가 당나라에서 해군 장교로 출세하는 데에는 한계가 있었다. 지방군 장교로서 팍팍한 생활을 하던 장보고는 신라로 돌아가기로 결심했다.

장보고의 이야기에 친구 정년은 고개를 저었다. 그는 장보고보다 무예가 능했기에 당나라에 머무르며 좀 더 노력해 볼 생각이었다. 골품제를 피해 너도나도 중국으로 들어가던 시절, 장보고의 선택은 현명해 보이지 않았을 것이다. 결국 두 사람은 갈라섰고, 장보고만 신라로 돌아왔다.

828년, 장보고는 신라의 흥덕왕을 알현하고 청해진 설치를 건의했다. 흥덕왕은 진골 귀족들의 정치투쟁으로부터 왕권을 보호해 줄 군대가 필요했기에 쾌히 응낙했다. 그는 '청해진 대사'라는 임시 관직을 만들어 장보고에게 맡기고 군대 운영을 허락했다. 당시 장보고는 1만여 명의 군대를 운영했는데, 819년 신라가 당나라에 파병한 군대가 3만여 명이었음을 감안하면 아마도 신라에서 가장 큰 부대였을 것이다.

장보고는 경주에서 멀리 떨어진 전라남도 완도 일대에 청해진을 설치하고 1만여 해군으로 해적들을 소탕했다. 그리고 꿈꾸던 대로 중국 서부 해안 지대의 신라방들과 신라를 잇는 거대한 무역 네트워크를 조성했다. 그로부터 20여 년간 장보고는 동북아시아에서 가장 강력한 바다의 지배자로 군림했다.

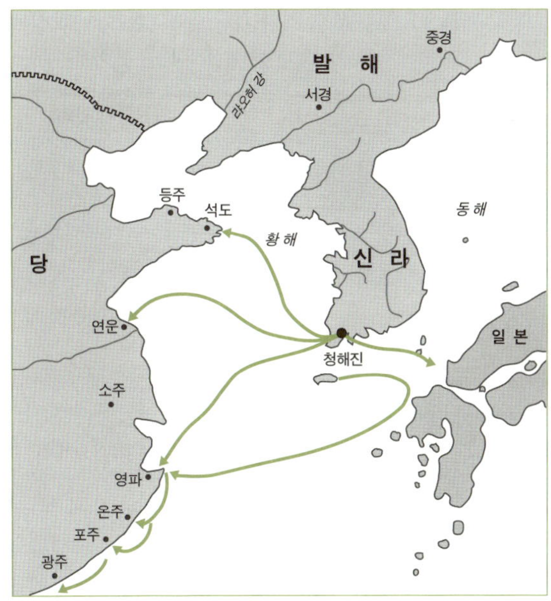

장보고의 해상무역도.

문성왕의 장인이 될 뻔했으나

이때의 청해진과 장보고에 대한 역사적 해석은 여러 가지다. 지방의 반독립적 세력이라 하여 호족의 기원으로 보기도 하고, 후삼국시대 왕건으로 대표되는 해상 군진 세력의 시조로 보기도 한다. 하지만 어떤 해석이든 공통점이 있다. 장보고의 찬란한 해상 네트워크가 신라 정부와는 상관없이 독자적으로 구축되었고, 장보고는 지방의 강자였을 뿐 신라의 지배자는 아니었다는 것이다.

아무리 장보고의 청해진이 강력해도 나라의 도움 없이는 한계가 있었다. 장보고 또한 청해진에서는 왕과 다름없었지만 그곳을 벗어나면 촌놈일 뿐이었다. 신라의 진골 귀족들은 장보고가 벌어 오는 부富에만 관심을 둘 뿐 그에게는 관심이 없었다. 장보고는 그저 베로 옷을 해 입고 작은 수레를 타는 5두품 이하의 관리였을 뿐이다.

9세기 당과 일본을 연결하는 삼각무역으로 신라의 위상을 드높인 장보고.

그런 장보고에게 신라 정치의 중심으로 도약할 기회가 왔다. 836년 흥덕왕이 죽자 김제륭과 김균정이 서로 왕이 되겠다고 다투다가 마침내 전쟁이 벌어졌다. 이 전쟁에서 김제륭이 승리하여 희강왕이 되고 김균정은 목숨을 잃었는데, 김균정의 아들 김우징이 청해진으로 도망을 쳤다. 김우징은 청해진의 보호를 받으며 기회를 엿보다가 김명이 희강왕을 죽이고 즉위하자(민애왕) 장보고의 군대를 빌려 서라벌로 쳐들어갔다. 마침내 839년 1월 김우징이 민애왕을 죽이고 왕위에 오름으로써(신무왕) 장보고는 신라의 유력한 지배자 자리에 올라섰다.

그해 7월, 신무왕이 즉위 반년 만에 병으로 죽고, 그 아들 김경응이 문성왕으로 즉위했다. 문성왕은 장보고의 딸을 왕비로 맞이하려 했

장보고와 정년의 우정 장보고의 친구 정년은 장보고가 살아 있을 때에는 함께 기록에 나오지만, 장보고가 죽은 뒤 기록에서 사라진다. 주연이 없으면 조명을 받을 수 없는 조연의 비애랄까?

초창기 정년은 장보고보다 무예도 능하고 재주도 좋았다. 바다에서 50리(20킬로미터)를 헤엄쳐도 끄떡없을 정도여서, 《삼국사기》에서는 "보고가 정년에게 뒤졌으나 보고를 형으로 불렀다."고 했다.

장보고의 제의를 뿌리치고 당나라에 남은 정년은 얼마 뒤 관직에서 쫓겨나 굶주림에 시달렸다. 정년이 장보고에게 가려 하자 주변 사람들이 죽임을 당할 거라며 말렸지만, 정년은 이를 무시하고 청해진으로 향했다. 장보고는 정년을 극진히 대접하고 그를 중히 여겼다. 《삼국사기》는 당나라 시인 두목이 쓴 사론史論을 인용하여 두 사람의 우정을 높이 평가하였다.

정년에 대한 마지막 기록은 김우징(신무왕)과 군대를 일으켜 서라벌로 쳐들어갈 때 나온다. 장보고는 정년에게 5천의 군사를 주고 서라벌을 공격케 하고 자신은 청해진을 지켰다. 그리고 전쟁에서 승리하자 정년에게 청해진을 맡기고 자신은 서라벌로 올라갔다. 아마도 정년은 이후 청해진으로 돌아온 장보고와 함께하다 청해진이 문을 닫기 전 죽은 듯하다. 청해진의 역사를 만든 또 다른 주역 정년은 조용히 역사에서 사라졌다.

다. 평민 장보고, 정식 관직에도 없는 청해진 대사 장보고가 왕의 장인이 됨으로써 공식적인 신분 상승을 이룰 수 있는 기회였다. 장보고는 이 결혼에 자신의 모든 것을 걸었다.

하지만 이 결혼은 골품제를 사수하려는 진골 귀족들에게도 모든 것을 걸고 반드시 막아야 하는 중대 사건이었다. 그들은 말도 안 되는 이유를 대며 결혼에 반대했다.

"부부의 도리는 사람의 큰 윤리입니다. 주나라는 포사 때문에 망했고, 진나라는 여희 때문에 어지러워졌습니다. 나라의 존망이 결혼에 있으니 신중해야 하지 않겠습니까? 장보고는 섬사람인데 그의 딸이 어찌 왕비가 될 수 있겠습니까?"

미무로 왕을 유혹하여 나라를 멸망시킨 포사와 여희의 예를 들어 장보고 딸과 문성왕의 결혼을 막았으니, 이런 생트집이 또 없었다. 사실 진짜 문제는 신분이었다. 포사와 여희는 모두 출신이 미천한 여자들로, 신라 귀족들은 골품제를 지켜야 한다고 주장한 것이다. 결국 진골 귀족 출신인 문성왕이 결혼을 포기하면서 장보고의 꿈도 좌절되었다.

이후 장보고가 반란을 일으킬까 걱정한 문성왕은 염장을 보내어 장보고를 암살하고, 5년 뒤 청해진까지 폐지해 버렸다. 851년, 20여 년간 이어진 청해진의 짧은 역사는 그렇게 막을 내렸다. 골품제를 넘어서지 못한 장보고의 한과 함께……

33
귀신과 사귀고 신선이 된 남자
최치원

뉘 집 두 따님이 이 무덤에 묻혀 계실까.

적적한 황천에서 얼마나 봄을 원망했을까.

그 쓸쓸한 모습이 냇가 달에 비추는데

이름은 무덤 앞 먼지조차 묻기 어려워라.

그대들 꿈속에라도 뵈옵기를 허락한다면

기나긴 밤 나그네의 위로를 어찌 망설일까요.

외로운 여관에서 만나 운우雲雨를 나누며

함께 낙신부°를 이어 부르리.

장쑤성 쌍녀분 전설

열두 살에 배를 타고 당으로 건너간 최치원은 18세에 빈공과에 급제하고 얼마 후 율수현(중국 강남 지방)의 현위가 되었다. 지금으로 치면 지방 경찰서장으로서 그는 현의 이곳저곳을 돌며 치안을 살피고 백성들의 억울한 사정을 듣는 일을 게을리하지 않았다. 그러던 어느 날, 최치원은 우연히 주인 없이 버려진 무덤 두 기를 보았다.

"초성에 사는 장씨네 딸들의 무덤입니다. 장씨가 억지로 소금 장수와 녹차 장수에게 시집보내려고 하자 딸들이 그만 자살하고 말았답니다."

"한창 꽃다운 나이에 배필에 대한 꿈이 얼마나 컸으면 그리 했을까. 시집도 못 가 보고 처녀 귀신이 되었으니 그 원한이 참으로 크겠구나."

최치원은 돈에 눈이 멀어 **딸**을 팔아 버리려 한 아버지와 그에 절망한 두 딸의 극단적인 선택이 몹시 안타까웠던 모양이다. 붓을 들어 시한 수를 적어 무덤가에 바쳤으니, 앞에 소개한 바로 그 시다. 조금이라도 위로가 되어 두 사람이 극락에서 행복하기를 바라는 마음이었다.

그날 밤, 최치원이 책을 읽고 있는데 홀연 바람이 불고 촛불이 꺼지더니 아름다운 여인이 나타났다.

"저는 장씨 자매의 시녀입니다. 선비님께서 주인님들을 위로해 주신 데 대한 보답입니다."

⊙ 당시 유행하던 노래 제목. 원어는 '낙천신洛川神'.

미녀가 준 붉은 비단 주머니 안에는 만나기를 바란다는 내용의 서신이 있었다. 최치원이 답례시를 써 주어 시녀를 보내자 한 식경이 흐른 뒤 두 자매가 나타났다. 최치원은 두 자매와 밤새 시를 나누고 정을 나누었다. 날이 새고 두 자매가 떠난 뒤 최치원은 한동안 취한 듯, 홀린 듯 정신을 못 차리다가 곧 다시 무덤으로 가 시를 바쳤다.

894년 신라 사회를 개혁할 〈시무10조〉를 진성여왕에게 올린 고운孤雲 최치원. 그러나 당시 신라는 경문왕-헌강왕-진성여왕-효공왕으로 이어지며 이미 멸망의 길로 들어선 상태였다.

이곳에 와 두 소저를 만난 것은
양황梁梘이 운우를 꿈꾼 것이라.
대장부여, 대장부여.
장사의 기운으로 여자의 한을 풀어 주었으니
요망한 여우를 마음에 두지 말지어다.

이 이야기는 중국 장쑤성 쌍녀분에 얽힌 전설이다. 최치원의 호방함과 담력, 그리고 뛰어난 글재주를 압축해 보여 주는 이야기로 중국인들이 좋아하는 전설이라고 한다. 이처럼 최치원은 중국과 신라를 아우르는 학자요, 문사로서 이름을 떨쳤다.

최치원의 이름을 더욱 널리 알린 것은 '황소의 난' 때 지은 〈토황소격문討黃巢檄文〉이다. "천하 모든 사람이 다 너를 죽이려고 생각할 뿐 아니라, 또한 땅속의 귀신도 벌써 남몰래 베기로 의논하였다."라는 구절로 유명한 〈토황소격문〉은, 적장 황소의 의기를 꺾고 황소를 따르는 군사들의 사기를 누그러뜨려 이후 격문의 대명사가 되었다. 그만큼 최치원의 글은 상대를 꿰뚫고 제압하는 힘이 있었다.

중국에서 맹활약하던 최치원은 조국 신라의 정치가 혼란스러워 백성들이 고통 받는다는 소식을 듣고 급거 귀국했다. 헌강왕은 그를 붙잡으려고 한림학사라는 관직을 주고 아꼈다. 하지만 얼마 후 헌강왕과 정강왕이 연이어 죽고 진성여왕이 즉위하자 대신들이 그를 시기하여 지방관으로 내보냈다. 최치원은 지방관으로서 지역을 돌보고 〈시무 10조〉를 바치는 등 신라에 충성을 다했지만, 모두 수포로 돌아가자 결국 관직을 포기하고 산속에 은둔했다.

이후 최치원의 행보는 대부분 전설로 전해진다. 그는 전국을 유랑하며 책을 읽고 시를 지으며 자신처럼 속세를 등진 승려나 도사들과 사귀었다. 《삼국사기》에 따르면 그는 청량사, 쌍계사, 합포의 별장 등에 머물렀고, 말년에는 가족과 해인사에 숨어 조용히 살다 죽었다고 한다. 그는 종종 교우하던 승려들의 비문을 지어 주기도 했는데, 이것이 오늘날까지 남아 그에 대해 말해 주고 있다.

최치원은 교육열 높은 6두품 집안에서 태어나 조기 유학생으로 당나라에 가서 높은 학문과 경륜을 쌓았다. 하지만 그토록 뛰어난 능력을 가진 그도 무너지는 신라를 구할 수는 없었다. 원한 맺힌 처녀 귀신을 위로하고, 당나라를 멸망으로 내몬 농민군 대장 황소를 글월로 무릎 꿇게 했던 최치원. 그는 산천을 떠돌며 수많은 원혼을 달래는 신선으로 삶을 마무리했다. 천 년 역사 신라에 어울리는 마지막 영웅이 아니었나 싶다.

34

외로운 여왕의 슬픈 사랑 이야기

진성여왕

9세기 신라 하대, 나라가 혼란에 휩싸인 그때 신라 역사상 세 번째 여왕이 즉위했다. 바로 진성여왕(재위 887~897)이다. 경문왕의 딸인 그녀는 남자 형제인 헌강왕과 정강왕이 후사 없이 연이어 죽는 바람에 왕위에 올랐다.

진성여왕은 나라를 망친 여왕으로 역사에 기록되어 있다. 그녀는 정치에는 관심이 없고 오직 미소년에 빠져 음란한 행위로 나날을 보냈다고 한다. 마침내 백성들의 삶이 피폐해져 곳곳에서 민란이 끊이지 않고, 후백제와 후고구려가 일어나 후삼국시대가 시작되면서 신라가 멸망의 길에 접어들었다는 것이다.

삼촌 위홍에게 모든 걸 맡겼으나

그렇다면 진성여왕 이전까지 신라는 행복한 나라였을까?《삼국사기》에서는 여왕의 오빠인 헌강왕 시절, 왕이 궁궐 누각에 올라 사방을 둘러보니 백성들이 모두 기와집에 살고 즐거운 노랫소리가 가득했다고 하였다. 진성여왕이 즉위하기 7년 전 일이니, 기록대로라면 여왕이 나라를 망친 것이 틀림없겠다.

하지만 여왕이 즉위하기 100여 년 전, 즉 8세기 후반 혜공왕 시절부터 이미 신라는 서서히 기울어 가고 있었다. 물론 몇 번의 개혁이 시도되어 몇 차례 성공을 거두기도 했으나, 신라의 멸망을 늦추었을 뿐 돌이키지는 못했다. 거대하게 밀려오는 새로운 시대의 파도를 몇몇의 노력으로 막을 수는 없는 법, 이미 세상은 고대에서 '중세' 고려의 시대로 넘어가고 있었다.

헌강왕 시절의 이야기는 왜곡이거나 일시적 성공을 그린 기록일 것이다. 헌강왕이 죽고 즉위한 진성여왕의 또 다른 오빠 정강왕은 겨우 1년을 재위하고 죽었으며, 그나마도 반란 등에 시달리며 힘들게 왕 노릇을 했다. 그 뒤를 이어 즉위한 진성여왕은 어떻게 나라를 다스렸을까?

진성여왕에게는 사랑하는 남자가 있었다. 삼촌 위홍이다. 남편인지 애인인지 알 수 없지만, 삼촌 혹은 사촌 간 결혼이 성행하던 시절이니 둘의 사랑이 금지된 것은 아니었다. 아마도 여왕은 사랑하는 위홍에게 나라의 정치를 맡기고 많이 의존했던 것 같다.

위홍에 대해 정확히 알려진 바는 없지만, 그의 형이자 진성여왕의 아버지인 경문왕이 846년생으로 추정되므로, 진성여왕이 즉위하던 887년 즈음에 위홍은 30대 후반 정도였을 것이다. 그는 최고위 관직인 각간·병부령·상대등 등을 지낸 권력자였으며, 당대의 고승 대구

 《삼국유사》〈기이〉 편 '제49대 헌강왕조'에 보면 다음과 같은 기록이 있다.

"왕이 포석정에 행하였을 때 남산신이 나타나 어전에서 춤을 추었는데 좌우 사람들에게는 보이지 않고 왕에게만 홀로 보이었다. (중략) 또 왕이 금강령에 행하였을 때에는 북악신이 나와 춤을 추었으므로 그 이름을 옥도령이라 하고, 동례전 연회 때에는 지신이 나와 춤을 추었으므로 지백급간地伯級干이라 이름하였다. 《어법집語法集》에는 그때 산신이 춤을 추고 노래를 부르며 '지리다도파智理多都波'라 하였는데, 대개 지혜로 나라를 다스리는 사람이 미리 알고 많이 도망하여 도읍이 장차 파한다는 뜻이라고 하였다. 즉, 지신과 산신은 나라가 장차 망할 줄 알았으므로 춤을 추어 경계케 하였건만 국인이 깨닫지 못하고 도리어 상서가 나타났다 하여 탐악을 더욱 심히 한 까닭에 나라가 마침내 망한 것이라 한다."

《삼국사기》와 달리 《삼국유사》는 이미 헌강왕 대에 망조가 나타났음을 기록하고 있다. 《삼국사기》에 보면, 왕 앞에 이상한 사람(사람들은 산과 바다의 정령이라 일컬었다.) 4명이 갑자기 나타나 춤을 추었다거나, 왕이 임해전에서 만취하도록 놀았다는 기록이 있는데, 아마도 《삼국유사》에 나오는 사건을 말하는 게 아닐까? 이는 당시 망조에 대한 소문이 돌았음을 말해 주며, 《삼국사기》에서는 이를 미신으로 치부하고 기록하지 않았고 《삼국유사》에서는 징조로 보고 기록한 듯싶다.

화상과 함께 향가집《삼대목》을 펴낼 정도로 문예에 조예가 깊었다.

음란한 여자 때문에 신라가 망했다?

위홍은 20대 초반의 여왕이 충분히 존경하고 사랑하고 의존할 만한 인물이었을 것이다. 게다가 지방에서 호족이 일어나고 민란이 끊이지 않으며 귀족들이 왕위를 노려 반란을 일으키는 대혼란기였으니, 여왕은 더더욱 위홍에게 의지하며 모든 걸 맡길 수밖에 없었으리라.

그런데 위홍은 진성여왕이 왕위에 오른 지 2년 만에 병으로 죽고 말았다. 여왕의 슬픔은 대단했다. 기록에 의하면 여왕은 위홍에게 '대왕'의 시호를 내리고 일생 동안 그리워했으며, 훗날 조카에게 왕위를 물려주고 위홍의 명복을 빌며 생을 마감했다고 한다.

사랑하는, 그리고 깊이 신뢰하며 따르던 이를 잃은 혼란기의 군주가 할 수 있는 일이 무엇일까? 고려의 공민왕은 노국대장공주를 잃고 여생을 술로 보내다가 부하에게 암살당했다. 여왕도 그렇지 않았을까? 그녀가 미소년을 가까이하고 정치를 돌보지 않은 것은 슬픔과 무기력 때문이었을 것이다. 더군다나 그녀는 선덕여왕처럼 아버지에게 제대로 정치 수업을 받지 못했으며, 드센 귀족들에 맞서 싸워 줄 김

진성여왕 원년(887)에 세워진 하동 쌍계사 진감선사탑비. 최치원이 비문을 짓고 글씨를 썼다.

유신이나 김춘추 같은 믿음직스럽고 충성스러운 신하도 없었다.

《삼국사기》는 음란한 여자에게 나라를 맡겨 신라가 망했다고 비판한다. 하지만 그런 비난을 받기에는 진성여왕은 어딘가 억울한 부분이 많아 보인다. 그보다는 골품에 집착한 왕위 계승, 구시대적 한계를 극복하기보다 기득권에 연연했던 신라 진골 귀족들에게 더 큰 책임이 있는 것 아닐까?

선덕이나 진덕과 달리, 진성여왕은 희생양의 이미지가 강하다. 뭔가 잘못되면 암탉 탓을 하는 그런 못된 습성의 희생양 말이다.

35

개혁가인가 폭군인가?
신채호의 궁예대왕

민족주의 역사학의 태두 신채호는 여러 편의 역사소설을 쓴 소설가이기도 하다. 그가 쓴 소설 중 한 편이 바로 《일목대왕의 철추》, 곧 궁예대왕 이야기다.

소설 속 궁예는 미륵사상으로 무장한 혁명가이다. 그는 폐쇄적인 신분제, 답답한 불교와 유교의 틀에서 벗어난 자유로운 사상가로서, 백성들을 억압과 궁핍에서 해방시키려고 노력한다. 하지만 그가 아무리 노력해도 주위 사람들은 여전히 고루한 생각을 버리지 못한다. 심지어 그의 아내조차 그랬다. 결국 궁예는 주변 신하들을 모조리 숙청하고, 아내마저 죽이는 초강수를 두었다. 그러나 모두 허사로 돌아가 보수파들에게 쫓겨나는 신세가 되고 만다.

신채호가 그린 '혁명가 궁예'

신채호는, 왕건의 고려라는 새로운 시대 흐름에 역행하다 쫓겨난 궁예를 새로운 세상을 꿈꾼 혁명가로 재창조했다. 궁예에 대한 새로운 시각은 후세에 많은 영감을 주어, 2000년 방영된 KBS 대하드라마 〈왕건〉에서 궁예가 아주 멋진 인물로 그려지기도 했다. '폭군 궁예'가 아닌 '혁명가 궁예'를 그려낸 신채호, 그는 무엇을 근거로 궁예를 재창조했을까?

일단 기록상의 궁예는 결코 부정적인 인물이 아니다. 그는 미천한 출신◦으로 영남 지역의 어느 절에서 출가하여 스님이 되었다. 그는 당시 유행하던 개혁 세력의 선종禪宗과 급진적인 미륵사상의 영향을 받아 새로운 이상 세계를 만들겠다는 꿈을 꾸었다.

당시 신라는 이미 지방을 제대로 통치할 수 없을 정도로 무너진 상태였다. 유력한 호족 세력들이 지방을 각각 지배하는 대혼란의 시기에, 승려였던 궁예는 경상도 지방 호족인 양길의 부하 장수로 활약하

◦ 《삼국사기》와 《삼국유사》에는 궁예가 신라 헌안왕, 혹은 경문왕의 후궁 소생이라고 되어 있다. 이는 궁예가 나라를 일으킨 뒤에 주장한 것을 기록으로 옮긴 것이어서 믿을 바가 못 된다. 설령 그가 진짜 왕손이라 하더라도, 신라 왕실의 후원 속에 업적을 쌓아 나라를 일으킨 것이 아니므로 그리 중요한 문제가 아니다. 중국과 우리 역사에는 각종 반란의 주동자들이 스스로 왕손임을 주장한 사례가 자주 보인다. 진나라에서 민란을 일으킨 진승은 진나라 태자라고 속이고 세력을 모았다. 궁예 역시 그런 경우로 보인다.

901년 궁예가 세운 태봉(후고구려)의 도성 터와 석등. 현재 강원도 철원 비무장지대에 있다. 궁예는 국명을 후고구려–마진–태봉으로 고쳤다.

다가 마침내 자립하여 호족이 되었다.

그는 강원도와 경기도 동부 지역을 중심으로 세력을 키웠다. 궁예는 백성들의 살림을 살피고 부하들과 함께 동고동락했으며 검소하고 자애로워 많은 이들이 따랐다고 한다. 혼란기에 따르는 이가 많다는 것은 곧 군대가 많다는 것을 의미하니, 당연히 얼마 후 궁예는 가장 강력한 군대를 거느린 호족으로 성장했고, 마침내 그 세력이 한반도 중부 지방 전체에 미치게 되었다.

세력이 커지자 궁예는 나라를 세우기로 결심했다. 그는 고구려를 계승하고 미륵사상에 입각하여 모든 이들이 함께 잘살 수 있는 나라 '후고구려'를 세웠다. 그리고 당시 신라에 불만을 품고 있던 개혁 인사들을 등용하여 관료 체제와 새로운 신분제를 구상하는 등 '포스트 신라'를 준비했다.

여기까지는 기록상으로도 분명 궁예가 훌륭한 혁명가이자 새로운 지도자라는 데에 이견이 없다. 하지만 이후부터 분위기가 달라진다. 궁예는 호화로운 궁궐을 짓고 화려한 불교 행사에 과도하게 돈을 쏟아 붓는 등 사치스런 생활에 빠져 민생을 돌보지 않았다. 이에 반발하는 신하들을 죽이고 심지어 아내까지 죽였으며, 충성스러운 부하 왕건도 죽이려 했다. 그리하여 결국 왕건이 백성과 신하들의 뜻을 모아 궁예를 몰아내고 고려를 건국하게 되었다는 것이다.

역사의 패자는 말이 없다

기록을 중심으로 보면 이해하기 어려운 점이 있다. 왜 궁예는 왕이 되고 나서 그렇게 변했을까? 우리 교과서는 이를 궁예의 한계로 본다. 즉, 궁예가 꿈꾸었던 나라와 왕의 모습이 고대사회의 왕, 낡은 구시대적 왕이라는 것이다. 궁예가 원했던 하늘에서 내려온 자애로운 신이 다스리는 고대 왕권 체제는 시대를 역행하는 생각이었다.

반면 신채호는 왕이 된 이후의 기록은 승자의 왜곡이라고 주장한다. 궁예는 백성을 위한 통치를 했지만, 기득권을 포기할 수 없었던 귀족과 지방 호족들이 반발했다는 것이다. 귀족 출신인 아내마저도 남편 궁예의 평등사상에 반기를 들 정도였으니 더 말해 무엇 하겠는가. 결국 궁예는 왕건으로 대표되는 귀족 세력에게 암살당하고, 왕건의 집권을 정당화하는 과정에서 방탕한 폭군으로 매도되고 말았다.

교과서와 신채호, 어느 쪽 주장이 더 솔깃한가? 신채호의 주장이 더 매력적이지 않은가? 우리는 역사에서 수많은 개혁의 좌절, 그리고 이후 보수 세력의 역사 왜곡을 보았기에 신채호의 해석이 그리 낯설지 않다. 하지만 또 한편으로 생각해 보면, 어차피 패자는 말이 없는 법. 궁예의 꿈이 무엇이었든 간에 실패한 그에게 무슨 변명의 여지가 있겠는가.

　신채호의 소설《일목대왕의 철추》는 미완성작이다. 아마도 신채호
는 소설의 결말을 고민했을 것이다. 민중의 힘을 믿고 키우려 했던
역사 속 지도자의 모습을 보여 주려고 소설을 쓰기 시작했을 텐데, 일
제강점기 안 그래도 암울한 시절에 패배자에 대한 변명만 늘어놓는
모양새가 되는 것이 영 옹색하게 느껴졌던 것 아닐까?

36

아들의 배신에 화병으로 죽은 영웅
견훤

교과서 속 한 줄 역사 견훤은 지방의 군사력과 호족 세력을 토대로 전주에 도읍하고 후백제를 세웠다. 고려는 후백제의 공격을 받는 신라를 도왔다. 신라가 고려에 항복할 때, 후백제에서 내분이 일어나 견훤이 고려에 투항하였다. 마침내 고려가 후백제를 정복하고 후삼국을 통일하였다.

"늙은 신하가 전하에게 몸을 의탁하였던 까닭은 전하의 존엄한 위세를 빌려 반역한 자식을 베기를 원해서였습니다. 엎드려 바라옵건대 대왕께서 신령스러운 군사를 빌려 주셔서 그 난신적자를 없애 주신다면 신은 비록 죽어도 유감이 없을 것입니다." -《삼국사기》〈열전〉'견훤조'

후백제를 한 방에 보낸 고창전투

'견훤'인지 '진훤'인지 후대에 그 이름조차 두 가지로 불리는 후백제 대

"

왕 훤, 그는 '시작은 창대하나 끝은 대단히 미미한' 불행한 사람이었다.

"어릴 때 호랑이가 젖을 먹어 키운" 그는 신라 장수 출신으로 자립하여 전주를 기반으로 강력한 호족이 되었고, 이어 주변 세력을 아울러 마침내 후백제를 건국했다. 용맹무쌍하여 항상 전투에 앞장섰으며, 그가 처음 무리를 모으자 지지자들이 메아리치듯 호응하여 한 달만에 5천 명이 모여 무진주(지금의 광주)를 점령했으며, 이때 궁예를 부하로 거느리고 있던 양길 장군을 비장으로 삼을 정도였다고 《삼국사기》에 기록되어 있다.

후백제는 후고구려의 강력한 라이벌로서 20년 동안 팽팽하게 대치했으며, 왕건의 쿠데타로 후고구려가 망하고 고려가 건국된 뒤 약 10여 년간 한반도의 유일 강자로 군림했다. 여러 차례 왕건을 죽음 직전까지 몰아붙였으며, 경주에 쳐들어가 신라 경애왕을 죽이기도 했다.

이처럼 강했던 훤의 후백제는 930년 고창전투 한 방에 나가떨어지고 말았다. 고창전투는 후삼국시대에 힘의 원천은 군사력이 아니라 호족의 지지에 있었음을 보여준 대표적 전투이다. 호족의

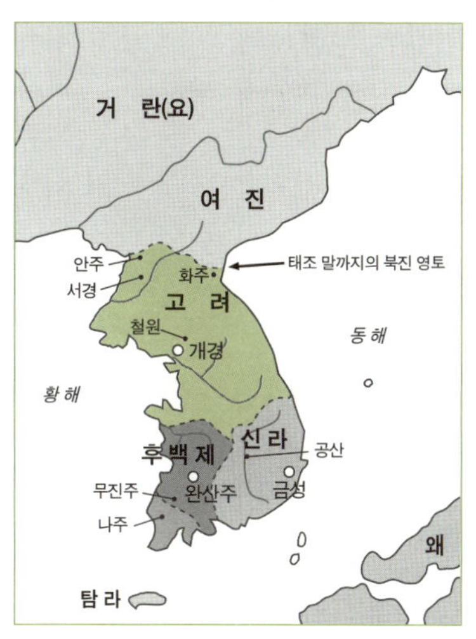

궁예가 부하 왕건에게 쫓겨난 918년 무렵의 후삼국 강역도. 왕건은 국호를 '고려'로 바꾸었다.

지지를 잃은 훤은 이 전투에서 돌이킬 수 없는 타격을 입었다.

훤은 고창전투 패배 이후 완전히 기가 꺾였다. 충성하던 호족들마저 하나 둘 배신하고 고려에 투항하자, 더 이상 나라를 지탱하기 어렵다고 생각한 그는 아들들을 모아 놓고 고려에 항복할 뜻을 밝혔다.

훤에게는 아들이 9명 있었다. 훤은 장남 신검보다 4남 금강을 더 사랑했고, 이 때문에 신검과 훤은 불편한 관계였다. 훤이 고려에 항복할 뜻을 밝히자, 신검은 반란을 일으켜 왕위를 빼앗고 아버지 훤을 금산사에 가두었다. 장남에게 배신당하고 갇혀 버린 훤은 분노했다. 그는 금산사를 탈출하여 고려에 투항했다. 훤이 투항하자 후백제 신하들이 모두 동요하고, 훤의 사위 박영규가 내통하겠다고 고려에 알려 왔다.

"반역한 자식을 베기를 원한다"는 훤의 간청과, 박영규의 내통에 힘을 얻은 왕건은 훤과 함께 후백제를 공격했다. 신검의 후백제군과 왕건의 고려군은 천안 근처 일선(지금의 선산)에서 정면충돌했다. 이 전투에서 후백제군은 패하고 신검은 항복했다. 훤은 신검을 죽이려 했으나, 왕건이 못하게 막자 화병이 나서 며칠 만에 죽고 말았다. 그때 나이 일흔이었다.

우리 역사상 거의 유일한 단명국

신라 장군으로 자립하여 한 나라의 왕이 되고 한때 세상을 호령했지만 아들에게 쫓겨나고, 아들을 죽이려고 적과 손을 잡았으나 끝내 아들을 죽이지 못해 화병으로 죽고 만 사람, 그가 바로 훤이다.

개인적으로는 대단히 불행한 삶이지만, 우리 역사에서 훤의 경험은 소중하다. 우리 역사를 보면 단명한 나라가 매우 드물어, 나라를 세우고 유지하는 것이 얼마나 어려운 일인지를 종종 잊기 때문이다.

충청남도 논산시에 있는 후백제 왕 견훤의 무덤.

중국의 경우만 봐도 역사적으로 단명한 나라들이 수도 없이 많다. 당장 그 유명한 조조, 유비, 손권의 삼국도 수십 년 만에 다 망했다. 이런 나라들은 대부분 왕위 계승 과정에서 무너졌다. 유비의 촉나라는 2대 유선 때 망하고, 조조의 위나라는 3대 조방이 어린 나이에 즉위했다가 사마씨에게 권력을 빼앗겼고, 오나라도 1대 손권 이후 2대부터 왕위 다툼을 벌이다가 정치가 혼란해져 결국 망하고 말았다. 건국 직후 관료들의 통치 능력과 백성들의 충성심이 아직 부족할 때, 최고 권력자 교체 과정에서 조금만 삐걱거려도 나라가 무너질 수 있다.

권력을 누구에게, 어떻게 넘겨줄 것인가. 이것은 신생 국가의 가장 큰 고민이다. 그런 면에서 후백제는 우리 역사상 거의 유일한 전례이며, 오늘날 국민들이 직접 최고 권력자를 뽑는 민주주의가 얼마나 앞선 제도인지를 잘 보여 주는 예라고 할 수 있다.

37
중세의 진짜 '인기 스타'
왕건

조선 전기에 편찬된 《고려사절요高麗史節要》를 보면, 왕건이 행차할 때 수천 명의 백성이 나와 환영했다는 기록이 종종 나온다. 왕이 행차할 때 백성들이 환영 나오는 것이야 조선 정조 시대 〈수원능행도〉에서도 볼 수 있는 일이고, 또 역사적으로 위대한 왕의 경우 기록에 좋게 써 줄 수도 있으니 그리 특별한 일은 아니다. 그런데 왕건은 좀 달랐다. 왕건은 진짜 스타였다.

적을 동지로 만드는 특별한 능력

고려를 건국할 당시 왕건은 사면초가였다. 궁예를 지지했던 지방 호족들이 이탈하면서 영토가 급격히 축소되었다. 강릉 호족 김순식이 떠나면서 강원 영동 지방이 떨어져 나갔고, 공주 호족 이흔암이 이탈하면서 충청 남부 지방을 후백제에게 잃었다. 내부에서도 반란 사건이 일어났다. 즉위 4일 만에 환선길 장군이 반란을 일으켜 1대 1로 맞서는 위기 상황에 처했고, 청주 출신 장군들이 반란을 일으키려다 발각되어 전부 도망가기도 했다. 연이은 궁예 지지 세력의 반란 사건과 지방 이탈로 정신을 차리지 못했다.

엎친 데 덮친 격으로 고려의 약점을 노린 후백제의 공격이 시작되었다. 왕건은 궁예의 부하 시절 후백제의 후방인 전라도 나주를 해군으로 공격해 점령하여 유명해졌는데 바로 그곳, 왕건의 상징과도 같은 나주가 후백제군에게 포위당해 연락이 끊겼고, 심지어 공산 전투에서는 견훤군에게 참패하여 장수와 병사를 모두 잃고 혼자 탈출하여 겨우 목숨만 구했다. 왕건의 고려는 점점 견훤의 후백제에게 멸망당하는 쪽으로 흘러가고 있었다.

하지만 왕건에게는 특별한 능

국립현대미술관에 있는 태조 왕건 어진. 고려 건국 초, 왕건은 호족들과의 혼인 정책으로 정권을 안정시켰다.

력이 있었다. 적을 동지로 돌리는 능력. 그 옛날, 중국 한나라의 유명한 장군 한신이 고조에게 "폐하께서는 많은 병사를 거느리는 장수가 될 수는 없지만, 장수들의 장수는 될 수 있으십니다."라며 덕을 찬양해 마지않았는데, 바로 그 덕이 왕건에게 있었다.

왕건은 호족들을 포섭하기 위해 서슴없이 자신을 낮추었다. 나이가 많거나 꼭 아군으로 끌어들여야 하는 호족은 '상보尙父'(아버지)라 부르며 극진히 모시고, 그 딸을 아내로 맞아들여 장인으로 대접했다. 이로써 많은 유력한 호족들이 왕건을 사위로 맞아들이면서, 고려 왕조의 문제를 자기 가족의 문제로 받아들이게 되었다.

왕건의 동상 2006년 6월 국립박물관에서 개최한 〈북한의 국보 특별전시회〉에서 가장 주목을 끈 유물은 왕건 동상이었다. 1992년 고려 태조릉(헌릉) 봉분 근처에서 발견된 높이 145센티미터의 등신상이다. 고려 왕들의 위패를 모시는 종묘에는 왕들의 조각상을 모셨다는데, 이 중 왕건의 것을 동상으로 만들지 않았나 싶다. 《고려사》에 왕건의 상에 옷을 바쳤다는 기록이 있는 걸로 보아 고려의 역대 왕들이 극진히 모셨음을 알 수 있다.

다른 왕의 동상도 만들었는지는 알 수 없지만, 유일하게 존재하는 것으로 보아 왕건의 동상이 특별히 보존되었음을 알 수 있다. 이는 창업주에 대한 예우이자 왕건이 고려 왕들의 사표師表였기 때문이었으리라. 왕건의 머리에 씌워진 관은 황제의 관으로, 황제 왕건의 동상은 가히 고려 왕의 상징이라 할 만하다.

왕건 등신상. 951년 무렵 제작되어 개성 봉은사에 봉안되었다가, 조선시대에 개성 왕건릉에 묻혔다. 고려시대에는 옷을 입혔다고 한다.

또한 왕건은 궁예나 견훤과 달리 신라 왕실과도 적극적으로 친선을 도모했다. 그래서 신라 왕실에 불만을 품고는 있지만 그렇다고 고려나 후백제에 복속된 것도 아닌 경상도 일대 호족들의 환심을 살 수 있었다. 훗날 후백제와의 관계를 역전시킨 고창전투의 승리도 이런 호족들의 협력으로 얻어 낸 것이었다.

백성에게 사랑받는 왕은 쫓겨나지 않는다!

그러나 호족들과의 협력은 양날의 칼이었다. 자기편을 많이 끌어들이면 좋지만, 왕과 대등한 사람들이 많아지면 그만큼 권력은 약해질 수밖에 없다. 후삼국 통일과 건국 초의 혼란 속에서 나라를 안정시키려면 호족들을 견제할 필요가 있었다. 그런데 생명의 은인이자 아버지와도 같은 호족들을 어떻게 견제하지?

그래서 나온 것이 '애민愛民 정책'이다. 백성들을 왕의 편으로 만들어 감히 호족이 왕의 권위를 넘보지 못하도록 하는 것이다. 백성들의 지지와 사랑을 받는 왕을 쫓아내거나 죽이면 민란이 일어나 오히려 화를 입는 것이 역사의 법칙이다. 왕건은 이를 간파하였다.

당시 백성들은 호족들의 과중한 수취에 고통 받고 있었다. '수취'란 곡물이나 물건을 걷거나 공사나 군대에 사람을 징발하는 것을 모두 포함하는 말이다. 원대한 꿈이 없는 호족은 자신의 권력과 사치를 위해 백성들을 무한대로 수취했다. 이 때문에 삶이 어려워진 농민들은 호족이나 유력 귀족들의 노비로 팔려가거나 살던 고향을 떠나 산적이 되어 산야를 헤맸다.

왕건은 유력한 호족들을 불러 백성들에 대한 수취를 생산의 10분의 1 이하로 제한하라고 권유하고, 이 권유를 따르는 호족들에게는 관직

졌지만 이긴 싸움, 공산전투 즉위 초부터 친 親신라 정책을 취한 왕건에게 신라에서 급히 SOS를 보냈다. 견훤의 대군이 서라벌로 쳐들어오고 있으니 급히 도와달라는 것이었다. 많은 신하들이 위험하다며 말렸으나 왕건은 5천 병사와 김락, 신숭겸 등 가장 신뢰하는 장군들을 이끌고 서라벌로 달려갔다. 하지만 한 발 늦어, 이미 후백제가 포석정에서 제사를 지내던 경애왕을 죽이고 그 왕비와 궁녀들을 욕보이고 서라벌을 약탈한 뒤였다.

왕건은 약탈을 마치고 돌아가는 후백제군을 격퇴하여 신라인들의 민심을 얻고자 공산으로 달려갔다. 왕건이 올 것을 예견한 견훤은

대구광역시 팔공사 인근 표충사(지묘사)에 있는 신숭겸 영정. 시신을 수습한 왕건이 숭겸의 넋을 기려 세운 절이라 한다.

공산 부근에 병력을 매복시키고 왕건을 기다렸다. 함정에 빠진 왕건 군대는 전멸했고, 왕건은 신숭겸과 도망쳤다. 이때 신숭겸이 "제가 전하와 용모가 비슷하니 옷을 바꿔 입고 도망치십시오." 하였다. 결국 신숭겸이 대신 죽고 왕건은 혼자 달아나 겨우 목숨을 부지하였다.

그 후 몇 년간 왕건은 후백제에 연전연패하며 궁지에 몰렸다. 하지만 공산전투를 계기로 경상도 호족들이 견훤의 포악함을 두려워하고 왕건의 의리에 탄복하면서 조금씩 고려 쪽으로 기울기 시작했다. 결국 고려는 경상도 호족들의 도움으로 재기의 발판을 마련하고 신라를 흡수하여 결정적 승기를 얻었다. 전쟁이란 이기고도 지고 지고도 이기는 것이라더니, 공산전투가 바로 그런 전쟁이었다.

을 내리는 등 여러 혜택을 주어 손해를 배상해 주었다. 일부 호족들은 왕의 권유를 뿌리쳤지만, 건국 공신인 호족들은 나라의 안정을 위해 따르지 않을 수 없었다. 왕건은 힘이 약한 호족들의 경우에는 여러 제도를 통해 왕의 명령에 복종하도록 회유하거나 압박했다. 이로써 백성들의 생활이 신라 말기나 후삼국시대보다 안정되고 윤택해졌다.

당시 백성들에게 권력의 부당한 횡포와 과중한 수취는 까마득한 옛날, 아버지의 할아버지 때부터 이어져 온 일이었다. 신라 말의 혼란이 진성여왕 때부터 시작되었다고 쳐도 60년 이상 이어지고 있었다. 그런 혼란이 수습되고, 무엇보다 살림살이가 나아지니 누가 왕건을 싫어했겠는가.

10세기 최고의 인기 스타, 평범한 무지렁이 백성들의 영웅, 보기만 하면 자지러지게 소리 지르고 환호하고 싶은 아이돌, 왕건이 바로 그런 인물이었다.

38

피가 강물처럼 흐르는 대숙청의 시대
광종

교과서 속 한 줄 역사 고려 제4대 왕 광종은 노비안검법을 실시하여 호족의 세력을 약화시키고, 과거제도를 시행하여 신진 인사를 등용하였다. 일련의 개혁으로 자신감을 가지게 된 광종은 공신과 호족 세력을 제거하여 왕권을 강화하고, 광덕·준풍 등 독자적인 연호를 제정하였다.

역사를 공부하다 보면 '연호年號'라는 단어를 자주 접하게 된다. 그런데 막상 "연호가 뭐지?" 하고 물어보면 대답하지 못하는 학생들이 많다. 연호란 연대에 붙는 이름이다. 가령 서기 2014년은 단기檀紀(단군 즉위 기원) 4347년이고, 불기佛紀(부처 열반 기원) 2568년이며, 이슬람력 히즈라 1391년이다. 서기, 단기, 불기, 히즈라가 바로 연호다. 왕이 다스리는 나라에서 연호는 왕의 통치 목표를 의미하기도 한다. 예를 들어, 현재 일본의 연호는 '헤이세이平成'다.(2014년은 헤이세이 25년) 헤이세이는 현 아키히토 천황의 통치 기간을 의미하며, 이전에는 쇼와(히

로히토 천황), 다이쇼, 메이지 등의 연호를 사용했다.

요즘에는 대부분의 나라들이 국제 기준에 맞추어 '서기'를 쓰지만, 과거에는 강력한 왕권을 가진 독립국가임을 드러내기 위해, 혹은 특정 종교권임을 강조하는 의미로 연호를 사용했다. 전자의 경우가 일본의 연호라면, 서기·불기·히즈라는 후자에 해당한다.

혜종과 정종 두 형이 줄줄이 죽는 걸 보고

우리도 독자적인 연호를 사용했다. 고구려 광개토대왕의 영락永樂, 신라 법흥왕의 건원建元, 진흥왕의 개국開國·대창大昌·홍제鴻薺, 진평왕의 건복建福, 선덕여왕의 인평仁平, 진덕여왕의 태화太和, 후고구려 궁예의 무태武泰 등이 대표적이다. 그리고 또 한 사람, '덕을 널리 비춘다'는 뜻의 '광덕光德'이란 연호를 사용한 고려의 광종(재위 949~975)이 있다.◉

광종은 어떤 왕이었기에 광개토왕이나 진흥왕, 궁예처럼 독자적인 연호를 사용할 걸까?

광종은 태조 왕건의 셋째(정확히는 넷째) 아들이다. 태조는 29명의 부인에게서 25남 9녀를 두었다. 이 중 첫째가 나주의 호족 출신인 장화왕후 오씨 소생 혜종이고, 둘째가 충주 호족 출신인 신명순성왕후 유씨 소생의 정종이다. 광종은 신명순성왕후의 그 다음 아들이다. 만

◉ 고려 태조도 '천수千授'라는 독자적 연호를 사용하기는 했지만, 이는 후고구려의 연호 제도를 그대로 계승한 걸로 보인다. 그래서 933년 중국 후당과 외교관계를 수립하자 연호를 폐지하고 중국 연호를 사용하기 시작했다.

약 고려 왕조가 평안했다면 그는 왕이 될 수 없었을 것이다.

태조 왕건이 호족을 포섭하려고 수많은 결혼동맹을 맺은 탓에 태조 사후 호족 출신 외척들 사이에서 권력 쟁탈전이 벌어졌다. 태조의 뒤를 이어 즉위한 혜종은 외척인 나주 호족 오씨 집안의 힘이 약해서 다른 강력한 호족의 등쌀에 시달리다가 재위 2년 만에 의문투성이의 죽음을 당했다.

혜종의 뒤를 이어 즉위한 정종의 외척 충주 유씨 집안은 세력이 막강했다. 덕분에 초기에 정종은 의욕적으로 개혁 정책을 펼치며 고려를 안정시키려고 노력했다. 하지만 그의 정책은 호족들의 반발에 부딪혔고, 결국 정종은 마음의 병을 얻어 3년 만에 죽고 말았다.

두 형의 뒤를 이어 즉위한 광종은 호족을 억누르지 못하면 아무 일도 할 수 없고, 나라가 흔들릴 수도 있다고 생각했을 것이다. 고려가 후삼국을 통일한 이후 13년간 왕이 3명이나 죽었으니, 이는 보통 일이 아니었다. 광종은 자신의 외척 세력과 북진정책을 통해 양성한 서경 세력을 토대로 호족 견제 정책을 추진했다. 그것이 바로 노비안검법과 과거제 시행이다.

고려 왕조 500년 중 유일한 절대왕권

'노비안검법'은 부당하게 노비가 된 사람들을 해방하는 제도이다. 당시 많은 노비들이 신라 말 평민이었다가 호족의 등쌀에 노비로 전락한 사람들이어서 노비안검법은 굉장한 호응을 얻었다. 당연히 호족들은 상당한 타격을 입었다. 그리고 얼마 후 광종은 중국 후주後周의 관리 출신인 쌍기雙冀의 건의를 받아들여 과거제를 시행했다.

과거제는 유교 경전을 시험 보고 합격자를 뽑아 관리를 채용하는 제도이므로, 무신 출신이 많고 학문이 짧은 호족에게는 불리한 제도였다. 과거제 시행으로 호족의 자식들은 관직 진출이 어려워진 반면, 신라 6두품 출신 유학자들이 대거 등용되어 왕을 뒷받침하는 세력이 되었다.

노비안검법과 과거제는 호족들의 권력 기반인 경제력과 군사력을 모두 빼앗아 갔다. 호족들은 반발했지만, 이는 오히려 광종에게 다음 단계로 넘어갈 기회 혹은 명분을 제공했다. 960년 권신이 준홍·왕동을 반역 혐의로 고발하자, 광종은 이들을 죽이고 최지몽(왕건에게 후삼국 통일을 예언하여 크게 사랑받은 신하) 등의 개국공신들과 조카인 혜종 및 정종의 아들들까지 역모 사건으로 처형했다.

이들이 정말 역모를 계획했는지, 광종이 누명을 씌워 죽였는지는 알 수 없다. 광종 치세는 피가 강물처럼 흐르는 대숙청의 시기였다. 얼마나 많은 사람을 죽였는지 광종 초 수백 명에 달하던 호족 출신 공신들이 광종 사후 40여 명만 남았다.

이제 왕에게 대항할 호족은

광종이 태조의 원당으로 봉은사를 창건하고, 어머니 유씨의 원당으로 개경 부근에 창건한 불일사의 5층탑.

없었다. 광종 치세기에 호족들은 납작 엎드려 목숨을 보존하려 전전 긍긍했다. 그들은 광종이 관료들의 공복을 제정해 차등대로 옷 색깔을 정해도, 독자적인 연호를 사용해 주변 국가들과의 사이가 불편해져도 감히 반대하지 못했다. 고려 왕조 500년 중 유일무이한 절대왕권의 시대였다.

39
고구려의 옛 땅을 둘러싼 정치전쟁
1차 여요 전쟁

교과서 속 한 줄 역사 10세기 초 요나라를 세운 거란은 송과의 대결에서 유리한 위치를 차지하고자 고려를 침략하였다. 요는 옛 고구려 땅을 내놓고 송과 교류를 끊으라고 요구하였다. 그때 서희가 나서서 고려가 고구려의 후계자임을 인정받고, 압록강 이남 강동 6주를 확보하는 담판을 성사시켰다.

993년 10월, 고려 조정에 급보가 날아들었다.

"요나라 소손녕이 이끄는 대군이 청천강을 건너 쳐들어왔습니다. 그들이 사신을 보내 왔습니다."

소손녕이 보낸 편지는 항복 권유문이었다.

"우리 요는 고구려의 옛 땅을 모두 차지했다. 그런데 너희는 평양을 넘어 우리 땅을 침범하였다. 당장 항복하라. 그렇지 않으면 우리 80만 대군이 고려를 초토화시킬 것이다."

80만 대군이라는 말에 고려 신하들은 사색이 되었다. 500년 전 고구려라면 몰라도 당시 고려가 80만 대군을 당해 낼 수는 없었다.

"폐하, 요에게 서경(평양) 이북의 땅을 넘겨주고 화해하십시오."

조정의 여론이 서경 이북의 땅을 요에 넘기고 화해하자는 쪽으로 쏠리는 순간, 서희徐熙가 나섰다.

"고구려의 옛 땅이라면 지금 한강 이북도 고구려의 옛 땅입니다. 어디까지 넘겨주면 그들이 만족하겠습니까? 한 번 크게 싸워 본 뒤 그런 이야기를 해도 늦지 않을 것입니다."

북진정책의 속사정

80만 대군이라면 우리 역사에서는 꾸려진 적 없는 대병력이고, 중국 사에서도 삼국시대 위나라 조조의 97만 대군과 수나라 양제의 고구려 정벌군 113만 명 외에는 그 유례를 찾아보기 어려운 어마어마한 규모이다. 요나라는 어떻게 이런 대병력을 꾸렸으며 이끌고 쳐들어 왔을까? 또, 고구려의 옛 영토 문제는 어떤 맥락에서 나온 것일까?

우선, 중국 측 기록에는 고려를 침략한 요나라군의 정확한 수는 나오지 않는다. 따라서 80만 대군이라는 주장은 과장이었을 가능성이 높다. 당시 요가 동원할 수 있는 군대의 규모는 6만 정도. 즉, 10배 이상 과장된 숫자이다. 그래서 국제 정세에 어두웠던 고려 신하들이 80만 대군이라는 말에 벌벌 떠는 와중에, 송나라에 사신으로 가서 중국 정세를 직접 관찰했던 서희는 그것이 거짓 선전임을 간파했던 것이다.

그렇다면 요는 왜 고구려 땅을 들먹였을까? 요는 발해를 멸망시키고 만주를 장악하며 성장한 나라이다. 즉, 고구려의 옛 땅을 지배하는 나라였다. 따라서 고구려의 부활을 국가 이데올로기로 삼고 북진정책을 추진하던 고려와 충돌할 수밖에 없었다. 요가 고려를 복종시키려면 고려의 고구려 계승 이데올로기를 부정해야만 했다.

이처럼 요나라가 고구려와 고려를 별개로 나누어야 했다면, 고려는 고려와 고구려를 단일한 존재로 통합해야만 했다.

고려는 처음부터 고구려 계승을 표방했다. 그래서 국호도 ‘고려’로 정하고 강력한 북진정책을 추진하여, 태조 왕건 때에는 마침내 평양을 넘어 청천강 유역까지 영토를 확대했다. 태조는 옛 고구려의 수도인 서경(평양)에 왕이 100일 이상 머무르라는 것을 유언으로 남길 정도로 고구려 계승을 강조했으며, 3대 왕 정종은 광군光軍 30만 명을 구성해 북진을 준비하고 서경으로 천도할 계획까지 세웠다.

고려 왕들이 이토록 강력하게 고구려 계승을 천명한 이유는, 건국 세력인 호족들을 하나로 통합하고 고려 왕조에 충성을 바치게 할 이데올로기가 필요했기 때문이다. 고려 조정은 고구려 계승과 북진정책의 정당성을 설파하며 이를 실현하려면 강력한 왕권과 호족들의 충성이 필요하다고 강조했다. 대표적인 사례가 정종 때 조직한 30만 ‘광군’이다. 광군은 호족들의 사병이나 호족들이 관리하던 농민들로 구성되었을 것으로 추정된다. 북진정책을 명분으로 내세워 이들을 동원함으로써 왕권을 강화하고 호족 세력을 약화시킨 것이다.

고려 왕실은 북진정책을 추진하면서 서경을 요새화하고 이곳에 군대를 배치하여 왕실 세력의 근거지로 삼았다. 태조 왕건이 사망하자 서경의 왕식렴이 군대를 몰고 와 권신 왕규를 죽이고 혜종을 즉위시

킨 것, 서북면 방어사였던 강조가 서경 일대의 군사 5천여 명을 몰고
와 권신 김치양을 죽이고 현종을 즉위시킨 것도 다 이 군대이다. 서경
은 훗날 묘청이 서경천도운동을 벌일 때까지 200여 년간 고려 왕실의
중요한 무력 기반이자 근거지였는데, 서경 군대의 존재 이유가 바로
고구려 계승과 북진정책이었다.

강동 6주를 얻다

서희는 누구보다 이런 상황을 잘 이해하고 있었다. 요의 80만 대군이
거짓 선전이라는 것도, 고려가 고구려 계승을 포기하는 순간 나라의
존립 자체가 위험해질 수 있다는 것도 잘 알았다. 그래서 고려 조정
내 호족 세력들의 타협안을 단호하게 뿌리치고 요와의 전쟁을 주장
했다.

　그로부터 얼마 후 고려 조정에 희소식이 날아왔다. 청천강 연안의
안융신을 공격하던 요군의 선봉 부대가 고려군에 참쾌했다는 것이었
다. 소손녕은 다시 사신을 보내어 항복을 요구했지만, 고려 정부는 오
히려 담판을 제안했다. 적의 실체를 안 이상 불리할 게 없었다. 마침
내 윤10월, 서희와 소손녕의 역사적 담판이 벌어졌다.

"너희는 신라를 계승한 나라로서 왜 고구려의 옛 땅을 침범하는가?
왜 이웃 나라인 요와 화친하지 않고 먼 송나라와 화친하는가?"

소손녕의 항의에 서희는 부드럽게 대답했다.

"우리는 고구려를 계승한 나라로서 국호도 고려이다. 그러니 지금 요의 수도인 상경上京도 원래 우리 땅이다. 왜 우리라고 이웃 요나라 와 화친하고 싶지 않겠는가. 하지만 요로 가는 길을 여진이 막아 갈 수 없다. 우리가 청천 이북 압록 이남의 땅에 사는 여진을 토벌하고 요새를 쌓아 교통로를 지킬 수 있다면 요나라와 국교를 맺고 화목 하게 지낼 것이다."

요가 서희의 제안을 받아들여 압록 이남의 땅을 고려에게 넘기니 이 것이 강동 6주이며, 이로써 우리 영토는 다시 압록강까지 확장되었다.

결국 제1차 '고려 – 요 전쟁'은 정치적 성격이 매우 짙은 전쟁이었 다. 요는 송과 전쟁을 치르기 전 고려와 여진의 관계를 외교적으로 해 결해야만 했기에 과장된 허세를 보이며 고려를 침략했다. 고려 내부 에서는 고구려 계승의식을 지키려는 왕권 강화 세력과 그에 반대하 는 호족 세력의 갈등이 전쟁 진행 과정에서 심 각하게 불거졌다. 이 모 든 문제를 집약해서 유 리하게 해결한 것이 서 희였으니, 서희의 담판 은 고려의 운명을 결정 한 중요한 정치적 사건 이었던 셈이다.

서희가 거란의 요나라를 상대로 확보한 강동 6주.

40
11세기 고려의 힘
귀주대첩

교과서 속 한 줄 역사 고려는 북진정책을 추진하면서 송과 손을 잡고 거란에 강경하게 대응했다. 거란은 3차에 걸쳐 침입하였으나 결국 패하고 돌아갔다. 이로써 고려와 송, 거란 사이에 균형이 유지되었고 더 이상의 전쟁은 없었다.

한반도는 열강 사이에 끼인 나라로, 춘추전국시대 정鄭나라의 처지와 비슷하다. 정나라는 진나라와 초나라라는 엄청난 강국 사이에 낀 작은 소국이었다. 더군다나 진과 초가 꼭 점령해야 할 중요한 전략적 요충지에 자리 잡고 있어서 항상 침략 위협에 시달려야 했다. 그런데 정나라는 내부적으로 굳건히 뭉치고 알차게 국력을 키워 오히려 이런 조건을 유리하게 활용했다. 초와 진이 함부로 넘볼 수 없도록 국력을 키운 뒤 초와 진 사이에서 중립외교를 펼친 것이다. 진과 초는 정이 상대 나라에 넘어가지 못하도록 정나라가 원하

는 대로 할 수밖에 없었고, 이 때문에 오히려 정나라가 중원의 강자
가 될 수 있었다. 하지만 얼마 후 정나라의 힘이 약해지자 초와 진
은 서로 먼저 정을 먹으려고 침략해 와 끝내는 멸망하고 말았다.

– 박규수, 《환재집瓛齋集》(김윤식 편) 내용을 풀어 씀

19세기 후반, 초기 개화파를 이끌었던 박규수는 당시 우리의 정세를
이렇게 설명했다. 한반도는 대륙에서 바다로, 해양에서 대륙으로 나
아갈 수 있는 전략적 요충지여서 열강들이 노리고 있었다. 우리 스스
로 능히 지킬 수 있다면 열강들이 저들의 이익을 위해 우리를 섬기겠
지만, 스스로 지키지 못하면 열강들이 달려들어 갈기갈기 찢어 놓을
것이 뻔했다. 박규수는 우리가 이처럼 기회이자 위기에 처해 있으니
적극적으로 힘을 키워 잘 헤쳐 나가야 한다고 주장했다. 그러나 이후
우리가 어떤 길을 걸었는지는 모두 다 아는 사실이다. 그런데 만약 정
반대 경우였다면 어찌 되었을까? 지금으로부터 1천 년 전 고려의 모
습은 이 의문을 풀어 준다.

21년간 이어진 세 차례의 침입

고려가 건국할 무렵인 10세기, 중국은 당나라가 망한 뒤 여러 나라로
분열되어 혼란했고, 이 틈을 타서 거란의 요나라가 지금의 베이징 지
방까지 세력을 확장하여 대륙을 넘보고 있었다. 이후 송나라가 중국
을 통일했지만, 강력한 군사력을 보유한 요의 침략 위협에 늘 불안한
상태였다.

요는 전력을 다해 공격하면 통일 직후 아직 정치가 불안정한 송나라를 정복할 수 있다고 보았다. 문제는 송 배후의 고려였다. 만약 고려와 송이 손을 잡고 후방을 공격하여 요의 수도를 점령한다면? 그래서 요는 고려에 적극 친선을 제안했으나, 고려는 이를 거절했다. 요와 같은 호전적인 유목국가가 중국을 통일하고 중원을 차지하는 것은 고려로서는 결코 바람직한 상황이 아니었기 때문이다.

고려가 제의를 거절하자, 요는 곧 고려를 침공했다. 3차에 걸친 요(거란)의 침입은 무려 21년 동안 이어졌다. 서희의 담판으로 마무리된 여요 1차 전쟁(993)에 이어, 1010년 일어난 2차 전쟁에서 고려는 총사령관 강조가 처형당하는 참패를 당했다. 고려는 항복하는 척하며 요나라 군대를 돌려보낸 뒤 30만 대군을 양성하며 복수를 꾀했다. 고려가 거짓으로 항복한 것을 안 요가 1018년 다시 쳐들어와 3차 전쟁이 터졌다.

"고려 사신 접대에 나라가 거덜 난다"

3차 전쟁 때 요는 초반부터 고전을 면치 못했다. 압록강 홍화진에서부터 고려군에 패배한 요군은 수도 개경 점령만이 유일한 희망이라며 무모하게 앞으로만 전진했다. 곳곳에서 계속 얻어터지며 방황하던 요군은 개경 앞에서 후퇴하기 시작했으나, 그나마 귀주에서 전멸당했다. 저 유명한 강감찬 장군의 귀주대첩이다. 이 전투는 고려와 요가 치른 마지막 전쟁이 되었다. 결국 요는 배후의 위협을 제거하는 데 실패했다.

한 가지 재밌는 사실은, 이 전쟁이 끝난 직후 고려가 승전 축하연을 송의 수도 개봉에서 열었다는 것이다. 왜 고려의 승전 축하연을 송의 수도에서 거창하게 벌였을까?

고려의 힘을 과시한 것이다. '우리가 거란의 배후를 잡고 있는 한

'문신' 강감찬 장군   이순신, 세종대왕, 강감찬……. 우리나라 어린이들이 좋아하는 한국사 위인들이다. 이 중 강감찬 장군은 고구려의 을지문덕, 조선의 이순신 장군과 함께 외적의 침략을 물리친 시대를 대표하는 무장이다. 어릴 때 읽은 위인전 속 강감찬은 작은 키에 다부진 성격, 지혜로운 전략을 구사하는 장군이었다. 고려 건국 초기에 태어난 강감찬은, 사실 과거에 급제해 관직에 오른 문신이었다. 북진정책을 주장한 대표적 신하로서, 요의 1차 침입 때부터 강력한 대응을 주장했고, 2차 침입으로 고려군이 패전했을 때에는 항복해야 한다고 주장하는 신하들을 뿌리치고 왕을 전라도로 피신시켜 끝까지 버티게 했다. 60대의 노老신하로서 요의 3차 침입을 대비하는 역할을 맡았고, 마침내 요가 침입해 오자 70세의 나이에 상원수가 되어 전쟁을 지휘했다. 당시 고려는 문신이 상원수를 맡고 무신이 그 밑의 지휘관을 맡아 전쟁을 치르는 문신 우위 체제였기에, 그가 상원수로서 전쟁을 치른 것이다.

마침내 대승을 거둔 강감찬은 83세까지 장수하며 오늘날의 총리에 해당하는 문하시중에 오르는 등 최고의 영화를 누렸다. 그리고 이후 1천 년간 우리 민족이 위기를 겪을 때마다 국난을 극복한 대표적 영웅으로 숭배 받고 있다.

귀주대첩 민족기록화. 귀주대첩은 여요 3차 전쟁 때 일어난 전투이다.

너희는 안전하다. 거란은 절대로 고려를 넘볼 수 없다. 너희는 우리 덕에 편안을 누리는 것이다.' 송나라에 이런 메시지를 날린 것이다.

과연 송은 그 후 100년간 고려를 극진히 대접하여, 당시 송에서 고려 사신들이 묵는 숙소가 외교 사신 숙소들 중 가장 컸다고 한다. 얼마나 극진했으면, 중국의 유명한 시인 소동파가 고려 사신을 접대하느라 나라가 거덜 난다며 반고려 투쟁을 선동했다고도 한다. 고려의 왕이 황제를 칭해도 송이나 요는 묵인할 수밖에 없었다. 고려가 그들과 대등함을 인정한 것이다.

고려가 초기 100여 년간 누렸던 태평성대야말로 1천 년 뒤 박규수가 꿈꾼 세상이 아니었을까?

41
귀족 사회에 불어닥친 사교육 열풍
사학 12도

교과서 속 한 줄 역사 고려 중기에 최충의 문헌공도를 비롯한 사학 12도가 융성하였다. 사학에서 교육을 받은 학생이 과거에서 좋은 성적을 거두자 관학 교육은 위축되었다. 이에 정부는 관학 진흥을 위해 여러 시책을 추진하였다.

역사 교과서에서는 고려를 '문벌 귀족 사회'라고 설명하고, 문벌 귀족의 특징으로 부모 덕에 과거를 치르지 않고 관직에 오르는 음서제, 토지의 수조권을 세습 받는 공음전, 문벌 귀족끼리 결혼하는 중첩된 혼인제도 등을 예로 든다. 그래서 많은 학생들이 고려시대 과거제도를 과소평가한다. 하지만 《고려사》〈열전〉에 오른 유명한 인물 650명 중 과거 출신은 340명, 음서 출신은 40명, 기타가 270명"이고, "음서 출신 40명 중 9명은 다시 과거를 쳐서 합격"(박종기,《5백년 고려사》)할 만큼 고려시대는 과거를 통해 관직에 오르는 것이 일반적이었다.

과거 입시 전문기관의 등장

실제로 음서의 '빽'만으로 관직에 발을 들여 고위직까지 오른 명문가 자제는 많지 않았다. 또 음서를 통해 어느 정도 고위직에 오르더라도, 그때부터는 같은 문벌 귀족들끼리의 경쟁이므로 능력을 보여야만 문하시중 같은 최고위직까지 오를 수 있었다. 그래서 고려 중기까지는 과거를 선호했다. 시간이 걸리고 힘이 들더라도 가능한 한 과거에 급제해서 관직에 오르는 게 출세의 지름길이었던 것이다. 즉, 음서는 문벌 귀족을 뒷받침하는 제도적 특징의 하나일 뿐 고려 귀족 사회 전체의 일반적 모습은 아니었다.

이처럼 과거가 출세의 지름길이다 보니 너도나도 입시 전문 교육에 매달렸다. 하지만 예나 지금이나 공교육은 보편적·국민적 교육을 지향하지 개인적인 경쟁 교육에 치중하지 않는다. 자식을 과거에 합격시켜 출세시키려는 부모 입장에서는 좀 더 화끈한 전문 교육기관을 원할 수밖에 없다. 이때 혜성처럼 등장한 것이 최충崔沖의 '9재 학당'이다. 최충은 목종 때 과거에 급제하여 관직 생활을 시작한 이래 5명의 임금을 섬기며 유교 정치 발전에 큰 공을 세웠다. '해동공자海東孔子'라고 불릴 만큼 유교에 박식하고, 과거제를 비롯한 유교 정치에 통달한 사람이었다. 그런 그가 기숙사식 입시 학원을 세웠으니 학생들이 몰리는 것이 당연했다.

'9재 학당'이란 이름은 학당을 9개의 학급으로 운영하였기에 붙여진 것이다. 9개 학급은 각각 악성樂聖·대중大中·성명誠明·경업敬業·호도浩道·솔성率性·진덕進德·대화大和·대빙待聘으로, 유교 경전을 공부하며 과거에 대비하는 한편 유교적 덕행을 연마하는 것도 게을리하지 않았다. 9재 학당 출신들은 과거 합격률이 대단히 높아서 전국에서 학생들이 구름처럼 몰려들었다. 그러다 보니 관료 사회에서 9재 학당 출신들이 일종의 학맥을 형성하게 되었다. 이들을 '문헌공도文憲公徒'라 하는데, 이들을 바라보는 당대의 시선은 오늘날 외고 출신들을 향한 시선처럼 마냥 곱지만은 않았던 모양이다.

고려 사학 12도를 대표하는 9재 학당의 설립자 '해동공자' 최충.

각종 공교육 정상화 방안이 소용없더니

9재 학당이 큰 성공을 거두자 다른 유학자들도 너도 나도 입시 학원을 세웠다. 그중 유명한 일류 학원 12곳을 '사학 12도'라 했다. 최충의 문헌공도, 정배걸鄭倍傑의 홍문공도弘文公徒, 노단盧旦의 광헌공도匡憲公徒, 김상빈金尙賓의 남산도南山徒, 김무체金無滯의 서원도西園徒, 은정殷鼎의 문충공도文忠公徒, 김의진金義珍의 양신공도良愼公徒, 황영黃瑩의 정경공도貞敬公徒, 유감柳監의 충평공도忠平公徒, 문정文正의 정헌공도貞憲公徒, 서석徐碩의 서시랑도徐侍郎徒, 창립자를 알 수 없는 구산도龜山徒. 12학당은 좀 더 많은 과거 합격자를 배출하고자 치열한 경쟁을 벌였다.

이처럼 과거 합격을 위한 스파르타식 교육 속에서 사학 12도는 점점 교육 본연의 모습을 잃어 갔다. 끊임없이 시험을 치러 성적이 저조한 학생을 여러 가지 방식으로 처벌했다. 엄청난 숙제는 기본이고 밥을 굶기기도 했으며, 그래도 따라가지 못하면 퇴학시켜 버렸다. 학생들은 암기와 시험의 노예가 되었고, 과거에 급제한 다음에는 출신 학원의 이익만 챙길 뿐 정작 관리로서의 능력은 부족한 경우가 많았다. 이는 문벌 귀족의 권력 및 재산 독점과 맞물리면서 고려 사회를 병들게 하는 원인이 되었다.

마침내 왕이 개혁의 칼을 빼들었다. 고려 제16대 왕 예종은 '국학 7재'를 만들어 사학에 대항했고, 이어 즉위한 인종은 각종 공교육 지원책을 마련했다. 하지만 문벌 귀족의 권력 독점과 맞물린 사학 열풍을 잠재우기에는 역부족이었다. 공교육 정상화 방안은 대부분 실패로 돌아갔다.

100년 이상 이어진 사교육 열풍은 문벌 귀족이 몰락하면서야 막을 내렸다. 무신정변으로 문벌 귀족이 몰락하면서 사학 12도의 수요층도 사라진 것이다. 이후 사학 12도는 점점 쇠퇴하다 고려 말 성리학자들의 공교육 진흥 움직임 속에서 폐지되었다.

결국 고려시대 사교육은 문벌 귀족의 권력 독점과 문벌 귀족 간의 경쟁이 낳은 사생아였다. 비록 일시적으로 유교 발달에 공헌하기도 했지만 궁극적으로는 과거제 본연의 기능, 즉 새로운 인재 등용과 그에 따른 신구 세력 교체 기능을 망가뜨렸다. 그 때문에 고려 사회는 정체되었고, 결국 후기의 대혼란이 이어졌다.

42
누가 이렇게 크고 무서운 불상을 만들었지?
고려 철불

지금은 철거된 구 조선총독부 건물(중앙청)이 국립박물관이던 시절, 그곳에서 처음으로 거대한 철불鐵佛 두 구를 보았다. 내 기억으로 춘궁리 철불(하남 철조석가여래좌상)과 보원사 고려 철불이었던 것 같다. 평일 낮 시간이라 한산한 박물관에서 혼자 전시실에 들어갔다가 떡하니 거대한 철불과 마주한 순간 갑자기 소름이 끼쳤다. 못생긴 데다 여기저기 땜질한 자국투성이인 거대한 철불의 험상궂은 얼굴이 나를 내려다보는데, 이마의 번쩍이는 금빛이 마치 공포영화의 특수효과 같았다. 몸과 마음이 허했던 수험생 시절, 나는 무서워서 얼른 전시실에서 나와 버렸다. 부처님은 자비로운 존재인데 누가 저런 불상을 만들었단 말인가?

나말여초 지방 호족의 상징

신라 말 고려 초, 지방에서는 대형 철불을 만드는 것이 유행했다. 철불을 만든 이유는 간단하다. 만들기 쉬워서다. 철은 다른 불상 재료에 비해 가공하기 쉽고 구하기도 쉬웠다. 이전에 철불을 만들지 못한 것은 지방이 낙후한 까닭에 철이 상대적으로 부족했기 때문인데, 신라 말 지방 세력이 성장하면서 유력한 호족들이 철을 풍부히 소유하게 되었다. 그러자 호족들이 저마다 자기 절을 세우면서 세력 과시용으로 거대한 철불을 만들기 시작했다. 고려 초에 철불이 많이, 그것도 크게 만들어진 것은 이 때문이다.

철불만이 아니다. 거대한 석불도 지방에서 유행했다. 대표적인 불상이 충남 논산에 있는 관촉사 석조미륵보살 입상이다. 이 석불은 높이가 무려 18미터에 이른다. 18미터라면 아파트 6~7층 높이니 그 크기를 짐작할 수 있으리라. 그런데 이 미륵보살도 참 못생겼다. 엄

고려시대에 제작된 거대 불상. 논산 관촉사 '석조미륵보살입상'(은진미륵)(왼쪽)과 하남 춘궁리 철불.

청난 가분수에다 부리부리한 눈으로 거만하게 아래를 내려다보고 있다.

춘궁리 철불과 관촉사 미륵보살은 왜 이리 크고 무섭게 생긴 걸까? 이 또한 호족의 입장에서 만들었기 때문이다. 신라 말 고려 초 호족은 서울 귀족들의 교종敎宗에 대항하여 선종禪宗을 받아들였고, 이를 바탕으로 독자적 세력을 유지하며 지방민들을 지배하려 했다. 따라서 호족의 불교는 중앙 권력에 저항하고 지방민을 지배하는 성격을 지녔다. 그러니 호족이 조성한 불상 역시 자비롭고 예술적이기보다는 엄격하고 서툰 모습일 수밖에 없었다. 서울 귀족들의 조화롭고 세련된 불상을 따라가기에는 기술적으로나 정신적으로 여유가 없었을 것이다.

지방 문화를 보면 그 나라의 수준이 보인다

철불과 거대한 석불에 나타나는 고려 지방문화의 성장은 역사적으로 어떤 의미가 있을까?

나라가 발전할수록 지방과 서울의 격차는 줄어드는 법이다. 현대 이집트의 카이로나 케냐의 나이로비에 가 보면 유럽의 여느 대도시와 큰 차이가 없다. 그들도 고층 빌딩의 에어컨 나오는 사무실에서 양복 입고 컴퓨터로 화상회의 하고 첨단 사무기기로 일한다. 아프리카라고 야외에 텐트 치고 연필로 글씨 쓰며 기업을 경영하지 않는다는 말이다. 하지만 나이로비에서 차를 타고 한 시간 정도만 달리면, 사바나 초원에서 기린과 사자가 뛰어놀고 아이들은 맨발에 벌거벗고 다니며 진흙으로 구운 빵을 먹는다. 그만큼 도시와 지방의 격차가 큰 것이다.

결국 문명 혹은 한 나라의 발전 정도는 도시가 아닌 지방의 모습에서 판가름 난다. 우리 역사도 마찬가지다. 사실 수도의 화려함만 비교한다면 신라의 서라벌이나 고려의 개경, 조선의 한양이 그리 큰 차이가 나지 않을 것이다. 오히려 인구 면에서는 개경이나 서라벌보다 한양의 규모가 더 작았던 것으로 보인다. 하지만 지방의 수준을 본다

아주 간단한 절 구경법 불교에서는 부처님이 여러 명이다. 그래서 도무지 뭐가 뭔지 알 수가 없다. 절은 주요 문화재라서 체험 활동이나 수학여행에서 빠질 수 없는 코스다. 불교 신자도 아닌데 절에 가야 하는 학생들의 고충을 덜어 주고자 아주 간단한 절 구경법을 소개하려 한다. 절에 들어서면 가장 먼저 험상궂은 두 명의 근육맨이 노려보고 서 있다. '금강역사' 라고 한다. 절의 수위 아저씨인 셈이다. 수위 아저씨 허락 없이 학교에 들어갈 수 없듯, 금강역사가 "잡상인 나가요." 하면 절에 못 들어간다. 경건히 인사하고 들어가라. 그 다음에는, 역시 험상궂은 네 명의 장군들이 두 명씩 짝지어 서서 노려보고 있을 것이다. 사천왕이다. 이들은 경호원이다. 부처님한테 손가락 하나라도 대면 들고 있는 무기로 당장 벌을 줄 것이다. 그러니 얌전히 잘 보고 나오겠다고 약속하고 들어가면 된다.

절 안에 들어가면 보통 정면에 대웅전이 있다. 대웅전에 모셔진 불상이 바로 부처님, 즉 석가모니다. 석가모니는 보통 무릎 위에 손을 얹고 있다. 인사하고 소원을 빌면 된다. 부처님 좌우에 있는 작은 불상은 협시불이라 하는데, 협시불은 종파에 따라 조금씩 달라진다.

대웅전 좌우에는 이런저런 건물들이 있다. 건물 안에는 부처님과 보살이 있는데, 머리에 관을 쓰고 있거나 관

금강역사.

면 분명 신라보다 고려가, 고려보다 조선이 더 발전된 사회였다. 철불
과 석불은 이런 지방 문화의 수준 차이를 보여 주는 대표적 예라고 할
수 있다.

안에 작은 불상이 있으면 관음보살이고, 이 부처님이 계신 건물을 관음
전이라 한다. 현실의 행복을 주재하는 신이니 당장 급한 것이 있으면
이 분께 빌 것.

왼손은 펴고 오른손으로는 검지(다른 손가락일 때도 있다.)와 엄지로 동그라
미를 그리고 있는 부처님은 아미타불이고, 이 부처님이 계신 건물은 극
락전이다. 극락, 말 그대로 천국을 관장하는 분이다. 불가에서 왜 그렇
게 나무아미타불을 외우는지 이해가 가는지.

지팡이를 들고 있거나 평범한 스님처럼 생긴 불상이 주위에 채색된 인
형들 열 명과 함께 있으면 꼭 절할 것. 지장보살로서 저승을
주관하는 신이며, 그분이 계신 건물은 이름도 삭막한 명
부전이다. 명부전 지장보살을 호위하는 작은 인형들은
명부의 시왕十王이며, 이 중 다섯 번째 왕이 그 유명한
염라대왕이다.

또 오른손 검지를 왼손으로 감싸 쥐고 있는 부처님은
비로자나불이고, 그 건물은 비로전이다. 진리를 상징하
는 창조불로서 이 세상을 창조한 부처님이다. 그 외에
불상은 없이 노인과 여자 초상화만 그려져 있는 칠성각
(전통 신앙), 수백 개의 작은 인형들을 모신 나한전(부처 제
자 500나한을 모신 곳) 등 부속 건물들이 있다.

석굴암 사천왕상.

43
"나는야 신창 표씨"
본관의 탄생

삼국시대 고구려 사람과 신라 사람이 만나 인사를 나눈다.

"나는 고구려 절노부에 사는 연수요. 할아버지는 대장군을 지낸 영규고, 아버지는 대형을 지낸 우태요."

"아, 그 유명한 절노부 영규 대장군 손자시군요. 나는 신라 경주 사는 종부입니다. 할아버지는 아찬 일길이고, 아버지는 사찬 지도로입니다."

성은 없고 이름만 있던 시절, 내가 어떤 사람인지 소개하려면 이렇게 구구절절 설명할 수밖에 없었다. 일본이나 중세 유럽도 마찬가지였다고 한다. 가령 기사들끼리 싸움할 때 자기를 소개하면서 몇 대 조할아버지까지 줄줄이 풀어 놨단다. 과시하려는 목적도 있었겠지만, 이름만으로는 그 사람의 배경을 알 수 없기 때문이다. 그럼 요즘에는?

"김○○입니다."
"음, 본관이 어딘가?"
"안동입니다."
"실례지만 어르신은?"
"음, 난 이○○이네. 본관은 전주고."

이렇게 본관만 이야기하면 내가 김좌진 장군 집안(안동 김씨)이네, 왕족 집안(전주 이씨)이네 장황하게 설명할 필요가 없다. 아는 사람은 아는 것이다. 그렇다면 본관, 아니 성씨는 언제 생긴 걸까?

왕이 신하들에게 '성姓'을 하사하다

성姓은 처음에는 왕족들에게서 시작된 것으로 보인다. 즉, 왕실의 결속력과 소속감을 높이는 방편이었다. 그러다가 왕이 신임하는 신하들에게도 왕의 성을 하사했으니, 이를 '사성賜姓'이라 한다. 그래서 신라에는 김씨가, 고려에는 왕씨가 그렇게 많았던 모양이다.

국가 규모가 커지고 관료 조직이 복잡해지면서 신하들에게 나누어 주는 성도 점점 복잡해졌다. 무조건 왕 성만 줄 수 없어서 이런저런 성을 주었다. 중국 성을 주기도 하고, 왕이 직접 만든 성을 주기도 했다. '이' '최' '윤' '공' 등은 중국 성을 따서 준 것이고, '선우' '석苩' '국' '사택' 등은 우리가 자체적으로 이름 붙인 성이다. 그러나 고려시대부터는 대부분의 성이 중국 성을 따서 만든 것으로 보인다. 성씨만 보고 "너 중국에서 왔지?"라고 농담하는 사람도 있는데, 사실 성만 보고는 알기 어렵다.

또한 고려시대가 되면 중앙에서 관직 생활을 하는 귀족들 외에도 지방의 유력 호족들이 중앙 정치에 영향을 끼치기 시작하면서 이들도 성을 갖게 되는데, 이때 어느 지역의 성인지가 중요했다. 이 지역을 나타내는 표시, 그것이 바로 본관이다.

지방 호족들의 지역색

우리 집은 '신창 표씨'다. 신창은 지금의 예산·서산 지역이므로, 우리 집안은 고려시대 예산 일대 지역 세력의 후손인 것이다. 안동 김씨는 안동 지역 호족, 파평 윤씨는 파주 파평 지역 호족이었다는 의미다. 예컨대 이런 식이다. 원래 안동 지역에는 김씨가 살았는데, 후삼국시대에 안동 지역 호족들이 왕건을 도와 고창전투를 승리로 이끌었다. 왕건은 안동 호족 김씨에게 권씨 성을 하사하여 공을 치하했고, 이 지역 권씨들은 지금까지도 대대로 안동 지역에서 세력을 유지해 오고 있다. 이들이 바로 안동 권씨다.

고려시대 호족과 지방 중심의 정치체제는 우리나라의 성씨 체계가 완성되는 데 큰 영향을 끼쳤다. 그렇게 성립된 것이 본관제도이며, 이러한 지역 중심 성씨 집단의 혈연문화는 조선시대 족보 편찬으로 더 강화되어 우리의 기본 사회제도로 발전했다.

오늘날 우리 주변의 사소한 듯 보이는 제도들도 사실 긴 역사 속에서 발전되고 완성되어 이루어진 것임을 알 수 있다.

천방지축마골피… '천방지축마골피'라고 들어 보셨는지. 옛 어른들께서 천한 성이라고 하던 성씨들이다. 이 중 천씨, 방씨, 피씨는 요즘도 주위에서 종종 볼 수 있다. 그런데 왜 이들을 천한 성이라고 했을까?

사실 이 성씨들은 귀화인의 성으로서, 아마 처음 귀화할 때 귀한 대접을 받지 못했던 모양이다. 천씨나 방씨라고 해서 다 귀화성인 것도 아니다. 본관을 확인해야 귀화성인지 아니면 중국 성을 사성 받은 것인지 알 수 있다. 그런데 귀화성이 왜 천한가? 한국 성의 30퍼센트가 귀화성인데?

예를 들어, 한국의 대표 성씨인 이씨만 해도 본관만 수백 개인데 이 중 일부가 귀화성이다. 혹자는 전주 이씨가 원래 귀화성이라고 주장하기도 한다. 전주 이씨는 몰라도 청해 이씨는 여진족 쿠룬투란티무르(이지란)의 후예들이고, 해주 석씨는 임진왜란 때 조선에 원군을 파병하기로 결정한 명나라 병부상서 석성石星의 후손들이며, (김수로를 시조로 하는 김해 김씨 말고 다른) 김해 김씨 시조 김충선은 원래 일본인(본명 '사야가沙也加')으로, 임진왜란 때 우리에게 조총 기술을 전수해 주고 이순신 장군과 함께 싸운 전쟁 영웅이다.

우리도 나름 개방된 민족이고, 다양한 민족이 어울려 우리만의 독특한 문화를 만들어 냈음을 잊지 말자.

44
고려 왕자가 몰래 유학을 떠난 뜻은
대각국사 의천

교과서 속 한 줄 역사 승려 의천은 송에 유학하고 돌아와 서로 대립하고 있던 교종과 선종의 통합을 위해 해동 천태종을 창시하였다. 그리고 고려와 중국의 불경을 모아 교장을 편찬하였고, 경제적으로는 화폐 사용을 적극 주장하였다.

"송나라에 들어가는 배들을 보니 불법佛法을 구하고자 하는 마음이 더욱 간절합니다. 주상께서는 형벌을 무릅쓰는 신을 용서하소서. 이제 만 번의 죽음을 가볍게 여기고 험한 파도에 몸을 맡깁니다."

1085년 5월, 왕의 동생이자 고려 불교 종단의 최고 지도자인 승통 대각국사 의천義天이 왕에게 편지 한 통을 남기고 중국으로 밀항을 감행했다. 고려의 최고 권력자 중 한 명인 그가 도망치듯 송으로 떠난 이유는 무엇일까?

열 살에 승통이 된 문종의 넷째 아들

고려 중기의 대표적인 고승 대각국사 의천은 문종의 넷째 아들이다. 불교를 국교로 추앙하던 고려인지라 왕자가 승려가 되는 것은 흔한 일이었다. 의천은 열 살의 어린 나이에 고려 최고 불교 지도자 자리인 '승통'에 올랐다. 승통은 천주교로 치면 추기경에 해당하는 존재였다.

당시 고려 불교는 크게 세 갈래, 곧 왕실의 지지 기반인 화엄종, 문벌 귀족의 지지 기반인 법상종, 그리고 고려 건국의 일등 공신인 선종으로 나뉘어 있었다. 왕실 불교의 지도자인 의천은 화엄종 소속이었지만, 당시 화엄종과 법상종의 대립 때문에 종파 간 통합에 관심이 많았다.

1083년 문종이 세상을 뜨고 의천의 큰형 순종이 즉위했지만 석 달 만에 죽고, 이어서 둘째 형 선종이 즉위했다. 왕권이 흔들리고 정치도 혼란스러운 가운데 의천은 중국 송나라로 유학해 천태종을 공부하겠다고 왕에게 청했다. 불교를 발전시켜야 나라도 안정된다고 믿었기

전라남도 순천 선암사에 보존되어 있는 대각국사 의천 진영. 의천은 통일신라시대에 창건된 선암사를 크게 다시 짓고 천태종의 본거지로 삼았다.

때문이다.

　귀족들은 그의 유학을 격렬히 반대했다. 의천이 천태종을 공부하려는 것은 화엄종과 선종의 통합을 위해서인데, 문벌 귀족들은 이를 법상종을 고립시키겠다는 의도로 받아들였다. 왕은 귀족들의 반대를 물리칠 힘이 없었고, 의천의 어머니도 반대했다. 하지만 어떻게든 송에 유학하여 고려 불교의 새로운 길을 열겠다는 의천의 의지는 굳건했다. 그는 어머니에게 편지 한 장을 남겨 놓고 몰래 송나라로 도망을 쳤다. 본국에서는 난리가 났지만, 그렇다고 잡아 올 수도 없는 노릇이었다.

　의천은 1년의 유학 기간 동안 송나라의 불교 중심지를 돌며 화엄종과 천태종의 교리를 심도 깊게 공부했다. 당시 거란과 대치 중이던 송나라는 고려의 환심을 사려고 의천에게 갖은 환대를 다했다. 그 덕에 의천은 순조롭게 유학을 마치고 큰 깨달음을 얻을 수 있었다.

　1년 만에 고려로 돌아온 의천은 원래의 포부를 차근차근 실천해 나갔다. 왕실 사찰인 흥왕사의 주지가 되어 중국에서 가져온 경전을 정리하고 천태종과 화엄종의 교리를 펼치기 시작했다. 마침내 의천이 창시한 해동 천태종은 이후 고려 불교 발전에 큰 공헌을 하게 된다.

국사와 불사를 함께 관장한 왕자 승려

물론 그 과정이 순탄하지만은 않았다. 특히 귀족의 후원을 받던 법상종의 반격은 매서웠다. 그중에서도 경원 이씨 집안이 법상종의 큰 후원자였는데, 경원 이씨 이자연의 아들 혜덕왕사가 금산사를 중심으로 화엄종과 천태종에 저항했다. 혜덕왕사는 금산사에서 대대적인 경전 정리 작업을 펼쳐 법상종을 정통 불교 교리로 만들려 했다. 이 통에 의천은 홍왕사에서 쫓겨나 해인사에 은거하기도 하고, 국청사를 지으려다 갖은 고생을 겪기도 했다.

의천은 왕자로 태어나서 만 46세의 나이로 숨을 거둘 때까지 내내 왕의 아들이거나 동생이었다. 하지만 길지 않은 생애 동안 그의 가족들은 순탄치 못했다. 아버지 문종이 죽은 뒤 큰형은 3개월, 둘째 형은 11년, 큰조카는 1년, 셋째 형은 10년간 왕 노릇을 했다. 왕들의 잇따른 죽음과 오랜 투병 생활로 왕권이 매우 약화되었고, 상대적으로 귀족들의 힘은 커졌다. 이 때문에 왕실의 후원을 받는 화엄종 등 왕실 불교도 위축되고 정치적 압박을 받았다.

의천도 불법佛法만을 포교하지 않았다. 그 역시 왕족으로서 왕권을 강화하고 귀족을 약화시키는 개혁에 힘을 보탰다. 그 대표적인 것이 용전론用錢論, 즉 화폐 사용을 주장한 것이다. 화폐를 사용하면 재산 파악과 세금 징수가 용이하여 귀족들의 재산 축적을 막고, 정부 재정을 튼튼히 하여 왕권을 강화시킬 수 있었다.

기록에 보이듯, 의천은 승려이면서도 왕자로서 형제인 왕들과 자주 국사를 의논했다. 천태종과 화엄종 교리도 그런 일환에서 발전된 것이라고 볼 수 있다. 이상해 보일지 몰라도, 이는 종교가 정치이고 정치가 종교이던 중세 사회의 특성상 당연한 일이었다. 하지만 의천의 천태종은 결국 실패한 개혁과 함께 현실적인 힘을 잃어 갔다. 이후 고려 불교는 무신 정권기 때 지눌이 새로운 개혁운동을 펼칠 때까지 오랜 시간 동면에 빠져든다.

45
"내 공을 돌려다오"
윤관

교과서 속 한 줄 역사 12세기 초 여진족은 정주(함흥 근처)까지 내려왔다. 고려는 별무반을 편성하여 여진족을 몰아내고 동북 9성을 쌓았다. 그러나 고려에 조공을 약속하고 동북 9성을 돌려받은 여진은 이후 힘을 키워 금나라를 건국하고 거란(요)을 멸망시킨 뒤 고려에 군신 관계를 요구하였다.

고려가 건국한 지 100년이 지나면서 문벌 귀족의 권력이 왕권을 위협할 정도로 커졌다. 이들이 보수화되어 기득권을 지키는 데에만 몰두하자, 여기서 소외된 세력들이 점점 불만을 드러냈다. 고려의 왕들은 약화된 왕권을 만회하고자 신진 세력을 등용하여 개혁을 시도했다.

나라 안팎을 장악할 숙종의 야심작

처음 개혁을 시도한 왕이 12세기 초 숙종(재위 1095~1105)이다. 하지만 숙종의 개혁은 지지부진했다. 숙종이 내부 개혁으로 고민하고 있을 때 설상가상으로 외부에서 문제가 터졌다. 동북 지방 국경 너머 여진족들이 고려로 넘어와 노략질을 일삼은 것이다. 고려 정부는 군대를 파견해 여진족을 정벌하였으나, 이미 문약해진 고려군은 여진족의 기마병들을 당해 낼 수 없었다. 고려군은 여진을 더 이상 공격하지 않겠다는 굴욕적인 평화조약을 맺어야 했다.

참패를 당한 숙종은 복수를 위해 학자인 윤관尹瓘에게 지시해 '별무반'이라는 특수부대를 꾸리도록 했다. 윤관은 2만이라고도 하고 17만이라고도 하는 대병력을 훈련시켰다. 그런데 별무반은 단순히 여진 토벌을 위해 꾸려진 군대가 아니었다. 별무반은 정치적 성격도 함께 갖고 있었다.

숙종이 시도한 개혁의 가장 큰 문제점은 무력의 부재였다. 신하들이 모여 왕을 윽박지르면 왕은 무기력하게 따를 수밖에 없었다. 숙종은 자신에게 절대 충성을 바칠 군대가 필요했다. 여진족의 침입은 왕의 군대를 양성할 좋은 구실이 되었다. 윤관은 문벌 귀족으로서 왕의 개혁을 지지해 주는 몇 안 되는 동지였다. 윤관의 별무반이 여진을 토벌하고 수도 개경으로 돌아오면, 큰 공을 세운 윤관의 별무반을 토대로 강력한 개혁 정책을 추진한다. 이것이야말로 최고의 시나리오가 아닌가.

당연히 귀족들은 별무반을 심하게 견제했다. 기록에 별무반의 규모가 1만 7천이라고도 하고 17만이라고도 하는 이유가 여기 있을 것이다. 당시 귀족들의 반대와 무력한 왕권에 비추어 봤을 때 17만 명의 대병력을 꾸렸다고 보기에는 어려움이 있다. 아무튼 귀족들의 견제와 방해 속에서도 윤관은 별무반을 훌륭하게 키워 냈고, 이제 D데이만 기다리고 있었다.

정벌한 땅을 다시 돌려주라니

그런데 숙종이 갑자기 죽고 말았다. 뒤를 이어 즉위한 만 26세의 젊은 왕 예종은 다행히 숙종의 개혁 의지를 충실히 계승하고자 했다. 예종은 윤관의 별무반에 큰 기대를 걸었다. 하지만 안타깝게도 예종은 숙종에 비해서 우유부단하고 유약했다.

2년이라는 시간이 더 흐른 뒤에야 마침내 출동 명령이 내려졌다.

별무반은 그동안 갈고 닦은 실력으로 여진족을 두만강 북쪽으로 몰아냈다. 당시 여진족을 이끈 인물은 역사상 가장 위대한 여진족 지도자 중 한 명으로 꼽히는 우야소烏雅束였는데, 그도 별무반의 공격을 당해 낼 수 없었다.

이제 별무반이 개경으로 돌아오기만 하면 되는 그때, 예상치 못한 일이 발생했다. 여진족이 다시 쳐

윤관이 공험진 선춘령에 '고려지경'이라는 국경비를 세우는 장면을 담은 〈척경입비도〉. 17~18세기에 제작된 역사화첩 《북관유적도첩北關遺蹟圖帖》에 실려 있다.

들어온 것이다. 그 공격은 날카롭고 매서웠다. 윤관의 별무반이 아니면 도저히 막아 낼 수 없었다. 결국 윤관과 별무반은 춥고 황량한 국경 지대에 발이 묶였다.

전쟁이 장기화되면서 세금 부담이 늘어나고 백성들의 생활이 어려워졌다. 여진과의 싸움이 1년 이상 이어지자 문벌 귀족들은 예종에게 맹공격을 퍼부었다. 가장 앞장선 이는 예종의 장인이자 최고 문벌 귀족인 이자겸이었을 것이다. 예종은 그 공격을 이겨 낼 힘이 없었다.

결국 여진족에게 빼앗은 땅을 돌려주고 장차 휴지 조각이 될 평화 협정을 체결했다. 별무반은 해체되고, 윤관은 공직에서 쫓겨나는 신세가 되었다. 모든 개혁의 꿈이 물거품으로 돌아간 것이다.

‘고려의 장비’ 척준경 윤관은 문신이었다. 고려군의 총사령관은 항상 문신의 자리였으므로 별무반 대장도 문관인 윤관이 맡았다. 그렇다면 여진 정벌에 가장 큰 공을 세운 장수는 누구일까? 바로 척준경이다. 척준경은 그 용맹함이 가히 ‘고려의 장비’라 부를 만했다.

여진의 보동음성을 공격할 때 고려군이 좀처럼 전진하지 못하자, 척준경이 적진을 돌파하여 여진 장수를 쳐 죽이면서 전세를 역전시켰다. 또 윤관이 이끄는 부대가 여진의 매복 공격을 당해 10여 명만 남아 포위당했을 때, 척준경이 소수 병력으로 포위망을 뚫고 들어가 고려군을 구해 냈다. 여진이 2만 대군을 이끌고 고려군 수천 명이 지키는 영주성으로 쳐들어왔을 때에는, 척준경이 20여 명의 결사대를 끌고 나가 적의 예봉을 꺾음으로써 전투를 승리로 이끌기도 했다.

그의 무용담은 전설이 되기에 충분하다. 하지만 그는 이자겸의 난 때 이자겸의 편에 섰다가 불명예스럽게 죽음으로써 역사에 이름을 남기는 데 실패했다. 보기 드문 용장의 안타까운 말로이다.

윤관이 여진족을 몰아내고 쌓은 동북 9성 위치 추정도.

1년 뒤 윤관이 복귀하고, 예종은 나름의 개혁 정책을 시도했다. 하지만 이미 힘 빠진 개혁이었다. 그로부터 5년 뒤, 우야소의 동생 아골타가 금나라를 세워 중국을 지배하고 고려에 동생의 나라가 되라고 강요했다. 이자겸 등은 그 굴욕적인 요구를 받아들였으며, 몇 년 뒤에는 이자겸이 난을 일으켜 예종에 이어 즉위한 인종을 가두고 왕위를 노리는 지경에 이르렀다.

본인이 문벌 귀족이지만 왕과 함께 개혁을 위해 노력하고, 어진을 성벌하여 역사를 완전히 바꾸어 버릴 뻔한 윤관은 별무반 해체 이후 쓸쓸한 노후를 보내다 생을 마감했다. 조금만 더 정확하게 시대를 읽었다면, 조금만 더 개혁 세력이 튼튼하고, 조금만 더 예종의 의지가 강했다면, 윤관은 별무반 사령관 이상의 위인으로 역사에 기록되었을지 모른다.

'요-북송' 시대가 끝나고 '금-남송' 시대로 넘어가던 아시아의 격동기. 그 시절 윤관과 고려가 어떤 업적을 이룩했을지 누가 단정할 수 있을까. 여진 정벌 실패를 가장 애통해 할 사람은 윤관 자신일 것이다.

46
남편과 아버지 중 한쪽을 죽여야 한다면?
이자겸의 난

교과서 속 한 줄 역사 경원 이씨 가문의 이자겸은 예종과 인종의 외척으로서, 인종을 왕위에 올리면서 더 막강한 세력으로 성장했다. 그런데 이자겸의 반대파가 왕을 중심으로 결집하자, 이자겸은 난을 일으켜 권력을 장악하였다. 이자겸의 난은 문벌 귀족 사회의 붕괴를 촉진하는 계기가 되었다.

고려 중기에 이르러 문벌 귀족 경원 이씨 집안은 딸을 계속 왕에게 시집보내어 외척으로서 대대로 최고 권력을 누렸다. 이자겸 때에 이르러 그 권력이 정점에 도달했다.

이자겸은 둘째 딸(순덕왕후)을 예종에게 시집보냈다. 예종은 경원 이씨 집안을 이용하여 왕권을 안정시키려고 노력했다. 그러던 예종이 죽고 순덕왕후가 낳은 아들이 왕위에 오르면서(인종) 이자겸은 본격적으로 권력을 휘두르기 시작했다.

왕에게 세 딸을 시집보낸 외척 중의 외척

이자겸은 먼저 선왕 때부터 자신을 견제하며 사사건건 부딪혔던 한안인 세력에 반역 혐의를 뒤집어씌워 그들을 모두 제거했다. 학자로서 예종을 모시며 유교 정치를 구현하려고 노력했던 한안인은, 인종 즉위 직후 이자겸의 횡포를 비판했다가 역습을 당했다. 이자겸은 한안인 세력을 제거한 뒤 셋째, 넷째 딸을 모두 인종에게 시집보내어 인종의 외할아버지이자 장인으로서 무소불위의 권력을 휘둘렀다. 졸지에 연상의 이모들과 결혼하게 된 인종은 감히 이자겸의 권력에 맞설 수 없었다.

그래도 고려는 200년의 역사를 이어 온 만만치 않은 나라였다. 곳곳에 충신과 애국지사들이 살아 있었다. 이자겸의 횡포가 심해지자 개혁을 주장하던 신진 관료와 유학자들이 반발하고 나섰으며, 인종도 왕인 자신을 무시하고 마음대로 국정을 처리하는 데 분노하여 이자겸을 제거할 계획을 세웠다. 마침내 1126년, 왕의 밀명을 받은 군대와 신하들이 이자겸을 공격했다.

하지만 이자겸 세력은 호락호락하지 않았다. 윤관과 함께 동북 9성 개척에 큰 공을 세운 용맹한 장수 척준경이 이자겸의 수하에 있었다. 척준경은 자신의 동생 척준신 장군이 왕이 보낸 군대에 살해당하자, 수십 명의 결사대를 이끌고 왕성을 공격하여 압박했다. 이어 이자겸이 동원한 지방 군사 및 승군을 모아 개경에 불을 지르며 왕성 안으로 쳐들어갔다. 이 싸움에서 인종의 군대는 패하고 많은 개혁파 관료들이 학살당했으며, 개경 궁궐이 대부분 불타 버렸다. 이것이 역사에서 '이자겸의 난'이라 부르는 사건이다.

남편을 구하고도 폐비가 된 넷째 딸

이자겸 제거에 실패한 인종은 왕위를 이자겸에게 물려주겠다고 했다. 이자겸은 다른 문벌 귀족들의 반발을 두려워하여 이를 사양하고, 대신 왕을 자기 집에 연금한 뒤 나라의 모든 권력을 장악했다. 기회를 보아 비밀리에 왕을 죽이고 자연스럽게 왕위를 이어받을 생각이었다.

왕을 조용히 제거하는 데에는 독살만 한 게 없다. 그는 왕비인 넷째 딸을 불러 독이 든 약사발을 주며 왕에게 먹이라고 했다. 독약을 받아 든 왕비는 고민에 빠졌다. 독약을 먹이면 남편은 죽지만 아버지가 왕이 될 것이다. 독약을 먹이지 않으면 남편은 살겠지만 살아남은 남편이 언젠가는 아버지를 죽이고 왕권을 되찾을 것이다.

남편과 아버지, 둘 중 한 사람은 죽어야 하고 그 선택이 나의 손에 달렸다면?

넷째 딸은 독약 사발을 들고 가다 일부러 넘어져 땅에 쏟아 버렸다. 이자겸으로서는 한탄스런 일이었다. 그녀의 선택은 대의를 위한 것이었을까, 아니면 평생의 반려자를 위한 것이었을까?

인종을 제거하지 못한 채 시간이 흐르면서 이자겸의 주변은 점점 혼란스러워지기 시작했다. 급기야 이자겸과 그의 오른팔인 척준경이 갈등을 겪으며 충돌했다. 이 틈을 이

인종이 죽고 의종이 즉위한 1146년에 제작된 '인종시책'. '시책諡册'은 왕이나 왕비가 승하한 뒤 시호를 붙일 때 만든 옥책이나 죽책이다.

용해 인종은 용맹스럽지만 단순한 척준경을 설득하여 자기편으로 만드는 데 성공했다. 결국 석 달 뒤 척준경의 배신으로 이자겸은 체포되어 귀양 가서 죽임을 당했으며, 경원 이씨 세력도 몰락했다.

남편을 구한 넷째 딸은 역적의 딸이라 해서 폐비가 되어 쫓겨났다. 그래서 기록에는 이름도 없이 폐비 이씨로만 남아 있다. 쫓겨나는 그녀의 마음은 어땠을까? 피비린내 나는 남정네들의 권력투쟁으로 남편과 아버지를 둘 다 잃은 여인의 마음은……

고려 왕실의 근친혼 태조의 뒤를 이어 즉위한 혜종 이후 고려의 왕들은 왕권 강화책으로 근친혼을 했다. 왕씨는 신성한 용의 자손이므로 아무하고나 결혼할 수 없고, 같은 왕씨의 피가 섞인 사람하고만 결혼할 수 있다는 것이었다. 그리하여 광종은 이복 남매, 즉 어머니가 다른 여동생과 결혼했고, 형 혜종의 딸, 즉 조카와도 결혼했다. 경종은 사촌 여동생과 결혼했고, 성종은 광종의 딸과 결혼했고, 현종은 성종의 딸과 결혼했다.

이러한 근친혼에 경원 이씨 집안과의 혼인이 중첩되면서 더 큰 혼란이 빚어졌다. 문종은 다섯 명의 왕비와 결혼했는데, 이 중 첫째 부인은 현종의 딸로 이복 남매 간이었고, 세 명의 왕비는 모두 이자연의 딸이었다. 세 자매의 남편이 같았던 것이다. 그리고 이자연의 딸이 낳은 아들 중에서 세 명의 왕이 나오면서 경원 이씨 가문은 강력한 외척 세력이 되었다. 이후 예종이 즉위하자, 이번에는 이자겸의 둘째 딸이 왕비가 되었다. 이 둘째 딸이 낳은 아들이 인종이고, 인종은 다시 이자겸의 셋째 딸과 넷째 딸을 왕비로 받아들였다. 언니가 동생의 시어머니가 된 것이다. 결국 왕실 내부 및 특정 집안과의 결혼을 조장한 근친혼은 외척 권력을 강화하는 결과를 낳았으며, 정치적 혼란의 원인이 되었다. 이는 조선시대에 왕실 내 근친혼을 금하는 중요한 계기가 되었다.

47

천 년 전 보수의 화신

김부식

교과서 속 한 줄 역사 이자겸의 난으로 왕의 권위는 크게 떨어졌다. 서경 출신인 정지상, 묘청 등은 서경 천도를 적극 추진하였다. 김부식이 중심이 된 개경 세력은 천도를 반대하였다. 이에 묘청 등이 서경에서 반란을 일으켰으나, 김부식이 이끈 관군의 공격으로 1년 만에 진압되었다.

《삼국사기》는 현존하는 가장 오래된 역사서로서, 김부식이 왕명을 받아 1145년 당시 전해 오던 각종 삼국시대 기록을 종합하여 편찬한 책이다. 대단히 중요한 사료이지만, 또한 수많은 논란을 낳은 책이기도 하다. 한국의 주류 학계 및 외국 학계는 《삼국사기》 내용 중 3세기 이전 초기 기록을 허구로 보고 인정하지 않으며, 일부에서는 중국에 대한 사대주의와 고려시대 개경파의 입장에서 기술된 왜곡된 역사서라고 비판한다. 그리고 이 모든 논란의 중심에 김부식이 있다. 김부식, 그는 어떤 인물일까?

조용한 유학자에서 개경파의 리더로

김부식은 경주 김씨로, 신라 왕실의 후손이다. 명문가가 아닌 비교적 평범한 귀족 가문에서 태어난 그는, 처음에는 정치에 연연하지 않고 열심히 공부만 하는 학자였다. 김부식은 1096년 과거에 급제하여 직한림, 좌사간 등을 역임하고 왕에게 유교 경전을 강의하는 일을 했다. 인종이 즉위하여 이자겸이 국정을 농단할 때도 그는 오직 학문의 길만 파서 어사대인, 호부상서, 평장사 등을 거치며 꾸준히 승진의 길을 걸었다.

그가 정치적 색깔을 드러내기 시작한 것은 이자겸 세력이 물러나고 묘청 등이 서경(평양)천도운동을 시작하면서부터다. 묘청을 비롯한 서경 중심의 개혁파(서경파)들이 서경 천도와 금에 대한 자주적 외교 등을 주장하자, 김부식은 천도 반대와 금에 대한 실용적 외교를 주장하는 보수파(개경파)의 리더로 나서서 개혁파에 정면으로 맞섰다.

김부식은 왜 서경파를 반대하는 개경파의 리더로 나섰을까? 야사에서는 낭시 서경파의 대표 중 한 사람인 정지상이 김부식의 라이벌이었기 때문이라는 이야기가 전한다. 묘청의 서경천도운동을 진압하고 정지상 등을 처형하고 얼마 후, 김부식이 화장실에서 정지상의 원혼에게 해코지를 당해 성불구가 되었다 혹은 병들어 죽었다는 것이다. 하지만 야사는 야사일 뿐. 김부식은 60세 때 정지상을 죽였고, 정지상이 죽고 16년 후에 세상을 떠났으므로 믿을 만한 이야기는 아니다.

그보다는 개경을 중심으로 한 문벌 귀족들이 기득권을 지키려고 개혁에 저항하는 과정에서 김부식이 자연스럽게 새로운 리더로 등장한 것으로 보인다. 당시 문벌 귀족은 경원 이씨, 안산 김씨, 해주 최씨

(최충), 파평 윤씨 등 몇몇 가문이 권력과 재산을 독점하고 있었다. 그런데 경원 이씨와 이자겸이 몰락하면서 정치적으로 위축되었고, 그 틈에 서경파가 세력을 잡고 개혁정치를 펼치며 문벌 귀족의 기득권을 위협했다. 그때 고위 관료로서 그 학문과 인품으로 명망이 높으면서 개혁정치에 반대하는 경주 김씨의 김부식이 새로운 구세주로 두각을 나타낸 게 아닐까?

"우리는 우리 역사를 잘 모른다"

김부식 같은 보수적 유학자가 보기에 묘청의 서경천도운동은 허망한 짓이었다. 풍수지리설과 도교의 도술에 능통한 묘청은 미신을 퍼뜨리는 요사스런 자일 뿐이며, 따라서 그가 주장하는 서경 천도도 말도 안 되는 주장이라는 것이었다. 어떻게 한 나라의 미래와 국제 정세 변화가 특정 지역의 지덕地德과 도사의 요술에 달렸다는 말인가?

유학자들의 서경 천도 반대와, 묘청의 예언이 조작이라는 증거가 발견되면서 인종은 서경 천도를 단념하기에 이르렀다. 그러자 묘청이 서경에서 반란을 일으켰고, 김부식은 반란을 진압하기 위해 개경에 있던 정지상 등 서경파 관료들을 죽이고 대규모 군대를 일으켜 서경으로 진군했다. 서경의 반란군이 정부 토벌군에 두려움을 느껴 묘청을 죽이고 항복을 선언했지만, 김부식은 받아들이지 않았다. 이 기회에 서경파를 뿌리째 도려낼 생각이었다. 결국 서경파는 모두 죽임을 당했고, 서경도 철저히 파괴되었다. 이후 서경은 두 번 다시 우리 역사의 중심에 서지 못하고 영원한 지방으로 묻히고 만다.

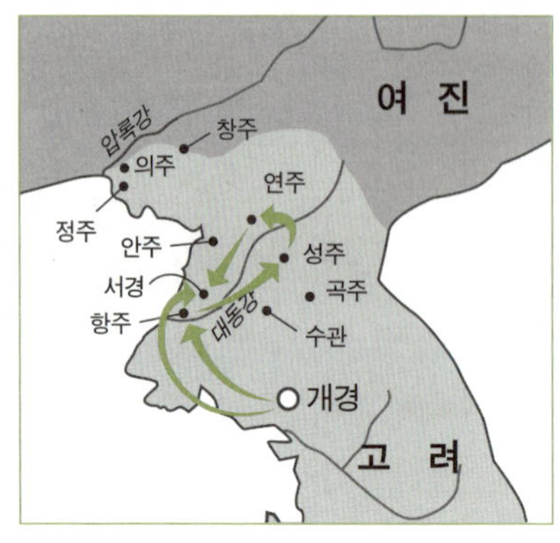

묘청의 세력 범위와 고려 관군의 토벌 진로.

《삼국사기》 편찬 작업은 서경천도운동이 진압되고 5년 후 시작되었다. 김부식을 책임자로 하고 유력한 학자들을 동원하여 5년간 노력한 끝에 《삼국사기》가 완성되었다. 따라서《삼국사기》에는 고려 왕조 개창 이후 200년 동안 고구려 계승을 주장한 세력의 역사관이 들어갈 여지가 전혀 없었다. 북벌이나 자주 외교 같은 내용도 당연히 반영될 수 없었다. 그보다는 건국 초부터 원만한 대외 관계 속에서 안정적인 기득권을 누리고 싶어 한 세력, 곧 거란 침입 때 항복을 주장했던 세력, 윤관의 여진 정벌을 반대했던 세력, 문종 대에 왕권 강화에 반대했던 세력의 역사관이 중심일 수밖에 없었다.

이를 잘 보여 주는 것이 《삼국사기》 편찬 의도이다. 김부식은 "지금까지의 삼국시대 기록은 중국사에 비해 내용이 적어 빠진 부분이 많고, 문장이 나빠 교훈을 줄 수 없다. 또한 우리 선비들이 우리 역사를 잘 모른다"고 했다. 무엇이 빠졌고, 무엇이 비교훈적이며, 무엇을 잘 모른다는 것인가?

개혁의 흐름을 단절시킨 인물

《삼국사기》가 삼국시대 중국에 대한 조공 기록을 자세히 서술하고,

중국에 도전했던 연개소문이나 신라가 독자적으로 연호를 사용했던 점 등을 강하게 비판한 것은 '원만한' 대외 관계를 강조함으로써 당시의 대외 정책을 합리화시키려 했기 때문이다. 고구려나 백제보다 신라 초기 역사를 강조해서 쓴 것 역시 서경파의 고구려 계승을 부정하기 위함이다. 이처럼 신라의 초기사를 지나치게 강조하고 백제와 고구려 초기 역사를 소략하게 서술하다 보니, 동시대 발전상이 뒤죽박죽되어 초기 기록에 대한 불신을 낳게 되었다.

오늘날 일부 학자들은 《삼국사기》가 사대적인 역사서가 아니라 나름대로 자주적 사관을 갖고 있다고 주장한다. 물론 조선시대 사대적 역사서와 비교하면 상당히 자주적인 역사서이다. 하지만 김부식의 시대에는 중국 중심을 강조하는 성리학도 없었고, 조선 때의 명나라 같은 강력한 중국 통일왕조도 존재하지 않았다. 시대적 배경이 전혀 다른데 이를 무시하고 단순 비교해서 《삼국사기》가 자주적이라고 주장하는 것은 언어도단이다. 《삼국사기》는 200년 동안 이어 온 고구려 계승의식과 개혁 세력의 노력을 꺾고 만들어진 역사서임을 염두에 두고 평가해야 한다.

김부식, 그는 국초부터 이어지던 정치적 흐름을 단절시킨 인물이다. 이후 고려는 개혁에 대한 희망을 접

김부식이 쓴 《삼국사기》의 역사관을 자주적이라고 할 수 있을까?

은 채 무신정변을 기점으로 후기로 넘어가면서 멸망으로 향했다. 그
의 학문적 업적이 어떠하든 고려가 멸망의 길로 접어드는 데 길잡이
역할을 했다는 점에서, 김부식이 '고려 500년래 핵심 인물'인 것만은
분명하다.

《삼국사기》와 《삼국유사》 《삼국사기》가 편
찬되고 130여 년 뒤, 일연 스님이 《삼국유
사》를 지었다. 오늘날 많은 이들이 《삼국사
기》를 사대적 사서, 《삼국유사》를 자주적 사
서라 평하는데, 그 외에도 두 역사서는 차이
점이 많다.

서울대학교 규장각 소장 《삼
국유사》.

《삼국유사》는 고려가 몽골이 세운 원과 40
년간 전쟁을 치르고 끝내 항복한 뒤 편찬된 역사서이다. 독립적인 권력
을 유지하던 김부식 시절의 역사서와, 독립성이 훼손된 일연 시설의 역
사서는 그 내용이 다를 수밖에 없다. 또 김부식은 유학자로서 사서를 편
찬했지만, 일연은 불교도의 입장에서 편찬했다. 김부식이 권력을 획득한
집권층의 입장에서 역사서를 썼다면, 일연은 당시 집권 세력인 친원파
와 거리를 둔 상태에서 썼다. 김부식은 신화나 전설은 허황되다 하여 최
대한 삭제하면서도 신라의 주요 인물이나 핵심 사건과 관련된 전설들
은 일부 기록했다. 김씨 시조가 금궤에서 나왔다는 이야기, 선덕여왕의
세 가지 예언, 김유신이 신의 도움을 받았다는 내용들이다. 반면 일연은
불교와 관련된 신화들을 최대한 담으려고 노력했으며, 또한 김부식이
현실성을 의심하여 《삼국사기》에 넣지 않았던 단군신화와 《가락국기》
등도 기록했다. 유교적 관점에서 객관적 기록만 수록하며 신라와 관련
된 부분에만 예외를 인정했던 김부식에 비해, 일연은 불교적 관점에서
필요하다고 생각하는 것은 최대한 실었다.

48
스포츠에 빠져 나라를 망치다
의종

1170년 8월, 연회를 하러 궐 밖으로 나선 의종은 왕을 경호하는 무신들의 사기를 돋우려고 '수박희手搏戲'를 열었다. 수박희는 맨손과 몸으로 상대방을 치고 막는 격투 기술을 겨루는 놀이다. 그런데 이때 대장군 이소응이 하급 장교와 대결하다 이기지 못하자 도망을 쳐 버렸고, 이를 본 왕의 측근 한뢰가 이소응의 따귀를 때려 쓰러뜨렸다. 왕과 문신들이 이 모습을 보고 박장대소하는데, 정중부를 비롯한 무신들의 눈에서 불꽃이 튀었다.

3만 명 규모의 격구장

고려시대에는 수박희 외에도 격구, 축국 등의 스포츠가 인기를 끌었다. 수박희는 고구려 때부터 이어져 온 전통 무술을 계승한 것으로, 오늘날로 치면 이종 격투기라고 볼 수 있다. 격구는 말을 타고 기다란 막대기로 공을 모는 경기로 유럽 왕실 스포츠로 유명한 폴로와 유사하며, 축국은 오늘날 축구와 비슷하다. 이 중에서 특히 수박희와 격구는 고려시대 무신들이나 청년 귀족들이 즐기는 스포츠로서 큰 인기를 끌었다.

의종은 격구와 수박희에 탐닉한 대표적 왕이다. 어릴 때부터 격구에 빠져 아버지 인종이 세자 자리에서 쫓아낼 생각까지 할 정도였다. 장자 승계 원칙에 따라 가까스로 왕이 된 의종은 묘청의 서경천도운동 실패 이후 권력을 장악한 김부식 등의 귀족들 때문에 마음대로 정치를 펼 수 없게 되자, 세자 시절부터 함께 격구를 하며 친분을 다진 측근을 중심으로 왕권을 강화하려 했다. 정함, 영의, 김존중 등이 바로 그들인데, 대개 내시거나 내시 출신이었다. 그래서 세상에서는 의종의 정치를 '환관 정치'라고 비아냥댔다.

또, 의종은 왕권 강화책으로 왕실 군대를 양성했던 선왕들처럼 군사들의 환심을 사려 했다. 그래서 종종 수박희를 열어 무신들끼리 대련을 시키고 상을 주었다. 이 과정에서 수박희를 잘하는 무신은 파격적으로 승진시키기도 했으니, 미천한 출신이었다가 훗날 무신정권의 주역이 되는 이의민이 그 대표적인 경우이다.

하지만 문신 귀족들의 반발로 왕권 강화는 지지부진했고, 그럴수록

황해도 안악 지방에 있는 고구려 시대의 벽
화고분 안악3호분 벽화에 담긴 수박희 모습.
'수박희手搏戱'는 주먹을 주로 쓰는 택견의
일종이다.

의종은 점점 더 스포츠에 탐닉했다. 내시들에 둘러싸여 격구 구경을
하느라 4일 동안 정무를 보지 않은 적도 있으며, 곳곳에 격구장을 만드
느라 국고를 탕진했다. 또 격구 경기와 함께 화려한 잔치를 열어, 1160
년과 1166년에는 격구장에서 승려 3만 명을 먹였다. 3만 명이 들어갈
규모의 격구장이라니! 국고를 얼마나 잡아먹었을지 짐작할 만하다.

경비병으로 전락한 무신들의 분노

왕이 스포츠에 미치고 운동선수에 현혹되어 정사를 돌보지 않자 나라
는 엉망이 되어 갔다. 왕의 총애를 받는 내시 정함과 영의를 탄핵하려
는 귀족들과 왕의 갈등이 나날이 심해져 중서문하성 관원들이 파업을
단행하기에 이르렀고, 판단력을 잃은 왕은 곳곳에 민가를 허물고 정
자나 별궁을 지어 향락을 즐겼다. 성대한 연회를 베풀어 밤새 술을 마
시다 만취하여 실수를 저지르고 유숙하는 일도 벌어졌다. 백성들은
"내시들이 정치를 말아먹는다"며 손가락질하고 민란을 일으켰다.

이 과정에서 안으로 곪아 가던 문무 차별이 점점 밖으로 드러나기 시작했다. 의종은 귀족들과 갈등이 심해질수록 누군가 반란을 일으킬지 모른다는 불안감에 휩싸였다. 그래서 무신들로 하여금 밤낮으로 자신과 왕궁을 지키도록 했다. 왕이 연회를 하는 동안 무신들은 밥도 먹지 못하고 하루 종일 경비를 서야 했다. 연회가 자주 벌어지고 그 시간이 길어질수록 무신들의 불만은 고조되었다. 왕이 만취하여 유숙이라도 하면 길에서 밤을 꼬박 새며 경비를 서야 했다.

무신들의 불만에 기름을 끼얹는 사건도 종종 일어났다. 문신 귀족들과 왕의 격구 친구들이 횡포를 부린 것이다. 상장군 정중부가 초급 장교였을 때 김부식의 아들 김돈중이 장난으로 그의 수염을 촛불로 태워 버렸다. 화가 난 정중부가 김돈중을 때렸는데, 김부식이 대로해 정중부를 처벌하라고 나섰다. 당시 인종이 정중부를 피신시켜 겨우 무마했지만, 그 사건 이후 정중부는 문신이라면 이를 갈았다. 이런 갈등이 의종 때 왕의 측근 신하들로 인해 점점 더 깊어졌다.

수박희 자리에서 대장군 이소응이 따귀를 맞고 수모를 당한 그날 밤, 보현원에 왕이 행차하자 경호병들이 반란을 일으켰다.

"문관의 씨를 말려 버려라!"

정중부의 명령에 왕의 소맷자락을 붙잡고 살려 달라고 애걸하던 한뢰를 비롯한 주요 문신들이 모두 참살당했고, 의종은 왕에서 쫓겨나 얼마 후 살해당했다.

우리는 무신정변 이후를 '고려 후기'라 한다. 이 시기 고려는 무신 정권의 혼란, 원의 침입으로 끝내 회복되지 못한 채 멸망으로 향했다. 스포츠는 평소에는 국민들의 심신을 단련시켜 나라를 건강하게 만들지만, 미래에 대한 희망을 잃었을 때에는 퇴폐 향락의 온상이 되어 나라를 멸망으로 이끌기도 한다. 의종 대의 스포츠가 바로 그러했다.

49
고려가 군사력이 강했다고?
무신정변

교과서 속 한 줄 역사 정중부, 이의방 등 무신들은 정변을 일으켜 다수의 문신을 죽이고 의종을 폐하여 거제도로 귀양 보낸 후, 명종을 세워 정권을 장악하였다.

우리 역사상 가장 문약했던 나라로 조선을 꼽는 이들이 있다. 조선이 유교적 이상정치만 강조하며 군사력 양성을 소홀히 하다 임진왜란과 병자호란의 비극을 겪고 끝내 한일합병으로 나라를 내주게 되었다는 것이다. 그러면서 고려 때까지는 강력한 군사력을 갖고 있었다고 주장한다. 과연 그러한가?

무과가 아예 없는 문관 천하

고려는 초기에 왕권 강화를 위해 북진정책을 내걸고 군대를 양성했다. 정종은 북벌을 추진하려고 광군 30만 명을 양성했고, 현종 때에는 요와의 전쟁을 위해 20~30만 대군을 양성했다. 또 예종 때에는 17만 대군을 동원하여(《고려사》에는 1만 7천 명으로 기록) 여진을 정벌하고 9성을 쌓았다. 이는 삼국시대나 조선시대에는 볼 수 없는 대군이다. 특히 예종 때의 여진 정벌이나 공민왕 때의 요동 정벌은 고구려 이후 없던 일이다. 그렇게 보면 분명 고려는 매우 군사력이 강했던 나라이다.

하지만 다른 한편으로 보면 고려는 철저한 문신 위주의 사회였다. 군대 총사령관은 반드시 문관이 맡았다. 거란 3차 침입 때 도원수였던 강감찬, 여진 정벌 총사령관 윤관은 모두 문관이었다. 조선시대 4군 6진 개척을 지휘했던 최윤덕, 대마도 정벌을 지휘했던 이종무가 무신이었던 것과 대비되는 부분이다.

결정적으로 고려에는 무과 자체가 없었다. 그래서 우수한 지휘관을 등용하는 데 어려움을 겪었고, 지휘관 인사도 엉망이었다. 이의민이 수박희와 축국을 잘해서 장군으로 등용되고, 척준경이 공을 세워 장군이 되자 그 동생 척준신도 장군이 되는 식이었다. 제도적으로는 2군 6위의 중앙군 체제 아래 수만 명의 군대가 운영되는 체제였으나, 실제로 운영되었는지는 확실하지 않다. 조선도 제도상으로는 20만 대군이 존재했으나, 임진왜란 때 실제 동원된 병력은 채 1천 명도 되지 않았다.

고려 군대의 난맥상은 곳곳에서 드러난다. 함흥 지방에서 소란을 일으키는 여진족을 정벌하러 군대를 이끌고 갔던 윤관은 처참하게 패해 굴욕적인 평화조약을 맺고 겨우 도망쳐 왔다. 이 패전에 대한 보

경기도 고양시 원당동에 위치한
공양왕릉의 무인석과 문인석.

복으로 여진 정벌에 나서 동북 9성을 쌓은 것이다. 원의 침입 때에는 고려군이 무기력하게 패주하여 곳곳에서 농민군과 승군이 맞서 싸웠다. 처인성에서 원나라 장수 살리타를 사살한 것도 승군 대장 김윤후였다. 고려 말 왜구와 홍건적이 침입했을 때도 마찬가지였다. 홍건적의 침입으로 고려는 수도 개경을 잃고 피란을 갔으며, 왜구의 침략에도 고려 말 100년 동안은 거의 일방적으로 얻어터져 해안가에 아무도 살지 못할 정도였다.

고려는 기본적으로 문벌 귀족의 문신 중심 정치체제였다. 왕권 강화를 위해 북벌을 추진할 때에만 예외적으로 군대를 양성했다. 그나마도 묘청의 서경천도운동이 실패로 돌아간 이후에는 맥이 끊기고 말았다.

쿠데타는 쿠데타일 뿐

그럼에도 많은 사람들이 고려가 군사력이 강했다고 생각하는 데는 몇 가지 이유가 있다. 하나는, 앞서 보았듯 대규모 정벌 전쟁이나 군사력 양성이 이루어졌기 때문이다. 그리고 또 하나는 무신정권이다. 무신들이 정권을 장악하고 100년 동안 나라를 다스렸던 시기를 고려시대의 한 상징처럼 받아들이는 것이다. 마치 고려시대 무신들의 힘

혹은 군사력이 그만큼 강했던 것처럼 말이다.

하지만 고려 무신정권은 박정희 정권 시절에 과대평가된 측면이 강하다. 박정희 정권 때 박정희가 일으킨 5·16 군사 쿠데타를 혁명으로 포장하고자 군사 정변을 미화하는 역사적 해석이 종종 시도되었다. 고려 무신정변과 원에 대한 항쟁, 조선시대 계유정난과 세조의 정치 등이 단골로 미화되었다. 그러다 보니 무신정변 시절 일어난 농민항쟁이나 계유정난 이후 사육신의 저항이 상대적으로 축소 혹은 과소평가되어 우리의 역사의식에 혼선을 가져왔다.

고려시대 무신정권의 성립은 결코 고려의 상무적 기풍을 부활시키려는 시도가 아니었다. 무신정변은 왕궁의 경호 병력이 일으킨 쿠데타였다. 2군 6위 중 2군을 지휘하던 일부 무장들이 반란을 일으킨 것이다. 만약 고려의 군사력이 강력했다면 무신정변은 진압되었을 것이다. 그런데 당시 고려의 군사력이 수백 혹은 수천 명의 쿠데타 병력으로도 제압될 만큼 무너져 있었던 것이다.

정권을 장악한 무신들에게 중요한 것은, 문신들이 독점하던 권력과 재산이었지 고려 사회의 개혁이 아니었다. 그래서 그들은 곧 내부 권력투쟁에 들어간다. 무신정변의 주역인 이고·이의방·정중부는 분열을 일으켜 이의방과 정중부가 이고를 죽이고, 정중부가 이의방을 죽이는 혈투가 이어졌다. 하지만 정중부는 경대승에게 제거되고, 경대승이 병사하자 이의민이 권력을 장악했다. 그런데 최충헌·최충수 형제가 이의민을 죽이고, 이어 최충헌이 동생 최충수를 죽임으로써 최종적으로 권력을 장악했다. 이 과정만 무려 30년이 걸렸다. 권력을 잡은 최충헌은 이후 자식들에게 권력을 물려주지만, 60년 뒤 증손자 최의가 김준에게 살해당하고, 김준이 다시 임연에게 살해당하고, 임연이 마지막으로 제거되면서 100년 무신정권의 역사는 막을 내린다.

100년의 시간 중, 원의 침략이 시작된 1230년 이전에 무신정권이 북벌을 준비하고 대규모 군대를 양성했던 흔적은 없다. 마음은 있었을지 모르지만 내부 권력투쟁과 농민반란을 진압하느라 그럴 겨를이 없었다. 그들은 40년 전 마지막으로 북벌을 주장하던 서경파와 전혀 다른 이들이었고, 북벌을 준비하고 백성을 다스리고 정치를 풀어 나갈 능력이 없었다. 무신정권은 고구려 계승의식을 갖고 상무적 기풍을 부활시켜 태조 왕건의 북진정책을 추진하고, 백성의 생활을 윤택하게 하려고 노력한 정권이 아니다. 그들은 그저 문벌 귀족의 권력과 재산을 탐했을 뿐이다.

고려는 500년 내내 군사력이 강한 나라는 아니었다. 그럴 필요도 없었고, 그럴 수도 없었다. 고려는 비록 고구려를 계승하고 북벌을 추진했지만, 그것은 어디까지나 왕권 강화책의 일환이었다. 강한 군대를 바탕으로 중국에 맞서 대외 팽창에 힘썼다고 보기 어렵다. 오늘날 우리 관점에서 지나치게 확대해석하여 보는 것은 무리가 아닐까?

50

무신정권의 이단아

경대승

밤 사경四更에 허승許升은 균이 숙직하는 곳에 들어가서 죽이고 곧 길게 휘파람을 부니, 대승이 결사대를 거느리고 궁궐의 담을 넘어 들어가 대장군 이경백李景伯, 지유指諭, 문공려文公呂를 죽이고 보이는 대로 죽이니, 궁중이 부르짖어 떠들썩해지고 칼날이 맞부딪치므로 왕이 매우 놀랐다. 대승이 어실御室 밖에 가서 큰 소리로 아뢰기를, "신들이 사직을 위호衛護하는 것이니, 청하건대 주상께서는 놀라지 마소서." 하였다. 왕이 궁문에 나와 대승 등을 불러 손수 잔술을 주며 위로하니, 대승이 금군을 풀어서 중부와 유인 부자 등의 체포를 청하였다. 중부 등이 변란이 일어난 것을 듣고 도망쳐 민가에 숨은 것을 모조리 잡아다가 베어 죽이고 저자에 머리를 효시梟示하니, 서울과 지방에서 크게 기뻐하였다. – 《고려사절요》 12권 명종 9년 9월

여기서 대승은 경대승을 말하고, 도망쳤다가 죽임을 당한 중부는 정중부이다. 경대승 장군이 정중부를 죽이고 권력을 빼앗은 사건의 기록이다. 당시 경대승의 나이는 겨우 26세. 청년 장군은 어떻게 또다시 쿠데타를 일으켜 권력을 잡았을까?

무신의 횡포에 분노한 청년 장군

앞에서도 언급했듯, 무신정권을 세운 이의방이나 정중부 등은 개혁을 위해서가 아니라 문벌 귀족의 권력과 재산을 탐해 권력을 쟁탈했다. 그런 이들이 권력을 잡았으니 그 부정부패는 참혹할 지경이었다.

경대승이 쿠데타를 일으킨 그해, 수정봉이란 곳에 노석이 출몰했다. 대여섯 명으로 이루어진 수정봉 도적은 으슥한 곳에 숨어 있다가 아름다운 여자가 길을 지나면 겁탈하고 재물을 빼앗았다. 수정봉 근처에 살던 관리 정국검이 보다 못해 집안의 하인들을 이끌고 가 도적들과 격투를 벌여 그중 3명을 체포했다. 그런데 심문을 해 보니 도적들이 대장군 이부의 조카를 비롯하여 모두 한자리하는 무신들의 자식이었다. 하지만 권력을 두려워한 법관들이 서로 재판을 미루는 바람에 결국 조문식이란 강직한 관리가 나서서야 겨우 벌을 주었다. 당시 무신들의 수준이 이처럼 떼 지어 몰려다니며 부녀자나 폭행하는

수준이었다.

고위 관리였던 경진의 아들로 태어나 음서로 장교의 길을 걷기 시작한 경대승은, 힘이 장사에다 어릴 적부터 포부가 크고 재물에 뜻이 없었다. 그는 탐욕스러운 아버지와 좀 다른 사람이었다. 1177년 아버지가 죽자, 대승은 아버지가 부정하게 모은 재물을 모두 원래 주인에게 돌려주었다.

그로부터 2년 후, 경대승은 정중부를 제거하기로 마음먹었다. 정중부는 처음 무신 정변이 일어났을 때 우두머리로 추대되었지만 허수아비였고, 실제로는 이의방이 권력을 잡고 있었다. 이의방이 왕을 핍박하여 인심을 잃고 지방에서 반란이 일어나자, 정중부는 1174년 기회를 틈타 이의방을 죽이고 권력을 잡았다. 하지만 정중부와 그의 무리 역시 부정부패를 일삼아 곳곳에서 농민들이 봉기를 일으키는 등 나라가 어지러웠다. 그 와중에 정중부의 아들 정균이 억지로 공주와 결혼하려 하고, 이 때문에 왕이 괴로워하자 충성스러운 경대승이 참지 못하고 쿠데타를 일으킨 것이다.

권력을 잡은 경대승은 무신들의 한계를 솔직히 인정하고 과감한 개혁 정책을 펼쳤다. 권력을 잡은 첫날, 왕이 '승선'이라는 고위 관직을 내리자 경대승이 말했다.

정지 장군 경번갑. 충목왕 때 왜구를 물리치고 공양왕 3년에 세상을 떠난 정지 장군이 왜구를 물리칠 때 착용한 갑옷이다. 고려 시대 무신의 복식을 짐작케 하는 희귀한 유물이다.

“신은 글을 읽을 줄 모르니 맡을 수 없습니다.”

“그러면 오광척은 어떤가?”

“오광척도 무신이라 글을 겨우 읽는 수준이니 안 됩니다. 선비를 등용하십시오.”

또 사람들이 쿠데타 성공을 축하하자, “왕을 살해한 자가 아직 살아 있는데 무슨 축하인가!”라고 소리쳤다. 1173년 무신정권이 선왕 의종을 제거할 때, 이의민이 의종의 허리를 부러뜨려 잔인하게 죽였다. 이의민은 경대승의 말이 그 사건을 가리킨다고 여겨 경주로 도망쳐 숨어 버렸다.

과거 고려의 영화를 되살리려 했으나

경대승은 집권 첫날부터 부정하고 무능한 무신들을 정리하는 작업에 착수했다. 본인두 장군 직을 사임하고, 정치를 가능한 한 문신에게 많이 맡겼다. 그리고 무신들이 모여 정치를 논하던 중방을 무력화시키고, ‘도방’이라는 개인 경호군대를 만들어 무신들의 횡포나 반역 움직임을 감시했다. 또한 쿠데타를 일으킬 때 공을 세운 허승이 오히려 도방 군사들을 이끌고 횡포를 부리자 달려가 그를 잡아 죽이니, 이후 무신이나 군인들의 횡포가 눈에 띄게 줄었다.

하지만 젊은 경대승에게 권력은 과중한 부담이었던 모양이다. 무신들이 자신을 죽이려 한다는 피해의식에 빠져들어 마침내 미치고 말았다. 경대승은 꿈에 정중부가 칼을 잡고 자신을 꾸짖었다며 괴로워하다가 병을 얻어 권력을 잡은 지 4년 만에 급사했다.

경대승이 죽자, 왕은 알아서 권력을 무신들에게 내주었다. 사신을 보내 경주에 숨어 지내던 이의민도 불러올렸다. 이의민은 경대승이 파 놓은 함정이라 의심하여 몇 번이나 거절하다가 겨우 마음을 돌려 돌아와 다시 권력을 장악했다. 고려는 이전의 부패한 무신정권 시대로 되돌아갔다.

경대승이 집권한 4년간은 무신정권 시대 100년 중 매우 이례적인 시기였다. 그는 젊은 패기와 의협심으로 고려를 과거 건강했던 시절로 되돌리려 했다. 역사학자 이이화는 "민중들은 그를 영웅으로 받아들였다"고 평했다.

하지만 경대승에게는 개혁을 이끌 지식과 경륜이 없었다. 글을 모르는 문맹이었고, 20대 후반의 젊은이였다. 그를 뒷받침해 줄 장군들도 없었다. 그의 혁명 동지인 허승과 그의 군대였던 도방의 부패가 그의 한계를 잘 보여 준다. 심지어 무신에게 핍박받던 왕도 그를 도와주지 않았다. 왕은 속으로는 경대승을 의심하며 자기 목숨 지키는 데 급급했다. 그래서 그가 죽자 제 손으로 이의민에게 권력을 넘겼다. 경대승은 아무도 없는 망망한 바다에서 홀로 배를 저어 가는 외로운 사공이었다. 그리고 그렇게 파도에 묻혀 역사에서 퇴장했다.

51

친구들 모아 놓고 농담 좀 했기로서니
만적의 난

"개경에서는 만적이 신분의 차이를 넘어서 누구나 공경대부가 될 수 있다고 주장하며 신분 차별에 항거하였다."

교과서에 나오는 '만적의 난'에 대한 설명이다. 교과서의 설명은 예전부터 대동소이했을 것이다. 이 표현만 본다면, 마치 만적이란 청년이 고려의 심장부인 수도 개경에서 대규모의 노비해방운동을 일으킨 것 같다. 그러나……

"공경대부의 씨가 따로 있나"

만적은 당시 권력자인 최충헌의 노비였다. 미천한 출신인 이의민이나 최충헌이 권력을 잡는 것을 보고 크게 깨달은 바가 있는 만적은, 어느 날 나무를 하다가 동료 노비들 앞에서 이렇게 말했다.

"공경대부(귀족)의 씨가 따로 있는가? 우리도 마음만 먹으면 얼마든지 권력을 잡을 수 있다."

만적은 노비들에게 '丁' 자 표식을 나눠 주고 다시 모이자고 했다. 그런데 이 말을 들은 노비 중 한 명이 이를 최충헌에게 고자질했고, 대로한 최충헌이 즉각 만적과 그날 모인 노비 100여 명을 잡아 죽였다.

이것이 만적의 난의 실체이다. 일하다가 동료들과 불평 좀 했기로서니 사람을 잡아 죽이나? 그건 그렇다 쳐도, 이 정도 일을 가지고 '해방 운동' 운운하는 건 좀 민망하지 않을까?

'만적의 난'은 당시 시대 분위기를 잘 드러내는 매우 상징적인 사건이다. 사건 그 자체는 아무것도 아니다. 그렇다면 이 사건을 통해 알 수 있는 시대 분위기란 무엇인가? 소설가 김성한은 《진시황제》에서 진나라의 몰락을 이렇게 표현했다.

개경 흥국사 탑. 1198년 5월, 최충헌의 노비 만적은 노비들에게 표식을 나눠 주고 이 흥국사에서 다시 모이기로 했다.

“별 거 아니더라.”

신분제 사회를 지탱하는 것은 왕과 귀족에 대한 숭배와 존경심이다. 특히 왕에 대해서는 가히 신과 같은 숭배심이 요구된다. 모두 똑같은 인간이라면, 일반 백성들이 왕과 귀족에게 무조건 복종할 이유가 없기 때문이다. 같은 인간끼리 왜 굽실거려야 하는가?

만적의 발언은, 고려라는 신분제 사회를 지탱해 주던 기본적인 의식 세계가 무너졌음을 의미한다. 대통령을 패러디한 만화가 인터넷에서 자유롭게 유통되는 오늘날 민주 사회에서는 이해하기 어렵겠지만, 당시에는 귀족을 평민 혹은 노비와 다를 바 없는 사람이라고 생각하는 것 자체가 대단히 위험한 일이었다. 만적의 난은 고려가 그처럼 위험한 상황에 처해 있었음을 보여 주는 단적인 사례이다.

조선 건국 명분 마련한 각종 저항운동

만적의 난이 고려 후기의 상징적 사건이라면, 실제 그 시대를 움직인 사건은 무엇일까? 백제부흥운동이다.

초기에 ‘소所’나 ‘부곡部曲’ 같은 특수 행정구역 주민과 일부 천민들 사이에서 시작된 저항은, 점차 고려 왕조와 권력 중심부를 향한 저항과 도전으로 발전했다. 특히 전라도와 충청도 지역에서 대규모로 발생했는데, 이때 나타난 것이 바로 ‘백제부흥운동’이다.

대표적 사건이 1232년에 일어나 1237년 진압될 때까지 전남 일대에서 무려 5년간 지속된 이연년 형제의 농민 봉기다. 이연년은 스스로를 백제도원수(기록에는 ‘백적도원수’라고 되어 있다.)라 칭하면서 백제

전남 순천 송광사에 보관된 충렬왕 때의 노비 문서. 당시 지주이던 원오가 아버지에게 물려받은 노비를 절에 바친다는 내용을 담고 있다.

부흥을 주장하고, 전남 일대 농민들을 모아 싸웠다. 이들의 투쟁이 얼마나 격렬했는지, 당시 이들이 곳곳에 세웠던 백제 양식의 불탑이 지금까지도 전해진다. 백제를 부활시켜 새로운 나라를 건설하자는 운동은 곧 고려에 대한 부정이요 새로운 건국운동이었다. 당연히 고려 정부는 원과 전쟁을 치르는 와중에도 총력을 기울여 농민군을 진압했고, 농민들의 기세는 꺾일 수밖에 없었다.

이외에도 김사미와 효심의 봉기로 시작된 경상도의 농민 봉기는 경주 야별초의 봉기 때 '신라부흥운동'으로 발전했고, 양수척의 봉기로 시작된 서경(평양)의 농민 봉기는 최광수의 봉기 때 '고구려부흥운동'으로 발전했다.

대규모 농민 봉기는 최씨 무신정권의 강력한 진압과 원의 침입으로 수그러들었다. 하지만 이러한 저항운동은 밑바닥에서 면면히 이어졌고, 마침내 조선 건국의 배경이 되었다. 농민 봉기로 드러난 민심이반과 그에 따른 통치의 어려움이 건국의 동기와 정당성으로 이어진 것이다. 농민 봉기는 조선 세종 때에야 겨우 수습되었다. 다시 말해, 세종의 애민정책은 농민들의 저항을 잠재워서 신생 정권을 안정시켜야만 하는 절박한 상황에서 나온 것이다.

고려 말 농민 봉기는 신분해방운동이요, 부정한 권력에 대항한 민중의 정의로운 투쟁이었다. 그리고 또 하나, 고려 멸망을 재촉하고 조선 건국을 이끈 주된 원동력이었다는 점에서 역사 발전의 중요한 장면으로 기억해야 한다.

망이·망소이의 난 망이·망소이의 난은 무신정권 초기에 일어난 대표적인 신분해방운동이다. 이들은 공주 명학소 출신이었다. '소'는 특수한 역을 부담하는 사람들이 거주하는 지역으로서, 고려 건국 때 비협조적이었던 호족들의 지배 지역에 만들어진 행정구역이다. 따라서 소의 주민들은 다른 지역 주민들보다 과중한 수취와 차별을 당했다. 명학소는 숯을 생산하는 지역으로, 과중한 수취 때문에 주민들이 큰 고통을 당했다.

1176년 망이·망소이 형제의 지도 아래 명학소민들이 봉기를 일으키자, 무신정권은 처음에는 이들을 달래며 소를 폐지하고 일반 현으로 승격시켜 일반 농민들처럼 대우해 주겠다고 약속했다. 하지만 이는 당시 일어난 또 다른 대규모 반란인 '조위총의 난'을 진압하느라 경황이 없던 무신정권이 잠시 숨 돌릴 틈을 얻어 내려는 술수였다. 얼마 후 정권은 봉기 지도자들을 탄압하기 시작했다. 명학소민들은 다시 봉기를 일으켜 2년 이상 투쟁했지만 끝내 진압당하고 말았다. 망이·망소이의 난은 농민 봉기의 신분 해방적 성격을 보여 주는 대표적 봉기라는 점에서 역사적으로 중요한 난으로 평가받는다.

52
우리가 모르는 '전통적' 여인상
남녀평등

지금으로부터 불과 20년 전인 90년대만 해도 한국 여성의 사회적 지위는 기가 막히는 수준이었다. 당시 상황을 보여 주는 대표적 판례가 있다.

부부가 이혼을 했다. 둘은 맞벌이 부부였고, 각각 자기 통장에 상당한 돈을 갖고 있었다. 이혼할 때 남자가 앙심을 품고 아내의 통장을 자신의 차명계좌라고 신고해 버렸다. 차명계좌는 자기 통장을 다른 사람 이름으로 만드는 것으로 금융실명제법 위반이다. 이 경우 통장에 있는 돈을 압수하고 일부를 진짜 주인에게 돌려주도록 되어 있다.

아내는 당연히 본인의 재산이라고 주장했지만, 이 재판은 남편의 승리로 끝났다. 여성의 독립적 재산권을 인정할 수 없다는 것이 사법부의 판단이었다. 여자 이름으로 된 통장은 인정할 수 없다는 것, 남편과 똑같이 일해도 아내를 독립적인 사회경제적 주체로 인정해 주지 않는 것, 그것이 90년대까지 우리나라 여성이 처한 사회적 현실이었다.

재산도 똑같이, 처가 제사도 똑같이

여성들이 부조리함을 성토하면, 이에 대응하는 남성들의 논리는 언제나 똑같았다. 우리의 전통이요 미풍양속이니 지켜야 한다. 희생하는 어머니, 가정의 든든한 버팀목이라는 전통적 여인상을 버리고 서양식 남녀평등 제도를 받아들이면 한국 가정의 장점이 파괴될 것이다!

'전통적 여인상'이 도대체 무엇이기에 이리도 가혹하게 여성들의 빌목을 잡는단 말인가? 이런 의문을 품은 여성들이 나타나기 시작했다. 이화여대 등에서 여성학을 연구하던 학자들은 당시 불모지나 다름없던 한국 사회사 부문, 그중에서도 여성사와 가정사를 연구하기 시작했다. 물론 여성학 연구자들만 이런 연구를 한 것은 아니지만, 이들이 초기에 두드러진 활약을 펼친 것만은 분명하다.

그런데 이들이 밝혀낸 한국 여성들의 역사는 그동안 한국 남성들이 운운했던 '전통적 여인상'과 많이 달랐다.

고려시대 귀족이었던 나익희는 일찍 아버지를 여의고 다른 여자 형제들과 함께 어머니 손에서 자랐다. 훗날 성인이 되자 연로한 어머니는 유언을 남기면서 아들인 나익희에게 많은 유산을 남겼다. 그러자 나익희는 어머니에게, "여자 형제들과 똑같이 유산을 나누어주지 않으면 형제간 우애가 깨지고 세상의 손가락질을 받을 것이다."라고 말해 결국 똑같이 상속을 받게 된다.

10여 년 전 수능에 출제되었던 지문이다. 여기에서 주목되는 것은, 우선 재산권을 어머니, 즉 여성이 행사했다는 점이다. 20세기 여성에게도 없던 재산권이 1천 년 전 고려시대 여성에게 있었다니, 이 얼마나 놀라운 일인가!

이외에도 고려시대에는 여성들도 유산 상속권이 있었다는 것, 부부간에 각각 독립된 재산권이 존재해서 이혼할 때 여성은 자기 재산을 갖고 친정으로 돌아갔다는 것, 남자의 처가살이가 보편적이었다는 것, 남편이 항상 아내에게 존댓말을 썼다는 것(조선시대 유명한 유학자 이황 선생은 일평생 부인을 공경하고 존댓말을 쓴 것을 자랑스럽게 생각해 이를 행장에 남겼다.), 남자가 처가의 제사를 지냈다는 것 등 오늘날에도 보장되지 않는 여성의 권리가 과거에 존재했고, 오히려 그것이 우리의 전통이었음이 널리 알려지게 되었다.

전통이 된 이데올로기

그렇다면 칠거지악, 출가외인, 삼종지도 등 우리 여성들을 억압한 각종 제도들은 언제 만들어진 것인가? 명확하지 않지만, 조선 후기에 점점 강화되고 널리 퍼졌을 것으로 추정된다. 또 일제강점기에 일본의 가부장제와 식민지적 특성이 결합하면서 축첩, 여성에 대한 폭력 등이 더 심화되고 왜곡돼서 나타난 것으로 보인다. 결론적으로, 20세기 한국 남성들이 누렸던 절대적 지위의 일부는 일제 잔재이며, 나머지는 5천 년 역사 중 최근 몇 백 년 사이의 전통일 뿐이다.

이제는 더 이상 남성 우위의 이데올로기를 '전통'이라고 말하지 않는다. 이는 왜곡된 역사 인식에서 비롯된 이데올로기일 뿐이다. 물론

여성 폭력의 전통? 일제강점기 문학작품에는 여성을 때리는 장면이 종종 등장한다.

김유정의 1935년작 〈소나기〉에는, 주인공 춘호가 노름 자금 2원을 빌려 오라며 폭력을 행사하는 장면이 나온다. "지게 막대는 아내의 연한 허리를 모질게 후렸다. 앉은 채 고꾸라지 아내의 발뒤축을 얼러 볼기를 내려갈겼다." 도망치듯 집을 나온 아내는 "어른에게 죄진 어린애같이 입만 종긋종긋하다가 남편이 뛰어나올까 겁이 나" 돈을 빌려 보겠다고 한다. 소나기를 흠뻑 맞고 돌아온 아내를 보고 "미쳐 입도 벌리기 전에 남편은 이를 악물고 주먹뺨을 냅다 붙인다. 그래도 직성이 못 풀리어 남편이 다시 매를 손에 잡으려 하니 아내는 질겁을 하여 살려 달라고 두 손으로 빌며……."

흥미로운 건, 조선 후기 문학작품에는 이런 폭력 장면이 거의 드물다는 점이다. 심 봉사는 뺑덕 어미에게 시달리고, 흥부는 아내의 재촉에 돈을 벌러 나가고, 춘향이는 이몽룡에게 한탄하고, 〈이춘풍전〉에서는 기생에게 빠진 남편을 아내가 골탕먹인다.

요즘 매 맞는 남편이 많다지만, 부부간 폭력의 82퍼센트가 여전히 남편의 폭력이다.(《2012 사법연감》) 이런 전통 따윈 없다.

아직도 한국 여성의 역사와 가족의 역사
는 풀어야 할 숙제들이 많다. 고
려시대 여성들은 어떻게 그러한
권리를 누릴 수 있었는지, 왜 조
선 후기에 여성들의 지위가 떨어
졌는지, 20세기 한국 여성들의 지위
는 한국 현대사와 어떤 상관관계가
있는지……

경상남도 밀양에 있는 '박익 벽
화묘' 속 고려 여인들. 박익은
공민왕 대에 문과에 급제한 고
려 말 문신이다.

  우리가 역사를 알아야 하는 이유
중 하나가 바로 이런 부분 때문이다.
우리가 알고 있는 '민족사 5천 년'은 사실
이 아닌 경우가 꽤 존재한다. 이데올로기와 역사의 간극이 분명 존재
하며, 잘못되고 왜곡된 역사 인식을 바탕으로 한 '상식'들도 꽤 존재
한다. 이런 부분을 교정하기 위해서라도 역사를 진지하고 성실하게
공부해야 한다.

53
깨달음을 향한 지난한 여정
보조국사 지눌

옛날에 노승 한 분이 제자를 불러 물었다.

"그동안 수행하면서 무엇을 깨달았느냐?"

그러자 제자가 다짜고짜 노승의 따귀를 때렸다. 노승이 껄껄 웃으며 말했다.

"네가 드디어 깨달음을 얻었구나."

불교에는 경전을 열심히 연구하는 '교'와 참선을 통해 깨달음을 얻으려는 '선'이 있다. 이 중 교보다 선을 강조하는 흐름을 선종이라 한다. 선종은 노동과 고행과 묵상을 통해 깨달음을 얻으려 하고, 그 깨달음이 우주의 원리와 인간의 초월을 목표로 하는 것이라 각종 기담을 많이 남겼다.

선승들의 기행

선종을 창시한 사람은 그 유명한 달마대사다. 원래 인도의 스님이었던 달마는 인도 불교의 타락상에 실망해 새로운 개혁 불교를 이루려고 중국으로 건너갔다. '달마가 동쪽으로 간 까닭은'이라는 말은 영화 제목이기도 하지만 매우 상징적인 의미를 담고 있는 것이다. 아무튼 달마가 소림사(!)를 짓고 선종을 개창하면서 중국에 개혁 불교 바람이 불었다. 달마 이후 중국 선종 스님들은 속세의 탐욕에서 벗어나 깨달음을 얻고자 고행을 하며 그 과정에서 많은 전설을 남겼다.

한 청년이 깨달음을 얻고자 고승을 찾아갔다. 청년은 자신을 제자로 받아 달라고 빌었지만, 청년의 마음속 응어리를 본 고승은 허락하지 않았다. 그저 모든 것을 버릴 수 있어야 한다고만 대답했다. 깊이 고민하던 청년은 칼을 꺼내 자신의 팔을 잘랐다.

"깨달음을 얻을 수 있다면 육체마저도 덧없는 것입니다."

이처럼 마음속 탐욕과 집착을 버린다는 것은 어려운 일이다. 스승의 따귀를 때린 제자도 그런 경우였다. 제자는 열심히 공부하고 참선하며 깨달음을 얻으려 노력했다. 하지만 답을 얻지 못하고 괴로움만 늘어 갔다. 마침내 제자가 스승에게 깨달음에 대해 물으니, 스승이 갑자기 따귀를 때렸다.

"이미 다 알고 있으면서 뭘 물어?"

순간 제자는 정신이 번쩍 났다. 깨달음을 얻으려는 욕심에 자기 내면의 참된 진실을 보지 못했던 것이다.

선승들의 기행은 깨달음의 과격한 표현이다. 한번은 스님들이 폐허가 된 절에 묵게 되었는데, 밤이 되자 냉기가 스며들어 잠을 잘 수가 없었다. 그러자 한 스님이 법당의 나무 불상을 들고 나가 아궁이에 넣고 불을 지폈다. 다른 스님이 깜짝 놀라 나무라자, 오히려 그 스님이 소리쳤다.

"너의 부처님은 저 나무토막 속에 있는가?"

깨달음을 얻을 수 있다면 모든 걸 내줘도 좋다는 선승들의 각오는 고행으로 나타났다.

어떤 스님이 조그만 토막(흙 움집) 하나를 만들었다. 사람 한 명이 앉을까 말까 하는 아주 작은 토막이었다. 스님은 토막에 들어가 입구를 흙으로 봉하고 소그만 구멍 하나만 만들어서 그곳으로 최소한의 음식과 물만 받아먹으며 참선을 했다. 그리고 20년이 지난 어느 날, 토막 안에서 꺼내 달라는 희미한 소리가 들렸다. 드디어 스님이 나온다는 말에 주변에서 수도하던 사람들이 구름처럼 모여들었다. 밖으로 나온 스님은 토막 속에서 자신이 얻은 깨달음을 전해 주었고, 사람들은 감격하여 눈물을 흘리며 그 말씀을 들었다. 그리고 스님은 그날 밤 숨을 거두었다.

조계종의 성립

삼국 통일 전쟁이 한창이던 무렵 신라에 들어온 선종은 9세기 호족들의 불교로서 새로운 세상을 희망하는 사람들에게 구원으로 다가갔다. 고려 건국 이후 귀족들이 교종인 법상종과 화엄종 등을 중심으로 현실의 복을 빌고 기득권을 지키려 할 때, 선종은 소외되어 있었다. 그러다 무신정권 때 정혜결사(세속과의 단절 및 선 수행) 운동을 편 선종의 지눌이 불교 개혁을 주장하고, 수선사 모임을 통해 불교정화운동에 앞장서면서 중흥의 기틀을 맞이하였다.

일찍이 지눌은 보제사에서 승려들과 정혜결사를 맺어 선종과 교종의 대립을 극복하고 불교의 타락을 개혁하기로 약속하였다. 이후 용맹정진하여 정혜쌍수와 선교일치의 깨달음을 얻은 뒤 거조사에서 결사 당시의 승려들을 다시 모아 함께 수도하였고, 수선사 모임을 중심으로 새로운 선풍을 일으켰다.

이후 고려 불교는 수선사와 요세了世 스님의 백련결사(천태종의 요세가 정혜결사 이후 만덕사 보현도량을 중심으로 일으킨 새로운 천태종 부흥운동) 등으로 한층 더 발전하게 되니, 이것이 오늘날 한

대구 동화사에 있는 보조국사 지눌 진영.

국 불교의 80~90퍼센트를 차지하는 조계종의 시작이다.

비록 고려 말 불교는 다시 타락의 길을 걸어 조선시대 억불 정책으로 심한 탄압을 받지만, 오늘날 한국 불교의 전통은 이때 완성된 모습을 갖추게 되며, 그 전통 속에는 선종의 심오함이 담겨 있다.

사리, 수행의 증표 1993년 성철 스님이 돌아가셨을 때 사리가 한 말이 나왔다며 사람들이 놀라워했다. 그러자 한 스님이 사리의 양과 스님의 공덕이 무슨 상관이냐며 못마땅해 하셨다 사리가 많이 나온다고 그분이 고매한 스님인 건 이니다.

죽은 사람을 화장하고 난 뒤 뼈와 함께 나오는 보석 같은 돌덩이인 사리는 왜 나오는 걸까? 또 어떤 스님은 한두 개 나오는데, 왜 성철 스님 같은 분은 100개가 넘게 나오는 걸까?

사리의 정체를 과학적으로 입증하는 것은 불가능하다. 몇몇 가설들이 있는데, 그중 이런 이야기가 있다. 오랫동안 참선을 하면 뼈가 일정 방향, 일정 압력으로 눌리면서 돌처럼 굳어지는데 그게 사리라는 것이다. 성철 스님 같은 선승들은 몇 십 년 동안 눕지 않고 잠도 앉아서 자기 때문에 척추나 다리뼈가 단단히 굳어져 사리가 많이 나온다고 한다. 글쎄, 믿거나 말거나이지만 불교 수도승에게서만 나온다는 사리는, 그 양과 상관없이 고통스러운 수행 과정을 거친 스님들의 징표인 것만은 사실인 것 같다.

54
'몽골 놈'들이 우리에게 남긴 것
문화 교류

고려 왕실이 40여 년간에 걸친 지루한 전쟁 끝에 몽골과 강화를 맺고 다시 개경으로 돌아온 뒤, 거의 100여 년 가까운 시간 동안 우리는 몽골의 지배와 영향을 받으며 살아야 했다. 이 시기에 대해 교과서는 간략하게 우리가 어떻게 수탈당했는지만 설명하고 있다.

그런데 이 시기에 우리가 수탈만 당한 것일까? 근현대사회에서 일어난 영토 정복이나 식민 지배의 관점에서 보면 분명 수탈과 희생이 맞겠지만, 전근대사회의 전쟁과 지배는 문화 전파라는 측면도 갖고 있다.

이 시절 우리에게 전파된 것들로는 무엇이 있을까?

우선, 몽골의 지배를 받던 시절에 궁중 용어로 몽골어가 사용되었다. 왕비가 몽골의 공주이고, 왕도 어린 시절 몽골에 인질로 잡혀가 살았기 때문에 몽골 말이 익숙했던 탓이다. 이 궁중 몽골어는 조선시대까지 이어져 왕실 용어로 사용되었다. 마치 18세기 유럽의 궁정에서 프랑스어를 주로 사용했듯, 조선 왕실도 그들만의 고급 언어로 몽

조혼 풍습 아무리 전쟁이 문화 전파의 중요한 계기가 된다 하더라도 그 시대 사람들에게는 엄청난 고통임이 분명하다. 원 지배기 우리 민족도 큰 아픔을 겪었는데, 그중 대표적인 것이 '공녀貢女' 다. '공녀' 란 말 그대로 여자를 바치는 것이다. 원은 한 번에 100~200명씩 여러 차례에 걸쳐 고려에 공녀를 요구했디. 일부디치제의 유목민 풍습과 하녀 혹은 궁녀에 내한 필요 때문이었다.

이때 사람들이 딸을 공녀로 보내지 않으려고 일찍 시집보내면서 조혼 풍습이 유행했다. '조혼' 이란 14세 이하의 어린 여자를 결혼시키는 것을 말한다. 조혼이 우리의 전통인 줄 아는 사람이 있는데, 보통 16세가 결혼 적령기였고 조혼은 특수한 경우에만 이루어졌다. 결혼 풍습을 바꿀 정도로 공녀는 고려 사람들에게 큰 두려움을 안겨 주는 고통스런 일이었다.

여성들의 수난은 이후에도 시대를 넘어 계속되었다. 병자호란 당시 끌려간 여성들(훗날 '화냥년' 의 어원이 된 환향녀還鄉女)이 그랬고, 일제강점기의 정신대 여성들까지……. 이런 수난과 상처는 '화냥년' 같은 말에 아직도 남아 있으니, "전쟁은 지는 건 하수요, 이기는 건 중수요, 안 하는 게 상수"라는 옛 말씀이 참으로 옳다.

골어를 사용한 것이다. 대표적인 것이 왕비를 뜻하는 몽골 말 '마눌'이다. 조선시대 내내 왕비를 부를 때 '마눌하'라고 칭했다고 한다.

음식에도 몽골 문화가 많이 들어왔으니, 대표적인 것이 소주다. 우리는 전통적으로 누룩을 발효시켜 만드는 청주나 탁주를 마셨는데, 이 시기 몽골의 증류주 만드는 법을 들여와 소주를 제조하여 마시기 시작했다. 하지만 소주는 제사상에 올리지 않았다고 하니, 아마도 외래 것에 대한 거부감, 혹은 소주를 저급 술로 보는 시각이 존재했던 모양이다. 그 외에 설렁탕, 신선로 같은 궁중 음식도 몽골 음식에서 기원한 것으로 추정된다.

이 시기 우리가 무엇보다 주목해야 할 것은, 음식이나 문화의 전파뿐 아니라 당시 원이 누린 국제적 문화와 경제적 영향이다.

당시 원나라는 아시아와 유럽에 걸친 대제국이었다. 역사상 유라시아를 잇는 실크로드가 단일 국가의 영토에 속했던 적은 이때가 유일하다. 당연히 동서 문화 교류도 그 어느 때보다 활발하게 이루어지며 전성기를 맞이했다. 마르코 폴로가 《동방견문록》을 지어 아시아를 소개하고, 황금의 나라가 동쪽 끝에 있다는 전설이 유럽에 널리 퍼진 것도 이때다. 이는 사람들의 상상력을 자극하여 지리상의 발견 등 세계사가 중세를 끝내고 근대로 넘어가는 원동력이 되었다. 그렇다면 우리는?

문익점과 최무선이 수입한 '최첨단 기술'

중국에 있는 이슬람교도 묘역에 우리 고려인의 무덤이 있다. 무덤의

우리나라에서 가장 오래된 총통으로 추정되는 '고총통'. 고려 말~조선 초에 제조된 것으로 보인다.

고려 말의 문신 문익점.(왼쪽) 공민왕 대에 중국에 사신으로 다녀오면서 목화씨를 가져온 그는, 공민왕–우왕–창왕을 거쳐 이성계로 이어지는 격동기를 살았다.

주인은 이슬람교로 개종하여 국제무역 등에 종사했던 사람인 듯하다. 그가 활약한 때도 바로 이 시기다. 고려 역시 원나라와 활발하게 교류했음을 보여 주는 사례이다.

우리도 이 시기에 일어난 유명한 '사건'들을 알고 있다. 바로 문익점의 목화 전래와 최무선의 화약 발명이다. 당시 원나라는 목화 재배와 그에 따른 섬유공업이 발달했고, 화약도 수출했다. 이것들은 우리뿐만 아니라 유럽에도 널리 알려져, 원대에 유럽으로 건너간 나침반, 화약, 활판 인쇄술은 근대 유럽의 문명 발달에 크게 공헌했다. 문익점과 최무선은 이 최첨단 물품을 그냥 수입한 것이 아니라 원천 기술을 알아내어 자체 생산하려고 해서 역경에 처한 것이다.

조선으로 넘어가서도, 세종 때 '칠정산'이라는 새로운 역법을 만들면서 아라비아 역법의 도움을 많이 받았다. 조선 초기 농법과 과학 등 기술 분야의 획기적인 발전 역시 우리의 전통 기술에 고려 말 원나라에서 수입한 다양한 문화의 도움이 있었기에 가능했다.

이처럼 원의 영향은 우리 역사에 많이 남아 있지만, 정작 구체적으로 어떤 방식으로 교류하고 영향을 주고받았는지는 별로 알려지지 않았다. 아무래도 유목 민족을 깔보는 전통적인 오랑캐관 때문이 아닐까? '몽골 놈들이 발전해 봐야 얼마나 발전했겠어.'라는 생각, 문명국은 중국과 우리뿐이라는 전통적 의식으로 원나라를 바라보고, 그래서 그들에게 영향을 받았다는 사실을 자존심 상하는 일로 여기기 때문인 듯싶다.

그러나 문명은 위에서 아래로 흐르는 물과 같은 것으로, 특정 민족의 전유물일 수 없다. 강물처럼 도도하게 각 민족들 사이를 흐르며 영향을 끼치고, 그 속에서 독자적으로 발전하고 서로 주고받는 것이다. 원나라의 문명은 분명 14세기에 이룩된 찬란한 세계 문명의 빛이었고, 우리가 그 영향을 받은 것은 지극히 당연한 일이다. 이를 부정한다면 스스로 고립된 민족이라고 얘기하는 꼴이다.

55

"나에게 조국은 없다"

홍복원

교과서 속 한 줄 역사 원 간섭기에 '권문세족'이라는 새로운 지배층이 형성되었다. 친원적 성격을 가진 이들은 백성들을 수탈하고 횡포를 일삼았다.

다른 나라를 쳐들어가는 침략군에게 가장 어려운 문제는 지리다. 길을 모르니 작전지역으로 이동하다 헤매기도 하고, 매복한 적에게 기습 공격을 당하기도 한다. 지리를 파악하는 것은 침략 준비의 가장 기본이자 핵심이며, 따라서 지도는 국방상 최고 기밀문서이다.

원나라도 1231년 고려로 쳐들어올 때 같은 문제에 직면했다. 그런데 전혀 엉뚱한 행운이 그들에게 찾아왔다. 어느 고려인이 자청해서 길잡이 노릇을 맡겠다고 나선 것이다. 그 사람이 평안도 사람 홍복원이다.

원의 길잡이 노릇 자청한 사내

홍복원이 어떤 사람인지는 확실하지 않다. 아마도 국경 지방에 사는 천한 백성으로 약간의 외국어를 할 줄 아는 이거나 혹은 중인인 역관, 즉 통역관이었을 수도 있다.

어느 쪽이든 고려시대 홍복원은 평범한 백성이었다. 그에게 고려는 왕씨의 나라요 윤씨·김씨 귀족들의 나라였고, 그의 주인은 고려가 아니라 왕씨와 귀족 모씨일 뿐이었다. 당시 평민들에게는 국적 개념이 없었다. 평민들이 막연한 의식을 넘어 국적 개념을 갖게 된 것은 그로부터 700여 년 뒤 신분제가 폐지되고 나서다.

홍복원에게 몽골의 침입은 새로운 주인의 등장이었다. 그가 할 일은 과거 주인과 새 주인, 둘 중 하나를 선택하는 것이었다. 그는 새로운 주인을 선택했다. 새로운 주인은 그에게 돈과 권력을 주었다. 과거의 주인이 그를 착취하고 모독한 것에 비하면, 새 주인은 하늘에서 내려온 구세주였다. 그는 새 주인에게 충성을 다했고, 그 대가를 누리는 데 주저하지 않았다. 역사는 그를 '주인을 문 개'라고 표현하지만, '꼬리 치는 개'이든 '무는 개'이든 개는 개일 뿐이다.

김성한의 소설 《임진왜란》에 함경도 지방 아전 국세필 이야기가 나온다. 변방 중의 변방 그것도 차별 받는 지역 아전의 삶이란 서울 밑바닥 인생만도 못했다. 그런데 임진왜란이 터지자 임해군과 순화군이 들어와서 군대를 모집하고 군량미를 쓸어 갔다. 이러다가 전부 굶어 죽는다고 하소연했지만, 궁궐에서 고이 자란 임해군은 굶는다는 말 자체를 이해하지 못했다. 결국 국세필은 반란을 일으켜 임해군과 순화군을 잡아 일본군에게 바치고 관직과 식량을 얻었다.

얼마 후 정문부가 의병을 일으켜 국세필을 토벌한다며 쳐들어왔다. 국세필은 정문부에게 이렇게 이야기한다.

"양반들에게 얻어터지고 빼앗겨 굶주리고 헐벗으며 살았다. 살려고 발버둥치고 이런저런 짓을 했더니 이번에는 반역자라 한다. 하지만 우리 같은 이에게 애초에 그런 게 있었나?"

"……"

"옛날 굶주릴 때, 당신이 불쌍하다며 밥을 한 그릇 주었다. 내 평생 처음 먹어 보는 밥이었다. 그 고마움을 잊지 않는다. 내가 가진 모든 것을 넘기겠다. 잠시만 나를 내버려 두어 달라."

격렬한 저항을 예상했던 정문부는 국세필이 순순히 항복하고 무기와 식량을 넘기자 그의 소원대로 잠시 시간을 주었다. 그 틈에 국세필은 스스로 목숨을 끊었다.

귀족의 나라를 평민이 왜 지켜?

소설 속 이야기지만, 홍복원의 마음이 곧 국세필의 마음이었을 것이다. 왕조 사회에서 나랏일은 귀족의 소관이라며 평민들에게는 아무 말도 못하게 하고 오직 주인에게 복종하기만을 요구했다. 나라는 귀족의 것이지 평민의 것은 아니었다. 그런데 막상 나라가 위기에 처하면 그 나라를 구하기 위해 군인으로 나가 싸우는 것은 평민의 몫이었다. 하긴 그들은 나라를 지키러 나간 게 아니라 주인을 지키러 나간 셈이지만.

그러다 주인의 횡포를 견디다 못해 반항하고 뛰쳐나가면 그것을 반역이라고 한다. 한번 생각해 보자. 오늘날 국민국가 개념으로 그 시대 민초들의 반역을 바라보는 것이 옳은 일일까? 애초에 국민 자격을 주지 않은 사람들에게 국가에 대한 충성을 요구하는 것 자체가 난센스 아닌가?

진정 비판받아야 할 것은 그 나라 주인들의 반역일 것이다. 고려시대 귀족이었다가, 조선의 양반이었다가 침

휴전선 근처 비무장지대에서 발굴된 '파주 법흥리 고분군' 벽화. 고려 말 귀족의 모습을 잘 보여 준다.

떠돌이 양수척 '양수척楊水尺'이란 고려시대에 버들고리(상자)를 팔아 생계를 이어 간 유랑민들을 가리킨다. 이들은 과거 후백제에 충성하여 고려에 반항했던 세력의 후예들로, 살 곳을 얻지 못하여 떠돌이 생활을 했다. 무신정권 때 이의민이 기생첩 자운선을 시켜 이들에게 공물을 징수하도록 했고, 이의민이 죽은 뒤에는 최충헌이 자운선을 첩으로 삼은 뒤 역시 양수척에게 가혹하게 공물을 징수했다.
1216년, 원의 침략에 밀린 거란족이 압록강을 넘어 고려에 쳐들어오자, 양수척들이 거란군에 투항하여 길잡이 노릇을 했다. 이 덕분에 거란군은 경기도까지 쳐 내려왔다. 이때 양수척들이 최충헌에게 "자운선을 죽이면 고려 편에 서겠다"고 편지를 보냈지만, 최충헌은 자운선을 피신시켰다. 첩과 재물이 백성과 나라보다 중했던 것이다. 결국 양수척은 이후 왜구를 가장해 약탈을 일삼는 등 두고두고 고려의 두통거리가 되었다.

략자들에게 붙은 자들, 혹은 침략 당했을 때 백성들만 전쟁터로 몰아내고 자기들은 안전한 후방에서 호의호식했던 자들, 이런 이들이야말로 진정 비판받아야 마땅한 자들이 아닐까?

임진왜란 때 곽재우는 의병을 일으키며 자기 집 노비들의 노비 문서부터 불살랐다. 그들이 스스로 나라의 주인이라 여길 때 비로소 나라를 위해 싸울 수 있음을 알았던 것이다. 홍복원을 배신자라 비판하기 전에, 먼저 곽재우가 어떻게 병사들을 모았는지부터 생각해 봐야 할 것이다.

56
충신과 역적 사이
삼별초

교과서 속 한 줄 역사 대몽 항쟁에 앞장섰던 삼별초는 몽골과의 굴욕적인 강화에 반대하여 배중손의 지휘 아래 강화도에서 반기를 들었다. 이들은 진도와 제주도로 옮기면서 항쟁을 계속하였다.

문벌 귀족의 타락이 도를 더해 가고 개혁 세력의 노력도 묘청의 서경 천도운동 실패를 끝으로 좌절되면서, 고려 정치는 완전히 희망을 잃었다. 결국 무신정변이 일어나 문벌 귀족들은 모두 도륙당하고, 무인들이 권력을 장악한 시대가 왔다.

앞서 말했듯이 무인들은 개혁 의지가 있었던 게 아니라, 문벌 귀족의 권력과 재산이 탐이 나서 정변을 일으킨 것이었다. 그런 그들이 권력을 잡자 고려는 더욱 혼란에 빠졌다. 권력과 재산을 서로 차지하려고 죽고 죽이는 쟁탈전이 벌어졌다.

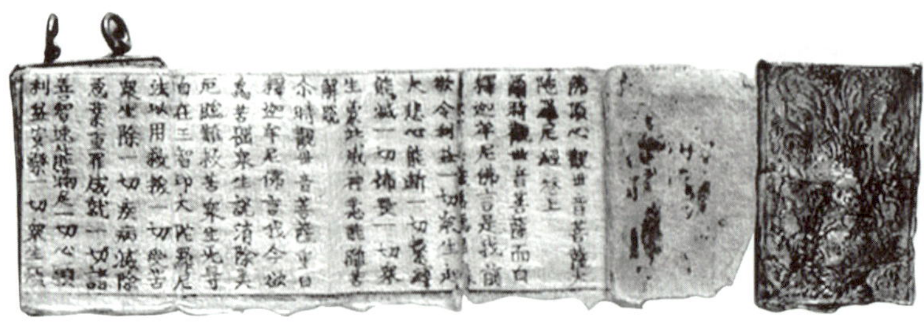

'소자본 불정심관세음보살 대다라니경 합각'. 13세기 초 무신정권의 권력자 최충헌이 아들 최우와 최항을 위해 만든 휴대용 불경과 불경을 넣는 상자이다.

수탈에 앞장선 정권의 호위대

무인들 간의 싸움이 치열해질수록 권력자를 보호해 줄 군대의 필요성이 절실해졌다. 정중부의 중방, 경대승의 도방 등 무신 집권자들은 저마다 사병 집단을 꾸렸지만, 권력투쟁의 소용돌이 속에서 제 역할을 하지 못하는 경우가 많았다.

30여 년간 계속된 혼란은 최충헌에 의해 정리되었다. 최충헌은 개혁정치로 민심을 수습하는 한편, 여러 사병 집단을 해산시켜 권력을 굳건히 했다. 이후 60여 년간 최씨 정권 시대가 이어지는데, 정치적으로는 여전히 암흑기였지만 권력 쟁탈의 혼란만큼은 없었다.

삼별초는 최충헌의 뒤를 이은 최우의 사병 집단에서 시작되었다. 최우가 만든 특수부대 야별초가 좌별초와 우별초로 확대되면서 삼별초가 된 것이다. 부대의 성격도 바뀌었다. 야별초는 개경의 도둑을 막는 역할, 즉 밤에 일어나는 불온한 행동을 막는 일을 했지만, 삼별초가 되면서는 몽골의 침략을 막는 역할로 확대되었다. 하지만 최씨 정권이 붕괴할 때까지 삼별초가 몽골 군대와 싸우는 데만 전념한 것은 아니었다. 그보다는 최씨 정권을 지키는 데 더 열심이었다.

삼별초는 강화도로 도망친 고려 왕실과 최씨 정권을 지키기 위해 노력했다. 강화도에서 나와 몽골군과 싸울 때에도 본토에서 징수한 세금이 강화도로 안전하게 들어갈 수 있도록 교통로를 확보하거나 거점을 확보하는 전투를 자주 벌였다. 세금을 내지 않거나 정부에 항거하는 본토의 평민들, 특히 과중한 세금에 저항하는 평민들을 진압하는 것도 삼별초의 몫이었다.

고려 정부가 강화도로 도망친 사이, 본토의 백성들은 몽골의 침략과 정부의 과중한 세금이라는 이중고에 시달렸다. 당시 집권자인 최우의 아들 최항은 전남 순천 송광사의 스님으로 출가한 뒤 고리대로 막대한 부를 축적했다. 몽골 침략기인 1230~1240년대에 그처럼 자유롭게 백성을 수탈하려면 강력한 군사력의 보호 없이는 불가능했다.

몽골인들의 가혹한 살인과 방화, 약탈에 대항하여 산성이나 토성에 들어가 싸우다 보면 많은 이들이 죽거나 불구가 되기 일쑤였다. 그러다 몽골군이 물러가면 강화도 정부에 세금을 내야 하니 다시 농사일에 매달려야 했다. 몽골군이 오래 주둔해서 농사를 짓지 못하면 다시 산성에 들어가야 했다. 세금을 독촉하러 출동한 삼별초와 싸워야 하니까.

이런 전쟁이 무려 30년 동안 이어지면서 백성들의 원성이 하늘을 찔렀다. 때마침 몽골에 쿠빌라이 칸이 등장하면서 몽골군의 정책이 항복하는 백성들을 위로하는 쪽으로 바뀌었다. 강화도 정부를 위해 싸우던 군인들 내부에서도 불만이 터져 나왔다. 마침내 최씨 정권이 무너지고 고려는 몽골과 강화를 맺게 되었다.

무신정권 부활과 최후 항전?

상황이 이렇게 되자 삼별초는 난처한 처지가 되었다. 몽골과 전쟁을 치를 목적으로 꾸려진 부대였으므로 일차적인 숙청 대상자였으며, 또 최씨 정권의 부대였으니 왕실이 보호해 줄 것 같지도 않았다.

이래 죽나 저래 죽나 죽기는 매한가지라면 끝까지 싸우다 죽는 게 군인의 길. 삼별초는 반란을 일으켰다. 그들은 무신정권 부활과 몽골과의 최후 항전을 주장하며 진도로 들어갔다. 삼별초가 앞장서 몽골과 싸우자 백성들도 삼별초를 지지하고 나섰다. 백성들은 무능한 정권 때문에 싸움을 포기한 것이지 몽골에 그냥 항복한 것은 아니었다.

삼별초의 진도 항쟁은 한때 서남해 일대를 장악하고 개경으로 들어가는 세금 운송을 차단해 정부를 위기에 빠뜨릴 정도로 강력했다. 결국 몽골과 고려 연합군이 대규모로 공격하면서 진도의 삼별초 항쟁은 일단 막을 내렸다.

그러나 그것이 끝이 아니었다. 용케 살아남아 진도를 탈출한 일부 삼별초가 제주도에 새

삼별초의 대몽항쟁의 근거지였던 전라남도 진도의 용장 산성.

로운 근거지를 마련하고 다
시 항쟁을 일으켰다. 진도
항쟁만큼은 아니어도 역시
격렬했던 삼별초의 제주도
항쟁은 1년 이상 이어지다가
완전히 진압 당했다. 결국
삼별초는 3년여를 끌며 최후
의 1인까지 몽골에 맞서 싸
우다 장렬히 산화하였다.

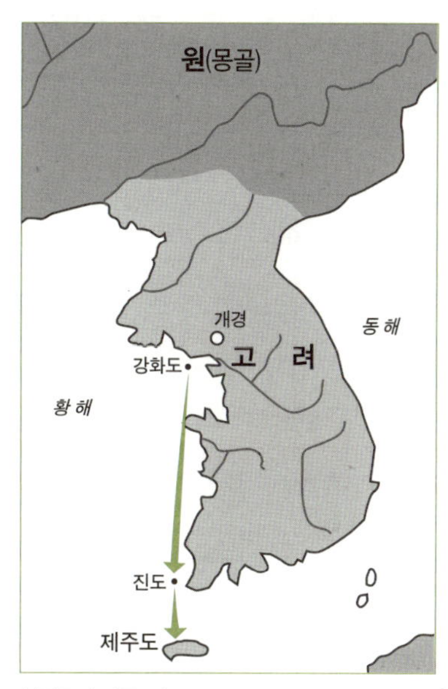

삼별초의 이동 경로.

삼별초의 항쟁은 외적의
침입에 맞서 용감히 싸운 대
표적 항쟁으로 평가받는다.
하지만 항쟁을 이끈 삼별초
에 대한 역사적 평가는 엇갈린다. 항쟁의 동기 역시 순수했다고 보기
어렵다. 그들이 진정 몽골과 끝까지 싸울 생각이었다면, 강화도에서
최씨 정권을 보호할 것이 아니라 육지에서 계속 원과 싸웠어야 했다.
임진왜란 때 적지에 들어가 임시정부(분조分朝)를 구성해 의병을 지휘
했던 광해군처럼 말이다. 아니, 차라리 정권 유지에 급급했던 최씨 정
권을 타도하고 강력한 저항 정권을 구성해 백성들과 함께 끝까지 투
쟁했다면 원과의 전쟁은 좀 다르게 전개되었을지도 모른다.

삼별초의 대몽 항쟁이 고려 무인의 기개를 보여 주었다는 역사적
평가를 100퍼센트 받아들이기는 어렵다. 그것은 삼별초 이전에 끝까

지 원에 저항하다 죽어 간 수많은 고려군과 백성들의 희생을 폄하하는 것이다. 원과 전쟁을 벌일 때 강화도 정부가 보여 준 모습이 너무나도 아쉽기 때문이다.

주인을 잘못 만난 탓일지 모르지만, 삼별초야말로 충신과 역적이라는 두 얼굴을 가진 역사적 존재이다. 항쟁의 주역이자 항쟁을 망친 주역으로 말이다.

57
새로운 시대의 진보적 사상
성리학

1289년(충렬왕 15), 안향이 충렬왕을 따라 원나라에 갔다가 《주자서朱子
書》와 주자(주희)의 초상을 갖고 들어왔다. 남송 때부터 중국에서 유행
한 성리학이 마침내 우리 땅에 들어온 것이다. 이후 성리학은 조선의
국교가 되어 500년간 조선 유학의 절대 지존이 되었다.

그런데 성리학이 도대체 뭘까? 유학의 한 종파인 것은 알겠는데, 이
전까지는 유학이라 하다가 왜 이때부터 성리학이라고 부르는 걸까?

사라진 경전을 짜깁기한 '사서삼경'

기원전 770년 주나라가 수도를 호경에서 낙양으로 옮기면서 춘추전국시대가 시작되었다. 수많은 나라들이 저마다 중국을 통일하겠다며 전쟁에 몰두하던 시대, 강한 자만이 살아남는 적자생존의 시대였다. 각 나라를 지배하는 제후들은 유능한 인재를 등용하려고 각별한 노력을 기울였고, 많은 사람들이 저마다 세상을 개혁하고 입신출세하려고 노력하면서 다양한 학문들이 발전했다. 그래서 이 시대를 여러 사람이 서로 자기주장을 펼친 '백가쟁명百家爭鳴의 시대'라고도 한다.

바로 그 시대인 기원전 500년경, 노나라의 공자라는 사람이 유학이라는 걸 퍼뜨리기 시작했다. 그는 세상을 돌아다니며 인의仁義와 덕치德治를 주장하고, 제자를 가르치며 제후들을 설득했다. 기원전 479년에 공자가 죽은 뒤에도 많은 제자들이 공자의 가르침을 널리 알렸다.

하지만 춘추전국시대의 혼란기에 인의와 덕치는 어울리지 않았던 모양이다. 그보다는 병법의 달인 손자孫子와 오자吳子, 외교의 달인 장의張儀와 소진蘇秦 등이 더 인기를 얻었다. 그

충렬왕 때 원에 갔다가 성리학을 처음으로 우리 땅에 들여온 문신 안향.(1318년 충숙왕의 명으로 제작된 초상화로, 우리나라 영정 중 가장 오래된 국보 제111호)

런 사람들 중에 법가의 상앙商鞅이라는 사람도 있었다. 상앙은 서부 변방 진나라의 재상이 되어 엄격한 법치주의 국가를 실현하였다. 진나라는 법가의 지향대로 기계처럼 정확하게 돌아가는 나라가 되어 국력을 키웠고, 마침내 진시황제가 중국을 통일하기에 이르렀다.

하지만 진나라의 엄격한 법치주의는 진에 정복당한 나라의 백성들에게 가혹한 희생을 요구하였다. 법가는 국력을 키우는 데는 적절해도 나라를 하나로 통일하는 데에는 적합하지 않았던 것이다. 많은 사람들이 인의와 덕치를 중시하는 유가, 곧 유학에 빠져들었고 유학자들은 진시황제의 폭정에 저항하기 시작했다. 분노한 진시황제는 유학자들을 땅에 묻어 생매장하고 유교 경전을 불태우는 분서갱유를 자행하며 유학을 억압했다.

하지만 대세를 거스를 수는 없었다. 결국 진시황제 사후 진나라는 망하고 한나라가 건국되었다. 한나라는 유학을 국교로 삼고, 유교적 통치 이념에 따라 나라를 다스리고자 했다. 그런데 문제가 있었다. 유교 경전이 모두 불타고 유학자들이 생매장 당해 유학을 아는 자가 드물었다. 그리하여 전국 곳곳에 살아남은 유학자들과 흩어진 유교 경전을 모아들이니, 이렇게 만들어진 것이 '사서삼경四書三經'이다.

당시의 사서삼경은 사라진 유교 경전들을 이렇게 저렇게 짜깁기한 퍼즐 조각 같은 것이었다. 유학자들은 사서삼경의 글자들과 그 의미를 놓고 토론하고 내용을 수정하는 작업에 몰두했다. 그렇게 발달한 유학을 훈고학訓詁學이라고 한다. 훈고학은 한나라 때부터 당나라 때까지 유학의 가장 기본적인 학풍이었다. 물론 우리나라의 유학 역시 훈고학에 기반을 두었다.

반원 세력의 사상적 무기

그런데 송나라 때부터 훈고학을 비판하는 흐름이 나타나기 시작했다. 훈고학은 인간 세상의 원리를 탐구하고 세상의 나아갈 길을 제시하는 유가 본연의 모습과는 거리가 있었다. 점차 심오한 우주의 원리와 인간의 본질을 연구하는 유학자들이 늘어났으니 이를 '신유학', 곧 성리학이라 한다.

'성리학性理學'은 '성명·의리의 학(性命義理之學)'의 준말로, 송대에 공자와 맹자의 유교 사상을 '성리性理·의리義理·이기理氣' 등의 형이상학 체계로 해석한 데서 비롯되었다. 그리고 이러한 흐름을 정리한 대학자가 나타났으니 그가 바로 주희, 즉 주자이다. 성리학은 결국 유가 본연의 모습, 즉 종교적·사상적 모습을 갖춘 유학이었던 것이다.

성리학은 남송 말기 이종 황제의 장려에 힘입어 마침내 유학의 주류가 되었다. 그리고 원나라

안향의 뒤를 이어 고려에 성리학의 기틀을 마련한 익재 이제현.(1319년 이제현이 중국에 갔을 때 원나라 화공 진감여가 그린 국보 제110호 초상화)

때 과거제 폐지로 입신의 길이 막힌 한족 지식인들의 사상으로 반원적 성격을 띠었다. 따라서 고려에 성리학이 들어왔을 당시 반원적이고 개혁적인 지식인들에게 큰 환영을 받았다.

안향의 후계자인 이제현은 충선왕과 공민왕의 개혁정치 때 중요한 역할을 했고, 그 제자인 이색과 정몽주 역시 온건파 사대부로서 고려의 개혁에 큰 힘을 쏟았다. 고려 왕들 역시 성리학으로 무장한 신진 사대부들을 적극 등용하여 친원파 세력에 맞서 나라를 지키려 했다. 그 결과, 고려 말에는 신진 사대부들이 중요한 정치 세력이 되었다. 이들이 마침내 조선을 건국하니, 조선은 성리학의 나라가 되지 않을 수 없었던 것이다.

충선왕의 개혁정치 고려의 제26대 왕인 충선왕은 원의 정치를 적절히 활용하여 고려의 자주성을 지키고자 노력하였다. 충렬왕의 아들로서 처음 즉위했을 때 친원파 권문세족의 권력기구인 정방을 폐지하는 등 과감한 개혁을 시도했으나, 곧 아버지 충렬왕에게 다시 왕위를 넘겨주었다.

1308년 충렬왕이 죽은 후 다시 왕이 되어서는 성리학자들을 등용하고 만권당을 만드는 등 학문을 장려하고 반원 개혁정치를 하려 노력했다. 하지만 아내인 몽골 황녀 계국대장공주와의 불화, 원의 내정간섭과 친원파의 반발 등으로 성과를 얻지 못했다. 당시 원나라 권력자들과 친분이 있던 충렬왕은 결국 원나라에 머물면서 고려에 영향을 끼치는 식의 통치를 해 나갔다. 비록 충선왕의 개혁정치는 실패했지만, 그가 추진한 정책과 키워 낸 개혁 세력은 훗날 공민왕 개혁의 밑거름이 되었다.

58
희대의 고려 왕 살해 사건
공민왕

교과서 속 한 줄 역사 14세기 후반 명이 건국되고 원이 북쪽으로 밀려났다. 이즈음 즉위한 공민왕은 반원자주정책을 실시하고, 왕권 강화 정책을 통해 민생을 안정시켜 고려의 자주권을 회복하려 했다. 그러나 권문세족이 반발하고, 공민왕이 시해당함으로써 개혁은 실패로 끝났다.

"고려의 왕이십니까? 몽골의 신하십니까? 몽골의 머리와 몽골의 옷을 입고 개경에 들어가실 겁니까?"

원나라의 수도 북경에 인질로 잡혀 있던 공민왕이 귀국하는 길, 노국대장공주가 이렇게 꾸짖었다. 부왕인 충숙왕이 세상을 떠나 고려 왕의 자리에 오르러 가는 길이었다. 공민왕은 고려 말의 마지막 개혁 군주로 널리 알려져 있다. 그러나 공민왕의 개혁은 결코 혼자 힘으로 이루어진 것이 아니었다. 특히 그의 아내인 몽골의 황녀 노국대장공주의 역할이 매우 컸다.

고려의 개혁을 촉구한 원나라 공주

원은 몽골의 황녀를 고려 왕과 결혼시킴으로써 고려 왕실을 감시하고 정치에 간섭했다. 그래서 이 시기 고려 왕들은 왕비 때문에 처벌을 받거나 아예 정치를 포기하고 술과 여자에 빠져 살기도 했다. 심지어 공민왕의 형인 충혜왕은 계모인 경화공주 백안홀도伯顔忽都를 폭행했다가 원나라로 끌려가 귀양 가서 죽음을 당했다. 그런데 노국대장공주는 오히려 공민왕에게 개혁을 촉구하고 고려의 자주를 지키라고 조언했으니 이 얼마나 대단한 일인가?

공민왕은 즉시 고려 왕의 복식으로 갈아입고 변발을 자른 뒤 고려의 왕임을 선포하고 개혁에 나섰다. 친원파 우두머리인 기철을 처형하고, 원에게 빼앗긴 함경도 땅을 되찾았으며, 부패한 친원파 귀족들의 토지와 노비를 빼앗아 원래 주인에게 돌려주었다.

물론 숱한 위기가 있었다. 아직 원이 망한 것도 아닌 데다, 고려를 지배하던 친원파 권문세족들이 순순히 재산과 목숨을 내놓을 리 없었다. 심지어 원나라 군대가 고려로 쳐들어오기까지 했다. 하지만 그때마다 충성스러운 신하들과 무엇보다 공주가 나서서 위기를 넘길 수 있었다.

그중 대표적 사건이 '흥왕사의 변'이다. 공민왕이 흥왕사에 머물 때 친원파들이 공민왕을 암살하려고 자객 50여 명을 보냈다. 경호병들은 달아나거나 죽임을 당하고 왕의 거처가 완전히 포위된 절체절명

서울 종로구 종묘 '공민왕 신당'에 있는 공민왕과 노국공주 영정. 위화도 회군이라는 쿠데타로 조선을 창업한 태조 이성계는 조선 왕실의 사당인 종묘에 고려의 자주적인 왕으로 평가받는 공민왕의 신당을 두어 조선이 고려를 이은 왕조임을 보이려 했다.

의 순간, 공주가 밖으로 나와 문을 지키고 섰다.

"나를 죽이지 않고서는 이 문을 넘어가지 못할 것이다."

친원파들이 차마 원의 공주를 죽이지 못하고 망설일 때, 최영 장군의 군대가 뒤늦게 도착해 위기를 모면했다. 공주가 자객의 칼 앞에 홀로 나서지 않았다면, 개혁은 이때 끝났을 것이다.

개혁의 동지이자 아내인 노국대장공주와 공민왕의 사랑은 날이 갈수록 깊어졌다. 한 가지 아쉬움이 있다면, 애가 없는 것이었다. 결혼하고 15년 동안 아이가 없었으니 얼마나 애가 탔을까? 그리고 마침내 아이가 생겼을 때 그 기쁨이 어느 정도였을까?

하지만 그것은 행복이 아니라 불행의 시작이었었다. 난산 끝에 아이와 공주 모두 죽고 만 것이다. 공주의 죽음은 단지 사랑하는 아내의 죽음이 아니었다. 개혁의 동력과 왕위를 계승할 후계자를 모두 잃은 것이었다. 깊은 절망과 슬픔에 빠진 공민왕은 공주의 초상을 그려 놓고 실의의 나날을 보냈다.

연인의 철퇴에 개혁은 끝나고

그런데 왜 둘 사이에 15년이나 아이가 없었을까? 공민왕 때문이었다. 공민왕은 남색 취미가 있었다. 즉, 동성애자였다. 동성애자로서 여자를 사랑해야 하는 것은 고통스러운 일이었을 것이다. 정신적으로는 애틋한 사이였겠지만 육체적으로는 어려움이 있지 않았을까?

사랑하는 아내를 잃은 뒤 공민왕의 남색 취향은 본격화되었다. 공민왕은 특히 준수한 외모의 홍륜을 사랑했다. 하지만 왕에게는 왕위를 이을 아들을 낳아야 한다는 의무가 있었다. 마냥 남자만 사랑할 수는 없는 노릇이었다.

당시 공민왕에게 아들이 하나 있기는 했다. 노국대장공주가 죽은 뒤 후궁에게서 얻은 아들 우禑였다. 하지만 공민왕은 우가 신돈의 아들일지도 모른다는 의심을 품고 있었다. 신돈을 반역자로 규정하고 죽인 뒤, 우에 대한 미움과 의심은 더욱 커졌다. 결국 공민왕은 새로운 아들을 얻고자 음모를 꾸몄다.

왕은 홍륜을 불러 자기 대신 후궁과 동침하라고 했다. 후궁이 아이를 낳으면 자기 아들로 꾸며 왕위를 잇게 할 생각이었다. 홍륜은 아무 생각 없이 왕이 시키는 대로 했다. 하지만 이 엄청난 음모는 절대로 비밀을 유지해야 했고, 그러려면 사건 당사자들은 모두 죽어야 했다. 당연히 공민왕은 홍륜을 죽일 계획을 세웠다. 그런데 누군가가 홍륜에게 왕의 음모를 알려 주었다.

연인의 배신에 눈이 먼 홍륜은, 얼마 후 은밀한 밤 왕의 침소에서 철퇴를 휘둘렀다. 미쳐 버린 홍륜은 철퇴로 여러 차례 왕의 머리를 내리쳤고, 방은 온통 피바다가 되었다. 위대한 고려 말 개혁군주 공민왕은 그렇게 비참하게 최후를 마쳤다.

영화 〈쌍화점〉의 소재였던 공민왕 암살 사건은 오늘날까지도 많은 부분이 풀리지 않은 미스터리로 남아 있다. 홍륜에게 음모를 알려 준 사람은 누구인가? 홍륜은 단지 배신감만으로 공민왕을 암살한 것일까, 아니면 정권 찬탈까지 욕심낸 것일까?

후대 사가들이 어떻게 해석하고 이해하든지 간에, 공민왕을 정말 사랑한 사람은 둘이었다. 왕의 목숨을 구한 여자와 왕의 목숨을 빼앗은 남자. 때로는 사랑이 정치를 좌우하기도 하는 모양이다.

원의 마지막 황후, 기황후 공민왕 때 친원파 권문세족의 우두머리는 기철이었다. 기철은 최씨 정권 때 고위 관직을 지낸 기윤숙의 고손高孫(증손자의 아들)으로, 원나라 황비인 기황후의 오빠였다.

기황후는 공녀로 원에 끌려갔다. 명문가에 속했지만 피할 수 없었고, 그녀는 담담하게 받아들였다. 황궁의 궁녀로 배치되었는데, 당시

타이페이 고궁박물관에 소장된 기황후 초상.

원의 황실에는 고려인 출신 환관들이 많아서 이들의 도움을 받았다. 그러다가 원 혜종의 사랑을 받아 황자를 낳고 제2황비로 책봉되었으며, 1365년 마침내 제1황비가 되었다.

하지만 황비가 된 기쁨도 잠시, 1368년 원이 멸망하면서 그녀에 대한 기록도 끊겼다. 결국 기황후는 원나라의 마지막 황비였던 셈이다. 그녀가 낳은 아들은 몽골로 달아나 북원을 세웠지만, 얼마 후 죽고 말았다. 고려인으로서 최고의 자리에 올랐으나, 그 영화는 참으로 짧았다.

59
화력전의 비밀
노와 화포

1974년 중국 서안 외곽의 시골 마을에서 우물을 파던 농부가 땅속에서 도기 인형 조각과 쇳조각을 발견했다. 농부는 이 사실을 한 신문사에 알렸고, 발굴 결과 이곳이 진시황릉의 병마용갱이라는 사실이 확인되었다.

병마용갱을 발굴한 역사학자들은 처음에는 그 어마어마한 규모에 놀랐고, 진시황제 당시 군사력의 실체를 파악하고 더 놀랐다고 한다. 진시황릉의 갱에 묻혀 있는 병사 인형들은 그냥 서 있는 것이 아니라 지휘부를 중심으로 전투 대형으로 배치되어 있었다. 이 전투 대형을 분석한 결과, 진나라 군대가 상당한 수준의 화력전을 펼쳤다는 사실을 알게 되었다.

당 고종이 노린 신라의 일급비밀

'화력전'이란 각종 발사 무기로 먼 거리의 적군에게 타격을 입히는 것을 말한다. 진나라 군대는 화살과 노(쇠뇌) 등을 쉴 새 없이 발사하여 적군에게 타격을 입힌 뒤, 갑옷을 입은 중장보병과 중장기병이 돌진하여 적군을 섬멸하는 작전을 구사했다.

이처럼 발사 무기인 활과 노로 집중 사격하여 적군을 섬멸하는 전술, 곧 화력전은 전통적으로 우리 고유의 전술이었다. 앞서 고구려성 편에서 보았듯, 산성에 의지하여 적군에게 화살비를 쏘아 적을 물리친 것이다. 우리 민족을 가리키는 '동이족東夷族'란 말의 '이夷' 자가 '큰 대大' 자와 '활 궁弓' 자를 조합한 글자인은 유명한 이야기다.

화력전은 성에서 적군을 방어할 때뿐 아니라 평지 전투에서도 위력을 발휘했다. 대표적인 사례가 나당 전쟁 때 신라군이 말갈족 기병 20만 대군과 맞서 싸운 매초성 전투이다. 우수한 성능의 노를 보유하고 있던 신라군은 말갈 기병이 몰려오자 노를 쏘아 섬멸시켰다. 이 전투에서 말갈 기병은 신라군과 변변히 접전 한 번 못 해 보고 전멸했고, 이 전투를 마지막으

가장 일반적인 형태의 단발식 휴대용 노(쇠뇌)인 '궐장노'. 삼국시대에 쓰인 발사 무기로 알려져 있다.

로 당나라는 신라와 화친조약을 맺고 후퇴하기에 이른다.

신라의 노는 어떤 무기일까? 노는 총같이 생긴 틀에 화살을 놓고 방아쇠를 당겨 쏘는 기계식 활이다. 기계를 이용해 시위를 당기고, 방아쇠를 당겨 쏘기 때문에 조준이 용이해서 멀리 정확히 쏠 수 있어 화력전에 유용했다. 고구려는 대형 노를 만들어 길이 1미터가 넘는 대형 화살을 쏘아 적의 공성 기계를 파괴하여 공포심을 자아냈다. 그에 비해 신라의 노는 소형으로 개인이 휴대하면서 지휘관의 지시에 따라 집중 사격할 수 있었다. 목표 지점을 향해 일시에 몇 천 발의 화살을 날리면 그 위력이 대단했다.

당 고종이 신라 노의 위력을 듣고 그 비밀을 캐내려고 신라의 노 기술자를 불러들였다.

"신라 노는 1천 보(600미터~1킬로미터)를 날아간다니 장하다. 한번 만들어 보아라."

하지만 그 기술자가 만든 노는 겨우 수십 보를 날아갔을 뿐이다. 당 고종이 노하여 협박했다.

"노를 다시 만들어라. 잘 만들면 큰 상을 내릴 것이나, 잘못 만들면 죽음을 면치 못할 것이다."

하지만 그는 끝내 만들지 않고 결국 죽임을 당했다고 한다. 신라 노는 이렇게 중요한 국방 기밀이었다.

최무선이 쏘아올린 화포

고려 후기가 되면서 새로운 화력전 무기로 화포가 개발되었다. 화포 개발의 동기는 왜구였다. 왜구들이 개경으로 올라가는 세금을 수송하는 조운선과 세금을 보관하는 항구의 조창을 주로 노린 까닭에, 고려 정부는 심각한 재정 압박을 받았다. 그냥 두었다가는 재정 고갈로 나라가 망할 판이었다. 왜구가 바다에서 세금 수송로로 접근하지 못하게 하려면 왜구의 배가 도착하기 전에 불태우는 것이 가장 좋은 방법이었다. 기존의 활이나 노보다 월등히 사정거리가 긴 무기가 필요했고, 그 대안이 바로 화포였다.

하지만 화포는 중국 원나라 군대의 비밀 병기였다. 오늘날 강대국

조선의 강력한 화약 무기들　조선시대에 본격적으로 화력전을 연구한 이는 태종이다. 태종은 중국의 정세가 불안해지자 이에 대비하고자 화약 무기를 개발하며 화력전을 쥬비했다. 이때 나온 것이 그 유명한 '신기전'이다. 신기전은 길이 50센터미터~1미터에 달하는 화살에 화약통을 매달아 이를 폭발시켜 긴 거리를 날리는 무기다. 수레에 실린 100여 개의 구멍이 뚫린 발사대에 신기전 100발을 넣고 심지를 하나로 연결시켜 한꺼번에 발사하면 순식간에 100연발 기관총이 되었다.

또 하나는 구경을 넓힌 대포이다. 그중 가장 큰 대포가 천자총통인데, 여기에 조란탄 100여 발을 넣고 한꺼번에 발사했다. 조란탄은 총알만 한 쇳덩이로, 천자총통으로 한꺼번에 100여 발을 쏘면 수백 미터 떨어진 곳의 반경 수십 미터 이내의 모든 적군을 살상할 수 있었다.

진천뢰도 있다. 농구공만 한 쇠공 안에 수많은 쇠 파편들을 집어넣고 화약을 장전한 무기다. 심지에 불을 붙인 뒤 대포에 넣고

신기전.

이 핵무기 기술을 절대 비밀에 붙이듯, 원나라도 화포 기술을 절대 내주지 않았다. 고려는 중국이 수출하는 화약을 수입해서 썼지만 왜구를 물리치기에 턱없이 부족했다.[◎]

고려는 최무선을 책임자로 임명하고 화약 제조 기술을 알아내는 데 총력을 기울였다. 최무선은 중국인 화약 기술자를 포섭하여 기술을 캐내는 한편, 이론을 실제로 구현하고자 직접 실험도 여러 차례 했다. 실패에 실패를 거듭한 끝에 마침내 화약과 화포 제조에 성공하자, 고려 정부는 회통도감이라는 전담 기구를 만들고 최무선을 그 장으로 삼아 본격적으로 화포 제작을 독려했다.

적진으로 발사하면 원하는 시간에 폭발하면서 반경 10미터 내의 적군을 날려 버렸다. 이 무기는 특히 행주대첩 때 권율이 일본 정예군 3만 명을 물리치고 일본군 사령관 이시다에게 부상을 입힌 무기로 유명하다. 천자총통과 지자총통 같은 대형 대포는 수군에게도 유용했다. 길이 150센티미터에 절반은 쇠로 만든 대장군전도 해전에서 큰 활약을 펼쳤다. 대장군전은 대포로 쏘는 미사일인데, 일본 전함에 구멍을 낼 정도로 강력한 위력을 자랑했다. 이순신 해군은 대장군전으로 전함에 구멍을 내거나 진천뢰로 불을 질러 일본 수군을 격침시켰다. 대장군전은 육지에서도 성을 방어할 때 적의 공성 무기를 파괴하는 역할을 톡톡히 했다. 이처럼 15세기 조선은 서구 문명에 비해 손색없는 화력 무기를 갖추었고, 이 무기는 임진왜란 때 큰 활약을 했다. 절대적인 수적 열세에도 조선 군대가 그나마 일본군에 저항이라도 할 수 있었던 것은 이 화력 덕분이었다.

천자총통.

처음 고려 화포는 어른 팔뚝만 한 작은 크기에 불화살을 날리는 수
준이었다. 하지만 이 정도면 충분했다. 1380년 왜구를 가득 태운 왜
선 500척이 금강 하구 진포로 접근하자, 폭음과 함께 화포에서 불화
살이 날아오르기 시작했다. 까마득히 먼 곳에서 날아오는 불화살 비
를 맞은 왜선들은 모두 불타고, 바다로 뛰어든 왜구들은 지옥도 같은
불바다 속에서 죽어 갔다. 새로운 화력전의 탄생이었다.

⊙ 군사비밀을 지키려는 노력은 예나 지금이나 똑같다. 국방력이 약했던 조선도 마찬가
  지였다. 우리만의 독특한 화살인 '편전'의 비밀을 지키고자 전방에서는 편전 연습 자체
  를 금지했고, 선조 때 개발한 오늘날 소총에 해당하는 '승자총통'은 나라의 허가 없이는
  아예 사용하지도 못하게 했다.

60
"내가 여자였으면 좋겠다"
최영 · 이성계

1374년 공민왕이 죽고 우왕이 즉위했다. 만 아홉 살, 지극히 어린 나이였다. 우왕의 생모는 공민왕의 후궁 반야인데 아이를 낳은 직후 죽어, 우왕은 어머니의 정을 알지 못했다. 또 아버지 공민왕이 그를 자기 핏줄인지 의심했기 때문에 아버지의 사랑도 받지 못하고 자랐다.

왕이 된 그는 허구한 날 난봉을 일삼았다. 장난치다 걸리고 여자를 희롱하다 걸리고, 왕이 아니라 나라의 근심거리였다. 당연히 정치는 권력자들의 손아귀에서 놀아나고 민생은 파탄 지경이었다.

최영과 정몽주의 대결

당시에는 공민왕 때 성장한 신진 사대부라는 개혁 세력이 상당히 커져 있었다. 이들은 공민왕 통치 23년간 상대적으로 약화된 권문세족에 맞설 정도도 세력을 형성했다. 그래서 우왕 대에는 왕이 무기력해진 가운데 두 세력 간의 대립이 매우 팽팽했다.

권문세족을 대표하는 사람은 최영이었다. 최영은 공민왕 때부터 군 책임자로 여러 차례 큰 공을 세워 내외적으로 신망도 높았고 강력한 카리스마도 갖고 있었다. 그는 흐트러진 권문세족을 추스르며 보수 정치의 대표자로서 정국을 운영해 나갔다.

신진 사대부를 대표하는 사람은 정몽주였다. 공민왕 때 과거에 합격한 뒤 젊은 신진 사대부의 리더로서 개혁정치를 주도한 그는, 우왕 때에는 40대의 원숙한 정치인으로서 개혁파의 가장 강력한 지도자 중 한 사람으로 활약했다.

권문세족과 신진 사대부, 최영과 정몽주의 대립은 우열을 가리기 어려웠다. 그런데 이들의 대결을 가름할 제3의 세력이 있었으니, 바로 이성계를 비롯한 신흥 무인 세력이었다.

이성계와 귀화인 이지란 등의 신흥 무인들은 왜구를 무찌르며 국민적 영

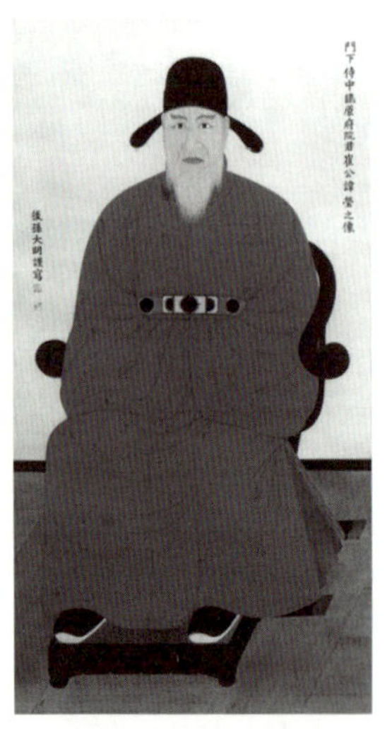

고려 말의 명장이자 재상으로 이름 높은 최영은 당시 고려를 쥐락펴락한 친원파 권문세족의 대표였다.

웅으로 떠올랐다. 무엇보다 이들은 혼란기에 절대적으로 필요한 힘, 즉 충성스러운 군대를 거느리고 있었다. 혼란기에는 나라의 군대도 지휘관의 개인 군대, 곧 사병화되는 게 일반적인데, 특히 이성계의 군대는 여진족 귀화인이 많아 그런 성격이 더 강했다. 이성계에게는 당시 정치판을 일순간 엎어 버릴 힘이 있었다.

최영과 정몽주는 서로 이성계를 끌어들이려고 노력했다. 그 경쟁에서는 정몽주가 유리해 보였다. 정몽주는 이성계 아들들과 친분이 두터웠고, 이성계가 왜구를 토벌할 때 함께한 인연도 있었다.

최영은 이성계가 신진 세력으로 넘어가는 듯하자, 노골적으로 이성계에게 구애를 했다. 심지어 이런 말까지 했다고 한다.

"내가 여자였으면 좋겠다. 그럼 이성계에게 시집갔을 텐데."

이미 딸을 우왕에게 시집보낸 최영으로서는 결혼동맹을 맺을 마땅한 자식이 없었기에 이렇게 한탄한 것이다.

정도전과 이성계의 만남

그러던 어느 날, 뚱뚱하고 비루하게 생긴 한 선비가 이성계를 찾아왔다. 그는 이성계의 군대를 보고 한마디 했다.

"마땅히 큰일을 도모할 군대입

고려 말 성리학자로 정몽주와는 다른 길을 걸은 정도전.

니다."

그 사람이 바로 정도전이다. 이날 이후 둘은 의기투합했고 이성계는 신진 사대부, 그중에서도 역성혁명을 주장하는 급진파의 리더가 되었다.

그 이후의 일은 유명하다. 최영은 이성계를 제거하려고 무리하게 장마철에 요동 정벌을 보냈다가 오히려 위화도 회군으로 반격을 당해 처형당했다. 권력을 잡은 이성계는 정몽주마저 암살하고 마침내 고려

위화도 회군 1387년 명나라가 고려에게 철령위를 설치하겠다고 통보해 왔다. 철령 이북의 땅이 원래 원나라 땅이었으니 명나라가 계승하겠다는 뜻이었다. 철령 이북의 땅이 어디인지에 대해서는 여전히 논쟁이 있으나, 일반적으로 원나라가 쌍성총관부를 두고 통치했던 지금의 함경남도 지역으로 추정한다. 이 지역은 공민왕 때 수복한 곳이다.

당시 고려의 집권 세력인 권문세족은 친원파였다. 그들은 원이 망했는데도 여전히 명나라에 대한 거부감이 강했다. 그래서 철령위 설치를 굴욕으로 여기고 오히려 요동을 공격할 계획을 세웠다. 반면 친명적인 신진 사대부들은 철령위 문제를 외교적으로 해결해야 한다고 주장했다. 1388년 결국 이성계가 이끄는 정벌군이 요동으로 출병했다. 하지만 이성계는 압록강 위화도에서 회군하여 쿠데타를 일으켰다. 이로써 고려는 망국의 길로 접어들었다. 위

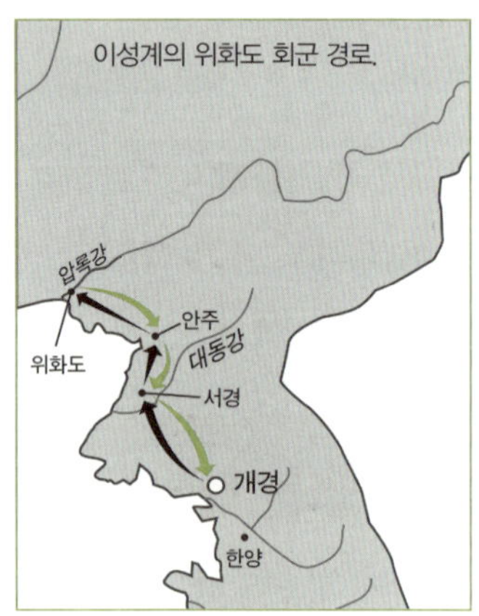

를 멸망시키고 조선을 건국했다.

최영의 절절한 구애는 고려를 지키고 고려의 기득권 세력을 지키려는 몸부림이었다. 흰머리가 성성한 노장군, 일생을 청렴하게 살아 무덤에 풀조차 나지 않았다는 그 장군은, 자신이 지키려고 한 것이 무엇이라고 생각했을까? 착한 보수?

화도 회군에 대해서는 수많은 역사적 가설들이 존재한다. 최영이 요동 정벌이 불가능한 줄 알면서도 패전의 책임을 씌워 이성계와 신진 사대부를 제거하고자 일부러 정벌군을 보냈다, 이성계가 고려의 모든 군대가 자신의 휘하에 들어온 틈을 타 요동 회복의 꿈을 저버리고 쿠데타를 일으켰다 등등.

1388년이라는 시점은 동북아시아가 요동치던 시절이다. 이 시절을 이해하려면 몽골 초원의 북원 정부를 고려나 명이 위협적으로 받아들였는지를 봐야 하고, 명의 만주 지배 가능성도 봐야 한다. 또 철령위 문제가 외교적으로 해결되었다는 사실도 염두에 두어야 한다. 만주를 중심으로 동북아 전체가 갈등하던 상황이므로, 고려 내 정치 상황만 놓고 위화도 회군의 정치적 성격을 논하는 것은 무리다.

개인적으로는 권문세족과 신진 사대부의 동북아 정세 변화에 대한 인식 차이에서 위화도 회군이 일어난 게 아닌가 생각한다. 즉, 신진 사대부는 중국에 명이라는 통일왕조가 들어서서 동아시아에 대한 절대적 지배력을 휘두를 것으로 판단한 게 아닐까? 그리고 그것은 올바른 판단이었다. 그로부터 100여 년간 명은 아시아에 소위 '조공 질서'를 구축할 정도로 강한 영향력을 발휘했다.

연도	에피소드	한반도
70만 년 전		구석기
4만 년 전	흥수아이 사망	
1만 년 전		신석기
6천 년 전	암사동 유적 형성	
기원전 2333년		고조선 건국
기원전 2천 년경	청동기 보급, 신화시대	
기원전 400년경	대마도 정벌	철기 문화 보급
기원전 300년경	연나라 진개의 침략	
기원전 194	이 무렵 부여 건국	위만조선 건국
기원전 108	위만조선 멸망. 한군현 설치	
기원전 37	주몽, 소서노 결혼	고구려 건국
기원전 18		백제 건국
기원전 6	소서노 사망	
서기 42	가야 건국	
146	고구려 태조왕, 동생 차대왕에 선위	
194	고구려 진대법 실시	
200년경	일본 신공왕후 삼한 정벌?	
313		고구려 낙랑 정복
370년대	백제 요서 진출, 왜에 칠지도 하사	백제군 고구려 고국원왕 사살(371)
401		광개토왕 연나라 숙군성 공략
414	광개토왕비 건립	
427		고구려 평양 천도
461	백제 곤지왕자 일본에 감	

475		고구려, 백제 수도(한성) 함락
527		신라 이차돈의 순교
532	가야 왕자 김무력 귀순	금관가야 멸망
552		백제, 일본에 불교 전파
554		백제 성왕 전사
566	백제 위덕왕, 아버지 위해 사리 공양	
576	신라 화랑도 시작	
590	고구려 온달 전사	
595	신라 김유신 출생	
600	무왕 즉위	
612		고구려, 살수대첩에서 수군 격파
642	연개소문 영류왕 죽이고 보장왕 옹립	
645	신라 6두품 설계두 전사	당군, 안시성 전투에서 고구려에 패전
647	신라 첨성대 건립	
660		백제 멸망
666	연개소문 죽고 내분 발생	
668		고구려 멸망
673	김유신 죽음. 835년 흥무대왕 추존	
676	신라 의상, 부석사 창건	나당전쟁 종전. 삼국 통일 완성
681	신라 김흠돌의 난	신문왕 즉위
686	신라 원효, 《금강삼매경론》 저술	
699		발해 건국
747	당 고선지 1차 원정	
755		당나라, 안사의 난 발생

780	신라 혜공왕 피살	
828	장보고, 청해진 설치	
876	최치원 율수현위 임명	
887		진성여왕 즉위
895		궁예, 후고구려 건국
900		진훤, 후백제 건국
918	왕건, 즉위 초부터 취민유도取民有度를 주장	왕건, 궁예를 몰아내고 고려 건국
921	왕건, 서경에 행차	
926		발해 멸망
930	고창전투	
935		신라 멸망
936	진훤 사망	후백제 멸망. 후삼국 통일
961	고려 광종, 과거제 실시	
968	관촉사 석조미륵보살 입상	
993	서희의 담판	요 1차 침입
1018	귀주대첩	요 3차 침입
1053	최충 은퇴. 9재학당 설립 시작	
1086	의천 귀국, 해동 천태종 개창	의천, 속장경 간행
1108	윤관, 여진 정벌	동북9성 축조
1126	이자겸의 난	
1135	묘청의 서경천도운동	
1145	《삼국사기》 편찬	
1170		무신정변
1176	공주 명학소의 난	

1179	경대승 집권	
1190	지눌, 정혜결사 시작	
1196		최씨 정권 시작
1198	만적의 난	
1202	경주 야별초의 봉기	
1216	요세 백련결사, 양수척의 난	
1231		몽골 1차 침입
1232	이연년 형제의 봉기	
1258	홍복원 사망	최씨 정권 붕괴
1270	삼별초의 항쟁	
1289	안향, 성리학 도입	
1308		충선왕 즉위
1344	나익희, 첨의참리 임명 직후 사망	
1351		공민왕 즉위
1363	문익점, 목화씨 가져옴	
1365	노국대장공주 죽음	
1374	공민왕 피살	우왕 즉위
1377	최무선, 화포 개발	
1388	최영 처형	위화도 회군
1392		고려 멸망, 조선 건국
1925	서울 암사동 유적 발굴	
1971	무령왕릉 발굴	
1983	흥수아이 발굴	
1993	단군릉 발굴, 부여에서 금동대향로 발굴	

에피소드 한국사 고중세편

2014년 2월 10일 초판 1쇄 발행

지은이 | 표학렬
펴낸이 | 노경인

펴낸곳 | 도서출판 앨피
출판등록 | 2004년 11월 23일 제 2011-000087호
주소 | 우)120-842 서울시 영등포구 양평동 2가 37-1 동아프라임밸리 1202-1호
전화 | (02)336-2776 팩스 | 0505-115-0525
전자우편 | lpbook12@naver.com

ⓒ 표학렬

ISBN 978-89-92151-55-9